Hannah Pick-Goslar
com Dina Kraft

MINHA AMIGA ANNE FRANK

Tradução de Bonie Santos

BÜZZ

Publicado pela Ebury Publishing, selo da Penguin Random House.
Título original: *My Friend Anne Frank*

Publisher ANDERSON CAVALCANTE
Editora TAMIRES VON ATZINGEN
Assistentes editoriais FERNANDA FELIX, LETÍCIA SARACINI
Preparação BÁRBARA WAIDA
Revisão ELIANA MOURA MATTOS, ELISABETE FRANCZAK
Projeto gráfico ESTÚDIO GRIFO
Assistente de design LETÍCIA ZANFOLIM

*Nesta edição, respeitou-se o novo
Acordo Ortográfico da Língua Portuguesa.*

Dados Internacionais de Catalogação na Publicação (CIP)
(Câmara Brasileira do Livro, SP, Brasil)

Pick-Goslar, Hannah [1928-2022]
Minha amiga Anne Frank / Hannah Pick-Goslar
Tradução: Bonie Santos
São Paulo: Buzz Editora, 2023
272 pp.

Título original: *My Friend Anne Frank*
ISBN 978-65-5393-226-5

1. Frank, Anne, 1929-1945 - Amigos e associados
2. Holocausto, judaico (1939-1945) 3. Judeus - Holanda - Amsterdã - Biografia 4. Pick-Goslar, Hannah, 1928-2022
I. Título.

23-163020 CDD-940.5318092

Elaborado por Aline Graziele Benitez, CRB-1/3129

Índice para catálogo sistemático:
1. Crianças judias: Holocausto judeu: Biografia 940.5318092

Buzz Editora Ltda.
Av. Paulista, 726, Mezanino
CEP 01310-100, São Paulo, SP
[55 11] 4171 2317
www.buzzeditora.com.br

Prólogo

Primavera, Jerusalém, 2022

Que bom que ainda consigo ver o caminho lá fora, ladeado por buganvílias roxas, palmeiras e vasos de barro com não-me-toques cor-de-rosa e brancos. Saber quem está a caminho da minha casa e quem está apenas de passagem me traz certa paz. Desta cadeira na sala de estar do meu apartamento térreo, onde passo a maior parte do tempo atualmente, tenho a vista de uma ampla janela, o que me permite observar minha família e meus amigos quando eles vêm caminhando até a minha porta.

Mais que tudo, fico feliz ao ver Tali chegando pontualmente às quatro e quinze, como faz toda tarde. Essa minha neta mais jovem agora é também uma jovem mãe. Ela sempre morou a cinco minutos a pé de distância. Mesmo depois de se casar, insistiu em continuar na vizinhança. Diz que quer ficar perto de mim. Não é necessário, eu respondo, sem acreditar de fato nas minhas palavras. Por sorte, Tali sabe o que faz.

Compartilhamos uma espécie de linguagem sem palavras. É difícil descrever por que, mas sinto que ela me entende e que eu a entendo. Ela era apenas uma garotinha quando o pai morreu em um acidente de carro em uma tarde chuvosa anos atrás. Passei a atuar como uma segunda mãe para ela, ajudando minha filha Ruthie, que naquele dia terrível se tornou viúva e mãe solo de oito crianças.

"Espera aí!", diz Tali para a filha mais velha, Neta, que tem os cabelos cor de mel escuro, assim como os de sua mãe. É uma garota linda e vibrante, tem quase quatro anos e já está correndo rua abaixo, com Tali em seus calcanhares, segurando firme o carrinho de bebê em que está a filha mais nova, Shaked, que nasceu no auge da pandemia de covid-19. Mesmo durante o lockdown, Tali vinha todos os dias, mas conversávamos de longe – eu na varanda, ela lá embaixo no jardim, com um braço ao redor de Neta e Shaked bem presa no canguru.

Toca a campainha. E Neta entra, em toda a sua glória pré-escolar, anunciando sua chegada para mim e para o mundo. "*Savta!*", ela exclama, a palavra em hebraico para avó. O que quer que esteja acontecendo no dia, sejam mais más notícias no mundo ou mais alguma dor no corpo, sinto um calor dentro de mim sempre que a vejo. Abro um sorriso. Ela me entrega um desenho cheio de corações, balões e um ou outro adesivo do Mickey. Neta arregala os olhos quando conto a ela que o Mickey e eu temos a mesma idade: ambos nascemos há 93 anos, em 1928. Então ela se acomoda aos meus pés e, enquanto espalha pelo chão as peças de seu jogo de formas geométricas, minha mente viaja quase noventa anos para o passado.

Quando eu era só um pouquinho mais velha que Neta, tinha acabado de chegar a Amsterdam com meus pais, fugindo de Berlim depois que Hitler tomou o poder e demitiu meu pai, que era oficial do gabinete do governo da Prússia durante a República de Weimar. Nós nos mudamos para um apartamento de dois quartos em um bairro residencial, com vista para árvores verdes e quarteirões organizados.

Um dia, pouco depois de nossa chegada, eu caminhei de mãos dadas com minha mãe até uma mercearia local. Ali, ela reparou em uma mulher falando em alemão com a filha de olhos escuros, que devia ter a mesma idade que eu. As duas mães trocaram algumas palavras, sorrindo, claramente aliviadas de encontrar alguma familiaridade naquele lugar estrangeiro. Eu era uma garota tímida e fiquei agarrada à perna de minha mãe, pouco acostumada a ver outras crianças, mas curiosa a respeito da garotinha que também me olhava.

Ela viria a ser a primeira amiga que tive. Uma colega de brincadeiras, vizinha e amiga de escola. Nossas famílias se aproximaram conforme se acostumavam a viver como refugiadas em uma nova cidade, compartilhando seus medos enquanto a guerra, a ocupação e tudo que aquilo significaria para nós se aproximavam, inevitavelmente, cada vez mais. Aquela garotinha tão cheia de vida viria a se tornar a vítima mais famosa do Holocausto. Um símbolo, de muitas maneiras, de toda a esperança e a promessa que se perderam para o ódio e o assassinato. Falar sobre a história da minha amiga, sobre a nossa história, viria a se tornar um fio que me conectava a ela e que manteve nossa amizade viva por muito tempo depois que ela se foi. Mas, do dia em que nos conhecemos até o momento em que ela desapareceu de forma abrupta da minha vida, não muito antes do meu aniversário de catorze anos, para reaparecer brevemente e da maneira mais estranha e trágica de todas, ela foi simplesmente minha amiga Anne Frank.

1. Berlim

Em uma das minhas lembranças mais antigas, estou sentada no piso de tacos, olhando alguns homens embalarem nosso sofá azul de veludo em cobertores e, depois, em papel pardo. Eles o amarram com barbante, fazendo com que pareça um presente de aniversário enorme e desajeitado. Para minha surpresa, eles então o erguem e, com alguma dificuldade, o carregam para fora do apartamento, deixando um espaço enorme e empoeirado onde o sofá sempre esteve. Eu me pergunto onde vamos nos sentar a partir de agora.

Em outros cômodos, os móveis da sala de jantar eram embalados e quadros eram retirados das paredes, deixando ainda mais espaços vazios evidentes onde nossas coisas costumavam ficar. Até o busto de bronze de Otto Braun, o primeiro-ministro da Prússia e líder do Partido Social-Democrata, que eu sabia vagamente ser um homem importante, chefe e amigo do meu pai, foi guardado em um caixote de madeira.

Minha mãe – bem mais pragmática que meu pai – andava de um lado para o outro pela casa tentando organizar a prataria da família. Enquanto isso, meu pai encarava sem piscar seus amados livros nas prateleiras que preenchiam a parede de painéis de madeira da sala de estar. Ele encaixotou alguns cuidadosamente, mas havia muitos, muitos mais, tanto nas estantes quanto em pilhas aos seus pés.

"Você não pode levar todos, você sabe", disse mamãe em uma voz baixa e gentil.

Estávamos nos preparando para sair da nossa casa, na Den Zelten, 21A, em Berlim, em frente ao grande parque Tiergarten, onde enormes rosas amarelas cresciam nos portões de ferro e onde meus pais me levavam para brincar e às vezes para ver os elefantes. Íamos sair do país também, mas isso ainda era difícil demais para que eu entendesse aos quatro anos de idade. Acho que eu percebia os passos em marcha, o barulho e as bandeiras vermelhas e pretas que agora eram uma visão comum em Berlim. E devo ter notado que meu pai – que costumava ser um homem ocupado, que saía cedo de casa toda manhã para ir ao escritório – agora ficava em casa o dia inteiro. Mas minhas lembranças da nossa casa em Berlim são principalmente fragmentos: o som que meus sapatos faziam ao pisar no chão de pedrinhas do Tiergarten, a maneira como o apartamento vibrava quando badalavam os sinos da igreja do outro lado da rua, construída em memória do kaiser Guilherme, e a música suave vinda do nosso piano de cauda quando minha mãe tocava.

Nosso apartamento, meu primeiro lar, em uma rua ladeada por árvores, não está mais lá. Foi bombardeado pelos Aliados alguns anos depois. Mas sei que era espaçoso e elegante, com pé-direito alto, espessos tapetes persas e cadeiras e mesas de madeira em estilo *art déco*. Minha mãe, Ruth (ou Rutchen, como a família a chamava), tinha bons olhos para coisas bonitas e nossa casa era cheia de arte e porcelana fina. Uma cozinheira e uma governanta a ajudavam a manter a casa, e tínhamos uma vida confortável de relativo privilégio.

Mamãe tinha sido professora da escola primária, mas, como esposa de um oficial do governo de classe média alta, havia deixado com pesar a profissão, como era praxe na época. Ela adorava trabalhar com crianças e estar em sala de aula, mas não era considerado correto, para uma mulher casada, que tinha um marido para ampará-la, tirar o emprego de uma mulher solteira. Mamãe se sentava no chão, brincava comigo e se divertia com minhas histórias e minhas perguntas sobre o mundo, às quais respondia com paciência e em detalhes. Eu gostava de vê-la se produzir com um de seus vestidos feitos sob medida, de seda ou veludo, pronta para um dos muitos eventos: concertos, cabarés,[1] recepções e até bailes formais aos quais meu pai era convidado como oficial do alto escalão do governo.

Como fui filha única por muitos anos, eu me beneficiava das atenções tanto de minha mãe quanto de meu pai. Acho que eles tiveram um casamento feliz, embora fossem pessoas bem diferentes. Enquanto minha mãe, doze anos mais jovem que meu pai, era divertida e extrovertida, espirituosa, inteligente e observadora, meu pai era mais sério e às vezes preocupado, até mesmo sombrio – mas também tinha um carisma que atraía as pessoas. Era um líder nato que conseguia inspirar os outros e se conectar com eles. Embora fosse um pessimista – é claro que ele preferia se referir a si mesmo

1 Estabelecimento onde se reuniam artistas e intelectuais para discutir política e assuntos afins. Cabaré também foi um gênero teatral popular durante a República de Weimar: as peças eram conhecidas por refletirem as tensões políticas da época. [N.E.]

como realista –, de certa forma contrastando com o pragmatismo mão na massa da minha mãe, ainda assim era um homem caloroso, conhecido na nossa comunidade como alguém que gostava de ajudar os outros. Seus talentos como comunicador, tanto por escrito quanto oralmente, o levaram longe na área profissional que escolheu, a política. Sempre tinha paciência para responder às minhas perguntas e fazer eu me sentir a pessoa mais importante do local.

No começo da Grande Guerra, meu pai, Hans, havia acabado de terminar o curso de economia na universidade e de começar sua carreira como repórter de economia e negócios. Em 1915, aos 25 anos, foi recrutado como soldado de infantaria para servir no exército alemão e enviado para a frente oriental para lutar contra os russos. Felizmente, um ano depois, foi transferido para o quartel-general da frente em Caunas, na Lituânia. Mais tarde ele contaria quão grato ficou por sair não apenas vivo, mas ileso do período que passou na lama congelada daquelas trincheiras cheias de morte na luta contra os russos, onde tantos perderam a vida.

Na Lituânia, aconteceram duas coisas que mudariam o rumo da vida dele. Primeiro, para seu grande alívio, ele foi removido das tarefas da linha de frente, e suas habilidades jornalísticas foram aproveitadas para o esforço de guerra[2] por ninguém menos que o general Erich Ludendorff, o famoso herói de guerra da época, conhecido como o "cérebro" do exército alemão. Ludendorff lhe deu ordens para editar um jornal lituano, embora meu pai não soubesse nada sobre o país nem falasse o idioma. Anos depois, ele disse em tom de brincadeira: "Eu era provavelmente o único jornalista no mundo que era incapaz de ler o jornal que editava". Em vez disso, soldados alemães que falavam lituano traduziam o que ele escrevia.

Conforme a guerra continuava, as proezas de Ludendorff como estrategista militar se tornaram desastrosas quando ele bloqueou e depois recusou diretamente todas as tentativas de paz. Sua ambiciosa pressão por vitória nos estágios finais da guerra saiu pela culatra. Quando a Alemanha pós-guerra cambaleou sob o peso do ressentimento e da vergonha do Tratado de Versalhes, que encerrou a guerra da maneira mais dura para o país – território perdido, indenizações para as quais não havia qualquer esperança de serem pagas, hiperinflação e a fome que se seguiram –, Luden-

2 Mobilização de recursos, sejam materiais ou humanos, visando ao suporte de uma força militar. [N.E.]

dorff não reconheceu nenhum erro de sua parte. Em vez disso, divulgou a teoria da "punhalada pelas costas", que culpava os judeus pela derrota alemã, alegando que eles haviam conspirado internamente contra o país durante a guerra. Cativado pelas teorias da conspiração, foi um dos primeiros da elite alemã a endossar Adolf Hitler. Argumentava que, para a Alemanha se recuperar, uma nova e gigantesca guerra mundial seria necessária, uma que forjasse um novo império alemão, além de tudo que já havia sido imaginado. As ações de Ludendorff ajudaram a equipar Hitler, gerando resultados catastróficos para minha família e para todos os judeus europeus. Durante a Primeira Guerra Mundial, no entanto, deixando meu pai longe do campo de batalha, Ludendorff pode muito bem ter salvado a vida dele.

A segunda coisa que mudou para o meu pai – que teve um impacto profundo sobre ele e, por extensão, sobre a vida da minha família – foi que, enquanto servia na Europa Oriental, ele encontrou o mundo do judaísmo religioso e se encantou por ele. Meu pai era filho de um banqueiro que havia crescido completamente assimilado à cultura católica, com pouca conexão com a tradição judaica. Na véspera de Natal, a família dele até decorava uma árvore com velas acesas. Ele havia encontrado judeus devotos na Alemanha, e, sem dúvida, alguns da Europa Oriental, mas acredito que, assim como a maioria dos judeu-alemães seculares, ele provavelmente os via de forma negativa, de acordo com os preconceitos da época – retrógrados, barulhentos, sem modos. Era uma época em que muitos judeus da Europa Ocidental vinham abandonando costumes ritualísticos do judaísmo e se casando com não judeus, alguns até escolhendo o batismo como maneira de avançar profissionalmente e ajudar a garantir que não seriam alvo de bullying e violência antissemita. Então, o acolhimento do judaísmo ortodoxo pelo meu pai foi bastante incomum. Apesar disso, enquanto esteve prestando serviço militar em Białystok, ele foi inundado com a gentileza e a proximidade das comunidades religiosas judaicas hassídicas e sua cultura. Conheceu rabinos, estudou hebraico e se aproximou de grandes famílias de devotos calorosos, o que fez com que ele mudasse de atitude em relação à religião para o resto de sua vida. Aprendeu a rezar pela primeira vez, cantava canções espirituais, frequentava as cerimônias religiosas e ficava para refeições do Shabat em lares modestos, mas unidos, encantado pelas melodias e pela vida espiritual que havia neles. Decidiu adotar para si uma vida judaica praticante.

Em 1919, após voltar para a Alemanha, meu pai se filiou ao Partido Social-Democrata – que teve um papel essencial na formação da República de Weimar, com esperanças de semear uma nova cultura democrática – e participou de negociações para um novo governo na Prússia. Ele se tornou chefe do escritório de imprensa nacional da Prússia e um dos ministros do gabinete do governo. Era estimado pelos colegas, que o descreviam como alguém que tinha níveis excepcionais de energia, conhecimento e uma memória convenientemente boa, muito útil em disputas políticas. Era um alemão orgulhoso e um dos oficiais judeus de mais alto escalão no governo, provavelmente o único praticante. Se fosse chamado ao escritório – que ficava perto do Reichstag, o Parlamento alemão – para uma reunião em um sábado, poderia caminhar até lá e ainda assim não quebrar o Shabat. Em seu escritório ornamentado de pé-direito alto, lia uma página por dia do Talmud, uma visão geral da discussão rabínica da lei judaica através dos séculos. Aos domingos, ia ao escritório para ler as cartas e adiantar a correspondência da semana. Às vezes, me levava junto: eu me lembro de caminhar até lá de mãos dadas com ele.

Meu pai tinha um assento na primeira fila para discutir as questões internas do governo e do país. Ficou muito irritado quando, em janeiro de 1933, o presidente Paul von Hindenburg, ex-general e herói de guerra, o cedeu a conselheiros que diziam que tornar Hitler chanceler acalmaria seu ego ao mesmo tempo que permitiria que cabeças mais frias governassem nos bastidores. "Como são cegos...", resmungou papai. Depois que os nazistas tomaram o poder, meu pai foi "suspenso indefinidamente". Seu crime nunca foi definido, mas ele era conhecido por falar em programas de rádio e em colunas de jornal sobre a importância de proteger a democracia. Imagino que ser judeu também o tenha feito um alvo fácil e precoce para demissão no início da ascensão de Hitler ao governo alemão. Vários outros oficiais do governo e funcionários judeus perderam o emprego ao mesmo tempo. Muitos dos demais membros do Partido Social-Democrata, que foi banido pelos nazistas, junto a qualquer outra oposição política, foram presos. Alguns foram enviados para Dachau, perto de Munique, a quase quinhentos quilômetros de distância.

Em abril de 1933, surgiram novas leis que excluíam os judeus e qualquer pessoa que falasse contra o Partido Nazista do governo e do serviço civil. Alguns tentaram processar o governo. Em suas ações judiciais, proclamavam orgulhosamente sua alemanidade, sua lealdade e seu amor pelo país: muitos alegaram serviços leais ao Estado e, em alguns casos, valeram-se de suas Cruzes de Ferro,[3] que haviam recebido ao lutar pela Alemanha na Primeira Guerra Mundial. Muitos dos 100 mil homens judeus que serviram haviam se voluntariado, acreditando que essa declaração essencial de dedicação de vida ou morte à pátria levaria à sua aceitação e integração finais e completas. Mas suas palavras foram protestos solitários, defesas condenadas em um mundo onde a extinção da razão já havia começado.

É claro que eu era jovem demais para compreender as terríveis mudanças que assolavam o nosso país durante os primeiros anos da minha vida. E sei que meus pais devem ter tentado me proteger de qualquer ameaça. Mas eu percebia a ansiedade deles; tornei-me dependente e reclamava de ter que dormir sozinha. Na maioria das vezes, o som da mudança vinha do rádio, com frequência acompanhado pela voz de minha mãe cochichando irritada, pedindo que meu pai diminuísse o volume para que eu não ouvisse. Mas, por volta do nosso último ano em Berlim, 1933, o barulho da desordem política flutuava para dentro de casa pela janela do meu quarto, e foi ficando cada vez mais difícil para meus pais agirem naturalmente.

Primeiro, havia a cacofonia de trombones e clarinetes e as botas dos homens da SS marchando: uma parada cruzando Berlim, iluminada por tochas, para celebrar a nomeação de Hitler como chanceler, acompanhada por uma canção sobre serem soldados para uma "nova era" comprometidos pelo sangue com a "luta racial". As tochas iluminavam a rua como se fossem um rio brilhante; as luzes tornando visíveis as bandeiras ondulantes de suásticas, branco e preto sobre um fundo vermelho.

Então, algumas semanas depois, em fevereiro de 1933, fomos acordados pelo barulho de sirenes e caminhões dos bombeiros. O céu brilhava e estava cheio de fumaça. O Parlamento – a apenas cinco minutos a pé de nosso apartamento – estava pegando fogo. Fui correndo procurar meus pais, mas minha mãe logo tentou me afugentar – e minhas perguntas – de volta para a cama. Posso apenas imaginar a expressão no rosto de meu pai e a profundidade dos sentimentos dele enquanto tentava absorver o simbolismo da democracia em chamas.

Houve mais incêndios em maio. Em nome de "purificar a Alemanha", estudantes e professores haviam se reunido para decidir quais livros eram

3 Condecoração militar do Reino da Prússia instituída durante as Guerras Napoleônicas que era entregue em guerras importantes, como a Guerra Franco-Prussiana e a Primeira e a Segunda Guerras Mundiais. [N.T.]

"antialemães" e deveriam ser confiscados das bibliotecas nacionais e incinerados. Caminhonetes e carros eram atolados de livros, e jovens carregavam pilhas de obras para uma praça entre o teatro de ópera e a universidade, e então as jogavam no fogo. Do nosso apartamento, dava para sentir o cheiro de fumaça que se erguia dos muitos milhares de exemplares.

* * *

Por toda a Alemanha, famílias judias se perguntavam as mesmas coisas impossíveis que meus pais: "O que devemos fazer? Como vamos ganhar a vida? Será que é apenas uma questão de tempo até que mentes mais sãs prevaleçam? Ou vamos precisar sair de casa? Para onde podemos ir?". Em um país onde a punição para aqueles que protestavam era o campo de concentração, dissidentes não judeus – entre eles escritores e artistas – encaravam dilemas similares e estiveram entre os primeiros a fugir.

Foi incrivelmente doloroso, para minha mãe e meu pai, aceitar a verdade cada vez mais aparente de que teríamos de ir embora. Minha mãe estava especialmente arrasada com a ideia de abandonar o país que ela tanto amava. Era apaixonada pela vida cultural e intelectual vibrante de Berlim, os teatros, os museus, a discussão de livros e de ideias. Ela me deu o nome do meio de Elisabeth em homenagem a Goethe, o deus dela e da Alemanha também. Tanto minha mãe quanto meu pai eram produtos do intelectualismo e do liberalismo alemães do entreguerras, formados pelos 150 anos precedentes de crescente aceitação social aos judeus. Nossa casa unia filosofia e literatura alemãs com a tradição judaica; entre aqueles livros que meu pai, de maneira tão relutante, embalou em caixotes, alguns para nunca mais serem vistos, havia exemplares sobre política e literatura alemãs e sobre o pensamento judaico. Alguns escritos por ele mesmo.

Mas meu pai temia que sua posição anterior no governo e seus avisos e críticas aos nazistas no rádio e nos jornais o tivessem deixado marcado como inimigo do Estado, e que houvesse a possibilidade de ele ser preso. Ele tinha orgulho de suas avaliações sóbrias e realistas e simplesmente não via um futuro para nossa família como judeus na Alemanha com tanta hostilidade e violência cozinhando sob a superfície. Minha família vinha chamando a Alemanha de "lar" havia mil anos. Entre meus ancestrais, havia rabinos, filósofos, jornalistas, economistas, professores, advogados e banqueiros. Mas eu seria a última da minha família a nascer lá quando vim ao mundo, em 1928. Não estávamos mais em segurança.

Minha família, como tantas famílias judias alemãs, estava se dispersando por vários países pelo mundo. Mamãe era a filha do meio de três irmãos que eram bons amigos e igualmente dedicados aos pais. A família dela, os Klee, era muito próxima, o que tornava a decisão ainda mais difícil. Os pais dela queriam ficar na Alemanha, assim como a mãe de meu pai; eles não conseguiam imaginar recomeçar a vida em um país estrangeiro. Mas o irmão de minha mãe, meu tio Hans, advogado como o pai, estava tentando decidir aonde poderia ir, e acabou se decidindo pela Suíça para poder continuar praticando a advocacia em alemão. A irmã deles, minha tia Eugenie, foi demitida do Instituto para a Pesquisa do Câncer em Berlim, embora fosse uma especialista de primeira linha em engenharia de tecidos. Ela e o marido, Simon Rawidowicz, tentaram urgentemente encontrar vagas acadêmicas para os dois em outros países, indo primeiro para Leeds, na Inglaterra, e depois para Chicago, para, por fim, se estabelecerem em Boston.

Finalmente ficou decidido: nós três iríamos para a Inglaterra. Meu pai tinha conseguido um emprego em Londres, na Unilever. Então, nosso apartamento em Berlim foi esvaziado até que apenas nossas vozes ecoassem nos cômodos esvaziados. Na manhã em que fomos embora, os boicotes, os camisas-pardas espancando gente nas ruas, as marchas e os cânticos nazistas sem dúvida ecoavam na cabeça dos meus pais, mas eu só pensava no meu amado Tiergarten. Quando dei as costas para o parque pela última vez, podia ouvir os sons das crianças brincando de pega-pega. Equilibrando malas e baús, nos dirigimos à estação para pegar um trem para Hamburgo, o primeiro trecho de nossa viagem para a Inglaterra.

* * *

Chegamos a salvo em Londres sob um céu cinzento e carregado. Aquela metrópole de 8 milhões de pessoas, duas vezes o tamanho de Berlim, com construções de cimento e tijolo, onde tínhamos poucos contatos e nenhuma família, era opressiva. Por sorte, tanto minha mãe quanto meu pai falavam inglês, embora minha mãe fosse a mais proficiente dos dois – ela era uma linguista talentosa, que também entendia francês, grego e latim. Londres era a capital do Império Britânico, então eu vi, pela primeira vez, rostos internacionais e assisti encantada aos navios da Ásia, do Caribe e da África navegarem pelo grandioso Tâmisa.

Papai, que era formado em economia, tinha conseguido um bom emprego na Unilever. Mas nossa estadia na Inglaterra acabaria sendo curta. Só depois de chegar a Londres para assumir seu novo emprego ele foi informado de que a posição requeria trabalhar aos sábados, o dia do Shabat judaico.

"No meu trabalho no governo da Alemanha, minha obediência ao Shabat era respeitada, mas aqui na Inglaterra não é?", ralhou ele, em choque, contando a novidade à mamãe.

Quando ele expôs aos empregadores que não estava disposto a quebrar a proibição ao trabalho do Shabat, o contrato foi rescindido.

Para meu pai, ser um judeu praticante ia além de ser a pessoa profundamente espiritualizada que ele era. Significava ser completamente comprometido com os *mitzvot*, termo hebreu para "mandamentos", e a obediência ao Shabat é um dos princípios mais centrais. Era por meio do cumprimento dessas regras e desses rituais que ele encontrava propósito, um portal para uma vida boa e significativa. Esses valores que ele encontrava em seu judaísmo não eram algo que estivesse disposto a abandonar, ainda que às vezes fossem dolorosamente inoportunos.

Foi uma decisão determinante, uma que reverberaria de maneiras que nunca poderíamos ter imaginado. A Inglaterra era e continuaria a ser solo seguro. Enquanto isso, a Europa se tornava mais perigosa conforme os nazistas continuavam sua ascensão à dominação. Mas, mesmo com toda a sua sabedoria e compreensão da política da época, meu pai não poderia ter sonhado com o que viria a acontecer. Ninguém poderia ter previsto o horror que cairia sobre nós dali a poucos anos. Então tivemos de nos mudar novamente, dessa vez para Amsterdam, em busca de refúgio.

2. Amsterdam

"Neutro" não é uma palavra que a maioria das crianças de cinco anos conhece, mas eu conhecia.

Mesmo em 1934, já havia crescentes boatos sobre mais uma guerra, mas, assim como a Suíça, os Países Baixos tinham ficado neutros durante a Primeira Guerra Mundial. Não importava o que acontecesse, todos reafirmavam a si mesmos: países neutros não se envolviam em guerras e certamente não seriam invadidos. Os holandeses tinham a reputação de ser imparciais e liberais, e o país não tinha o antissemitismo arraigado visto em tantas partes da Europa. Era importante o fato de que estaríamos logo do outro lado da fronteira com a Alemanha. Também era perto o suficiente para minha mãe e eu visitarmos meus avós e outros familiares e amigos que tinham ficado no país (embora meu pai achasse que até uma visita seria arriscada demais para ele). Essas são as razões pelas quais eu acredito que meus pais escolheram os Países Baixos como novo lar para nossa pequena família de três. Em Amsterdam, poderíamos passar despercebidos e esperar que a loucura se exaurisse por si só. Minha mãe, em especial, alimentava esperanças de que fôssemos ficar exilados apenas temporariamente, e de que, com o tempo, poderíamos voltar para casa.

Então, em 20 de dezembro de 1933, a cidade de Amsterdam registrou a chegada do meu pai inscrevendo "Goslar", nosso sobrenome, em um formulário de entrada em letra cursiva grande e elegante. O nome completo de meu pai vinha na linha seguinte, com a data de entrada no país e o endereço do hotel onde ele se hospedou naquelas primeiras semanas, enquanto tentava se adaptar e se estabelecer em mais um novo país, e eu e minha mãe ficávamos com meus avós em Berlim. Três meses depois, um funcionário acrescentou ao formulário o nome completo de solteira de minha mãe, Ruth Judith Klee, seguido pelo meu e pela data de nossa chegada: 19 de março de 1934. Um simples pedaço de papel, uma ferramenta da burocracia. Mas uma que mudaria tudo para nós.

As tulipas começavam a florescer quando minha mãe e eu desembarcamos do trem em Amsterdam. Nossos sapatos faziam barulho nas ruas de paralelepípedos e tentávamos ficar fora do caminho dos ciclistas apressados. Depois de semanas longe de meu pai, fiquei imensamente feliz por nós três estarmos juntos de novo. Eu me senti segura andando de mãos dadas com os dois. Ainda assim, me soltei e caminhei um pouco adiante, perdida brevemente na luz dourada que incidia sobre os canais, ampliando os reflexos das barcas que deslizavam por eles. Mas então senti minha mãe puxar meu braço para trás de repente, porque eu estava perto demais da água. Por um momento, tive medo; meu sentimento de calma se quebrando.

"Agora estamos na Jerusalém do Ocidente", declarou meu pai, tentando soar entusiasmado enquanto dávamos aqueles primeiros passos pela cidade como uma família.

Ele alimentava esperanças de que essa Jerusalém fosse ser apenas temporária até que pudéssemos chegar à Jerusalém de verdade, quase cinco mil quilômetros a leste, no Levante. O sionismo, naquele tempo, era o movimento que estabelecia uma pátria judaica no que era na época bíblica a Terra de Israel, onde o Estado judaico existira dois mil anos antes. Seus proponentes o viam como uma resposta a séculos de exílio e luta na diáspora: um porto seguro e um movimento de renascimento judaico. Mas, com o conflito árabe-judaico se aquecendo, os britânicos, que governavam o que na época era chamado de Mandato Britânico da Palestina, vinham tornando cada vez mais difícil que os judeus imigrassem. Conseguir um visto demandava tempo, sorte e dinheiro. Meu pai ouviu que precisaria declarar uma grande quantia de capital apenas para solicitar o visto, uma quantia que ele não tinha.

Embora o pai de minha mãe, Alfred Klee, fosse um líder do movimento sionista na Alemanha – assim como meu pai –, mamãe não compartilhava do sonho de seu marido de imigração para o Oriente Médio. Ela havia viajado com seus pais, seu irmão e sua irmã para o Mandato Britânico da Palestina, em uma viagem de família quando tinha vinte anos, e testemunhado as vidas sofridas dos pioneiros judeus nos primeiros *kibutzim*[4] e povoados. Não era uma vida fácil, e mamãe imediatamente decidiu que não era para ela.

"Não consigo trabalhar tão duro assim", dissera, só meio de brincadeira.

Após meses de incerteza, havia ao menos uma solidez reconfortante nos edifícios e nas pontes de tijolo e pedra que ligavam os canais e as ruas entre-

4 Unidade social e econômica autossuficiente, em que as decisões são tomadas por seus membros, e cujos bens e meios de produção são de propriedade coletiva (ISRAELI MISSIONS. Disponível em: https://embassies.gov.il/MFA/Portuguese/Pages/TERRA-Vida-rural.aspx). [N.E.]

cruzadas de Amsterdam. Ainda mais aconchegante e segura era a sensação que transmitia o Rivierenbuurt, holandês para "bairro do rio", o nome da nossa nova vizinhança na parte sul da cidade, entre o rio Amstel e dois dos principais canais, onde a maioria das ruas – inclusive a nossa – tinha nomes de rios holandeses.

Subimos as escadas para nosso novo apartamento, no número 31 da Merwedeplein. Meu pai abriu as grandes janelas proeminentes na sala de estar, que tinham vista para a praça. "Bem-vindas ao lar!", ele anunciou. Era bem menor que nossa casa em Berlim. Não havia mais pé-direito alto, varanda ampla ou quartos extras. Também não haveria governanta ou cozinheira para ajudar minha mãe com as tarefas de casa. Para ela, esposa de um oficial sênior do governo da Prússia que sempre tivera auxílio em casa, esse era um território completamente novo.

Olhando pela janela da sala, eu via logo abaixo de nós um espaço triangular, cheio de areia, limitado por uma cerca baixa e canteiros de flores, onde crianças de diferentes idades brincavam e andavam de bicicleta. Os blocos de apartamentos ao redor eram do mesmo tijolo marrom-claro que o nosso, embora alguns parecessem ainda estar em construção quando chegamos. Caminhões cheios de cimento, estuque e telhas estavam estacionados nas esquinas e fiquei surpresa de ver trabalhadores de construção civil caminhando sobre andaimes lá no alto. Erguendo-se sobre a vizinhança havia um prédio de doze andares. "O prédio mais alto da Holanda, bem aqui!", proclamavam os vizinhos. Nós aprenderíamos a chamá-lo, como todos faziam, de "o arranha-céu".

Quando chegamos, éramos a décima família judia da Alemanha a se mudar para a nossa rua, no início de 1934. Mas aquele era apenas o começo de uma grande onda de judeus cada vez mais desesperados procurando refúgio. Por fim, a linha de bonde 8, que ia do nosso bairro até o bairro judeu, no centro da cidade, viria a ser apelidada de "Linha de Jerusalém", e a linha 24, que ligava o bairro de Beethovenbuurt – outra área onde viviam muitos refugiados alemães – ao centro passou a ser chamada de "Expresso de Berlim". Havia também imigrantes judeus vindos da Rússia, da Bélgica e da Tchecoslováquia. A crise econômica global não poupara os Países Baixos, e alguns apartamentos ficaram vazios desde que haviam sido concluídos, dois anos antes. Então o proprietário ficou feliz quando refugiados judeu-alemães como nós chegaram, ansiando por um lugar para morar e capazes de pagar pelos aluguéis considerados relativamente altos para o que era propagandeado como apartamentos "de luxo", já que tinham as regalias modernas de água quente encanada e aquecimento central.

Nos primeiros dias, mamãe se dedicou a desfazer as malas e tentar deixar o nosso apartamento com jeito de lar. Voltamos a usar a colcha verde-escura que costumava cobrir a cama dos meus pais em Berlim e a cadeira estofada com o mesmo tecido. Na parede da sala de estar, ela pendurou uma impressão de Van Gogh de um barco de pesca vermelho e preto encalhado em uma faixa de areia, banhado pelas ondas do mar Mediterrâneo. Mamãe dizia que fazia o ambiente parecer maior. Quando olho para trás, me pergunto se ela se identificava com aquele barco, tendo ido parar em um lugar ao qual não era sua intenção ir, flutuando entre dois momentos, na linha invisível entre o mar e a costa.

Portas francesas de vidro separavam a sala de jantar da sala de estar. Nossa mesa de jantar formal de nogueira, com as cadeiras combinando, acabou nunca chegando da Alemanha. A mobília do pátio chegou; só que não tínhamos mais um pátio. Então fazíamos nossas refeições naquela mesa de vime, sentados nas cadeiras combinando, cobertas com almofadas brancas com minúsculas flores vermelhas. Toda semana, minha mãe comprava flores e as colocava em um vaso branco de cerâmica, um de seus muitos toques de bom gosto nas nossas vidas. E amei meu novo quarto desde o primeiro dia, fascinada pela minha cama retrátil que, toda manhã, quando eu acordava, se dobrava para dentro da parede entre duas estantes de livros embutidas.

Querendo que nos acomodássemos o mais rápido possível, meu pai falava entusiasmado sobre a livraria da esquina e a meia dúzia de cafés e lojas nos arredores. Mas estávamos em uma área frondosa e quieta na periferia da cidade, então não havia lojas chiques em ruas impecáveis ladeadas por árvores, nem praças cheias de cafés transbordando de gente como havia praticamente na porta de casa em Berlim. Minha mãe nunca superou a saudade que sentia da cidade onde nasceu. Ela a perturbava até naquele primeiro dia do nosso recomeço em Amsterdam, nós três finalmente reunidos depois daqueles meses afastados, ainda que ela tentasse intensamente não demonstrar. Minha mãe tinha 32 anos, enquanto meu pai já tinha 44. Ela amara sua vida em Berlim e não estava feliz em recomeçar. Nem ele, mas estava tão pessimista em relação à situação na Alemanha que acho que era mais fácil não embarcar na nostalgia de minha mãe por aquilo que, até pouco tempo antes, ambos haviam estimado como sua terra natal. Hoje eu me pergunto quanto absorvi das aflições de meus pais como pessoas recentemente deslocadas de seu país.

Aprender holandês foi nosso primeiro obstáculo. Mamãe, que amava tanto línguas, desprezava o gutural holandês, chamando-o de "um problema na garganta, não um idioma". Por um lado, era parecido com o alemão; por outro, ordenar as palavras de uma maneira levemente diferente produzia – às vezes, de maneira cômica – significados completamente diferentes. No começo, meus pais ficavam confusos quando liam placas que significavam uma coisa em holandês e outra em alemão. Por exemplo, uma placa em uma porta que instruía os visitantes sobre como chamar a atenção. Em holandês, a palavra *bellen* significa "tocar a campainha", enquanto em alemão significa "latir como um cachorro". De início, ficamos ofendidos – será que aquilo queria dizer que eles achavam que nós latíamos como cachorros?!

E a maioria dos holandeses tinha uma placa ao lado da porta para deter vendedores ambulantes: *Aan de deur wordt niet gekocht*, que significa "Não compramos de vendedores de porta em porta". No entanto, para olhos alemães, o texto se parecia com algo como "Estamos cozinhando à porta". Esse tipo de coisa causava confusões engraçadas durante nossos primeiros dias na cidade. Mas, infelizmente, essa foi a extensão do holandês a que fui exposta antes de começar a escola.

Mamãe estava se adaptando à vizinhança, aprendendo quais lojas vendiam quais produtos e suprimentos domésticos para limpeza e organização do nosso novo apartamento. Para alguém como ela, acostumada a ter funcionárias em casa, só isso já era desafiador, mas minha mãe também o fazia como recém-chegada e em um idioma estrangeiro que ainda não sabia falar. Aos poucos ela expandiu seu repertório de receitas, tornando-se uma cozinheira competente, mas não uma cozinheira nata.

Certa manhã, saí com minha mãe para comprar alguns mantimentos. Eu adorava sair com ela, de mãos dadas, para dar mais uma olhada na nossa nova vizinhança. Em um dos corredores de uma mercearia, ouvimos alguém falando alemão e nos viramos para ver quem era. Uma mulher conversava com a filha, uma garotinha. As duas mães começaram a conversar, o alívio transparecendo em suas vozes por terem encontrado alguém familiar naquele lugar estrangeiro.

A menininha de cabelo escuro estilo pajem e eu apenas nos entreolhamos timidamente. Não dissemos uma palavra. Retraída perto de outras crianças, eu recuei um passo, me escondendo parcialmente atrás de minha mãe, agarrada à saia dela. Mas a menininha e eu continuamos nos olhando, compartilhando o silêncio e certa medida de conforto.

3.
Novos amigos

Nos meus melhores dias, eu era tímida, mas, quando saí para meu primeiro dia de pré-escola na 6ª Escola Montessori, na Niersstraat, estava completamente petrificada. Chorei quando saímos do apartamento e, embora costumasse ser uma criança obediente, tentei me agarrar à maçaneta da porta enquanto implorava para ficar em casa. Por meses, minha principal companhia havia sido minha mãe ou outros adultos. E eu não falava praticamente nenhuma palavra de holandês.

"Chega, Hanneli", disse mamãe, austera, usando o nome pelo qual a maior parte da família me chamava e arrancando meus dedos da porta. "É sempre difícil começar qualquer coisa nova. Nós vamos para lá agora e você vai ficar bem. Você vai ver."

O discurso continuou enquanto descíamos a rua na direção de um prédio de tijolos de três andares, com uma fachada de janelinhas estreitas que iam do piso ao teto. Entendi que era ali que minha mãe me deixaria e senti meu estômago revirar. Choraminguei, mas ela me repreendeu com um olhar que dizia que não toleraria mais protestos. Ela abriu a larga porta de madeira da escola e, assim que entramos, apertei a mão dela com ainda mais força e arrastei os pés lentamente pelo pátio ladrilhado, ainda que isso significasse arranhar meus novos sapatos de couro envernizado.

Entramos em uma sala de aula onde havia muitas crianças parecendo extremamente ocupadas. Algumas se sentavam em pequenas mesas brincando com blocos de madeira; outras traçavam letras ou estavam sentadas em tapetes treinando a caligrafia. Reparei em uma garota com cabelo escuro e brilhante, quase preto. Eu não conseguia ver o rosto dela, porque ela estava de costas, brincando com um conjunto de sinos prateados. Naquele momento, a garota se virou e olhou para mim. Em um instante, nos reconhecemos. Era a menina da mercearia da esquina! Prontamente corremos para nos abraçar, como se fôssemos irmãs separadas durante muito tempo, frases em alemão voando entre nós como um vulcão de conexão. Meu estômago relaxou; minha ansiedade desapareceu e eu sorri.

"Meu nome é Annelies. Pode me chamar de Anne", disse ela.

Como éramos duas meninas que não sabiam holandês, ficamos empolgadas ao nos encontrar, e nem percebi quando minha mãe, aliviada, saiu pé ante pé pela porta. Anne também era nova na escola. A família dela havia chegado recentemente de Frankfurt, outra grande cidade alemã. Nós duas tínhamos pais de mentalidade liberal, que haviam decidido que a moderna abordagem montessoriana, que prometia às crianças liberdade para explorar sua curiosidade, era adequada para nós. Em vez de ser centrado nas notas, o aprendizado era centrado nas crianças, que podiam escolher aquilo pelo qual se interessassem.

Anne, minha primeira amiga, me impressionou logo de cara, embora eu tenha rapidamente percebido que éramos muito diferentes. Eu tinha o hábito de me voltar para dentro, inclinando a cabeça para um lado e refletindo sobre o que eu queria dizer antes de falar qualquer coisa. Não estava acostumada a ficar perto de outras crianças e era facilmente intimidada. Eu era desengonçada e alta para minha idade. Anne tinha pele oliva clara e era uma cabeça mais baixa que eu – um fiapo de gente, quase frágil, com olhos escuros, grandes e vivazes que pareciam rir junto com ela. Mas a fragilidade dela contradizia sua grande personalidade. Era ótima em ter ideias para brincadeiras e liderar as outras crianças. Era confiante, mesmo diante de adultos. Perguntava qualquer coisa a um adulto; na verdade, parecia fazer perguntas o tempo todo. Eu ficava maravilhada ao ver como Anne pensava em tantas perguntas para fazer. Quando nos conhecemos, seu cabelo castanho-escuro estava cortado na altura do queixo e partido de lado. Eu também usava o cabelo curto, como a maioria das meninas da nossa idade na época, mas o meu era de um castanho mais avermelhado e um pouco ondulado. Às vezes minha mãe o prendia de lado com um grande laço. Mas eu sempre garantia que meu cabelo cobrisse minhas orelhas. Eu as detestava: achava que eram grandes demais.

Anne e eu ficamos empolgadas ao descobrir que também éramos vizinhas de porta. Nossos apartamentos ficavam próximos e tinham lances idênticos de escadas de concreto que davam nas portas da frente. Eu levava menos de um minuto para descer do meu apartamento e correr até o de Anne. O dela ficava um andar acima do nosso, então eu tocava a campainha de bronze, ela atendia e subíamos aos pulos a escada interna de carpete, segurando no corrimão pintado de cor creme que levava a um hall de entrada com papel de parede azul-claro estampado.

Em pouco tempo, passamos a ir caminhando juntas os dez minutos até a escola todos os dias, às vezes com a irmã mais velha de Anne, Margot, que tinha três anos a mais que nós. Ela era incrivelmente inteligente e bondosa e tinha um temperamento mais sério que o de Anne. Embora eu fosse mais jovem, ela nunca falava comigo de maneira condescendente. "Que maravilhoso ter uma irmã!", eu pensava. Margot frequentava uma escola mais tradicional, chamada Jekerschool, na Jekerstraat, a apenas algumas quadras da nossa escola.

Todos os dias, com a ajuda de professores pacientes e a vontade de crianças desesperadas de se encaixar, Anne e eu aprendíamos novas palavras e frases em holandês. Em pouquíssimo tempo já falávamos fluentemente (e tirávamos sarro de nossos pais por sua pronúncia incorreta). Mas, de nós duas, eu era a única que mantinha um leve sotaque alemão. Com o tempo, passamos a nos sentir como garotas holandesas. Nossos amigos vinham de vários lugares; alguns eram holandeses, e alguns deles eram judeus também. Outros eram crianças refugiadas, como nós. Mas não pensávamos muito nas diferenças entre a gente, nem as sentíamos. Nossas memórias da Alemanha eram opacas, então rapidamente abraçamos nosso novo país, nos jogando de cabeça naquele sentimento de querer ser como todo mundo.

Anne e eu logo encontramos uma maneira de nos comunicarmos dos nossos apartamentos sempre que quiséssemos. Tudo que precisávamos fazer era colocar a cabeça para fora da janela da frente e chamar uma à outra – eu do segundo andar, ela do terceiro.

"A-nnaaa", eu chamava meio cantando de manhã, da minha janela, quando era hora de sairmos para a escola (Anne se pronunciava como "Anna"). Escolhemos o hino nacional holandês como nosso assobio pessoal, então sabíamos quem estava chamando quando queríamos nos encontrar para brincar lá fora ou ir à casa uma da outra. Anne não conseguia assobiar direito, então às vezes ela só fazia o som sem abrir a boca. Após trocar nossos assobios, nos encontrávamos na calçada da frente para a caminhada de dez minutos até a escola. Falávamos sem parar durante todo o caminho.

"Hanneli, você já ouviu falar do novo filme do Popeye?", Anne talvez perguntasse, e então me contava toda a história do filme que tinha visto com a família no fim de semana. Ela me falava da mãe surtando por causa de seu último mal-estar – ela faltava às aulas por estar doente com alguma frequência – ou de como estava empolgada com a chegada de uma das avós. Anne falava a maior parte do tempo, e eu ouvia a maior parte do tempo, mas também havia muitas trocas.

Gostávamos de dormir uma na casa da outra, e Anne sempre levava uma pequena mala para minha casa. Eu me lembro dela sentada na minha cama, escovando o cabelo e – ainda que fôssemos muito jovens e apesar do fato de que nossos passeios eram limitados a menos de três metros entre nossos apartamentos e o trajeto até a escola – falando sobre querer viajar o mundo.

Como uma filha única que morria de vontade de ter irmãos, eu admirava Margot. Achava-a linda, com seus olhos grandes e brilhantes e a pele lisinha. Mais tarde, quando ela precisou de óculos, até achei que eles só a deixavam ainda mais sofisticada. Margot emanava uma bondade calma e tranquila e gostava de ajudar quem precisasse. Eu teria gostado de ter uma irmã mais velha como ela. Margot tinha facilidade para aprender e era disciplinada e quieta, introvertida, ao contrário da animada e falante Anne. Também era atlética e viria a se tornar remadora e ótima nadadora. Eu observava com o intenso interesse de uma filha única o modo como Margot interpretava o papel de apaziguadora na família. Era extremamente obediente e nunca respondia aos pais. "Calma, Anne, vá com calma", ela recomendava quando Anne se agitava. Margot era a preferida da mãe (e Anne, a do pai) e queria preservar a paz e a tranquilidade na casa, pois sabia que a mãe as valorizava.

Assim que conheci Anne, soube que ela amava ser o centro das atenções. Era cheia de vida e sempre animava o lugar onde estivesse. Embora eu, que era uma criança reservada, também admirasse a graça e o equilíbrio mais quietos de Margot. Eu queria ser como ela: inteligente, linda, generosa. Também gostava de ver como ela protegia Anne. *Se um dia eu for uma irmã mais velha*, dizia a mim mesma, *quero ser como Margot*.

Anne tinha muita autoconfiança, muito mais do que eu. Nós às vezes discutíamos – não sobre coisas sérias, só desacordos típicos da infância, que eram esquecidos em poucos minutos –, mas as opiniões e a energia dela às vezes me deixavam exausta, acostumada que eu estava a uma casa silenciosa e a estar sempre rodeada de adultos. Quando jogávamos algum jogo, ela era incansável, especialmente se não estivesse ganhando. Era muito animada e muito menos cegamente obediente do que eu. "Deus sabe tudo, mas Anne sabe mais", brincava minha mãe quando eu voltava para casa contando detalhes de mais um momento de "Anne sabe-tudo".

Certo dia, indo para a escola, Anne e eu viramos uma esquina e vimos cadeiras e mesas pendendo do céu. Ficamos olhando boquiabertas conforme elas iam descendo das janelas do apartamento de uma garota chamada Juliane. Ela também era de uma família alemã judia e também morava na Merwedeplein. Nossos pais nos explicaram que na Holanda as pessoas faziam a mudança usando cordas para içar a mobília pesada através das janelas, porque as casas estreitas eram construídas sobre estruturas de madeira, já que qualquer coisa que estivesse no nível do mar corria o risco de alagar. Para nós, era muito divertido. A família de Juliane estava indo para Nova York. "Vocês deveriam ir para os Estados Unidos também", disse a mãe de Juliane para Edith, mãe de Anne.

* * *

Conforme Anne e eu fomos ficando mais próximas, o mesmo aconteceu com nossas famílias. Eles visitavam nossa casa com frequência, para jantares no Shabat e feriados judaicos como Pessach,[5] e passávamos o Ano-Novo na casa dos Frank: os adultos conversando noite adentro e as crianças tentando se manter acordadas o máximo possível. O Ano-Novo na casa dos Frank se tornou uma tradição, e sempre incluía passar a noite lá. Eu adorava ficar na casa deles, no número 37 da Merwedeplein, apartamento 2. Era um tantinho mais elegante com as cortinas verdes de veludo, os tapetes persas em tons de vermelho e ferrugem e o característico aroma de algo doce vindo da cozinha. A sra. Frank, mãe de Anne, fazia pães maravilhosos. Para mim, o apartamento cheirava a baunilha e livros.

A sra. Frank, cujo cabelo escuro ficava preso em um coque de matrona, era bondosa, ainda que um pouco reservada com as crianças. Ela e minha mãe se davam muito bem e adoravam que eu e Anne fôssemos tão próximas, "como irmãs", elas diziam. Ambas eram doze anos mais novas que seus maridos e ambas sentiam uma saudade terrível da Alemanha e de seus entes queridos que tinham ficado lá. Sei que a sra. Frank também sentia a perda da relativa tranquilidade de sua vida anterior, assim como minha mãe, especialmente porque o marido trabalhava muitas horas por dia.

Nunca é fácil ser refugiada, especialmente para uma mãe, sobrecarregada com as tarefas de cuidar da casa e de crianças pequenas; mamãe e a sra. Frank apoiavam-se mutuamente, uma ajudando e dando apoio moral à outra. Elas podiam reclamar uma para a outra do fardo de ter que fazer as compras, limpar a casa e cozinhar com pouca ou nenhuma da ajuda que costumavam ter na Alemanha. Tudo era novo e difícil de entender. Elas não compreendiam

5 Páscoa judaica. [N.E.]

a lição de casa das filhas; era difícil se habituar às noções culturais; e o sotaque das duas quando falavam holandês era evidentemente alemão. Ambas exalavam a tendência alemã à ordem e ao bom comportamento e queriam que nós adorássemos Beethoven, Bach e poesia alemã tanto quanto elas. Eu notava certa tristeza pungente às mães nas nossas vidas – minha mãe, a sra. Frank e também a sra. Ledermann, mãe de nossa grande amiga Sanne. Era uma saudade da qual dava quase para sentir o cheiro.

Os Ledermann tinham fugido de Berlim com as duas filhas mais ou menos na mesma época que nós. O sr. Ledermann se recusou veementemente de início. Ele tinha uma firma de advocacia em Berlim que ia bem, representando grandes empresas, e é difícil atuar como advogado quando você não fala o idioma local nem conhece as leis específicas do país. O casal Ledermann estava relutante em abrir mão de seus passeios de fim de semana a museus, restaurantes chiques e concertos, mas Ilse Ledermann, que havia nascido nos Países Baixos e tinha família ali, ficou pressionando o marido, Franz, a se decidir pela mudança. A sra. Ledermann tinha um cunhado que era jornalista e trabalhava para um jornal holandês. Ele havia sido enviado para cobrir o julgamento de Hitler em 1923, quando foi acusado e considerado culpado de traição em Munique. A memória do que Hitler aprontou no tribunal, suas diatribes violentas e, talvez mais que isso, o modo como os juízes nem sequer tentaram silenciá-lo deixaram uma marca indelével. Fizeram-no ter certeza de que, agora que Hitler estava no poder, ele agiria de acordo com suas ameaças aos judeus. Ele chamava Hitler de "perigo imparável" e insistiu que a família saísse do país, e o mesmo fizeram outros parentes holandeses da sra. Ledermann. O sr. Ledermann, um alemão orgulhoso, continuava a rejeitar a ideia da migração, até que o boicote nazista tornou praticamente impossível o trabalho dos advogados, e ele cedeu.

A família se mudou para um apartamento bem próximo à Merwedeplein, em uma rua paralela chamada Noorder Amstellaan. A sra. Ledermann precisou se adaptar à vida sem babás para suas duas meninas, sem cozinheiras e governantas. Ela era pianista e tinha dois pianos de cauda no grande apartamento de Berlim, mas os dois foram vendidos antes que eles se mudassem para Amsterdam. O marido também era músico, e eles promoviam concertos de música clássica em sua sala de estar aos domingos.

O sr. Ledermann e meu pai decidiram fundar, apenas os dois, uma agência de assistência a refugiados que funcionava no nosso apartamento, com minha mãe atuando como secretária. Os dois se sentavam a uma escrivaninha, cada um de um lado, e passavam documentos de um para o outro. Minha mãe era a única que podia datilografar a correspondência deles, e sua máquina de escrever preta, que ficava na nossa sala de estar, era guardada apenas no Shabat. Eles auxiliavam principalmente outros judeu-alemães refugiados que estavam se estabelecendo em Amsterdam. Ajudavam-nos a organizar questões legais e econômicas, incluindo trocar propriedades que eles pudessem ter em um país por imóveis no outro. Meu pai contribuía com sua experiência em negócios e economia, e o sr. Ledermann, com seu conhecimento de direito. Por três anos, ele voltou à faculdade para ter um diploma de direito holandês – ficamos muito orgulhosos e impressionados. A família lhe deu uma bela festa quando ele se formou.

Meu pai não tinha coragem de cobrar muito pelos serviços, com todos sentindo o estresse financeiro da agitação daqueles tempos, então ele e o sr. Ledermann não conseguiam muito sustento daquilo. Mas era a única fonte de renda do meu pai à época. Eu teria gostado de ter uma bicicleta ou patins, como Anne e minhas outras amigas, mas meus pais não tinham dinheiro extra para o que, naquelas novas circunstâncias, era considerado luxo. Conseguir se sustentar em um país novo era um desafio para todas as nossas famílias, mas qualquer diferença entre nós e nossos amigos holandeses era diminuída graças à tendência holandesa à moderação. Eles evitavam a ostentação e preferiam não falar sobre dinheiro.

Os judeus holandeses que encontrávamos sentiam-se "muito holandeses" e não sabiam exatamente o que fazer conosco. Então, ao mesmo tempo que ficavam horrorizados com a violência política e a perseguição que haviam mandado famílias judias como a minha fugidas para os Países Baixos, preocupavam-se muito em não prejudicar o delicado equilíbrio de aceitação que tinham encontrado na sociedade holandesa, especialmente os judeus mais abastados e estabelecidos, muitos dos quais eram sefarditas. Também havia certo ressentimento entre alguns dos judeus holandeses, especialmente os da classe operária (muitos originários do Leste Europeu), que achavam que os judeu-alemães os menosprezavam, considerando-os menos aculturados e estudados. E, quando os refugiados começaram a chegar em maior quantidade, alguns temeram que seu estilo mais franco e impetuoso estivesse perturbando o equilíbrio que eles haviam conseguido para si na sociedade holandesa, mais moderada e modesta. Embora o histórico cultural de antissemitismo nos Países Baixos fosse menor que em outras partes da Europa, ainda havia resquício da característica entre alguns. Então, os judeus holandeses, de modo geral, faziam pouco para absorver o fluxo de judeu-alemães, e esse era o motivo pelo qual os serviços do meu pai e do sr. Ledermann eram essenciais. Eles ajudaram muitas pessoas na nossa comunidade, uma ajuda que seria lembrada no futuro.

Enquanto meu pai e o sr. Ledermann eram mais sérios e estavam sempre ocupados com seu trabalho e com os eventos que se desenrolavam na Alemanha, o sr. Frank era diferente. De aparência distinta com seus mais de um metro e oitenta, um bigode grisalho e os olhos vivazes que Anne herdara dele, era o tipo de pai que se senta à beira da cama na hora de dormir e inventa histórias para os filhos. Todos nós o adorávamos; ele parecia novidade para nós – um pai completamente acessível, que não mandava as crianças embora para poder ler o jornal ou resolver questões mais mundanas. A sra. Frank perdia a paciência às vezes, especialmente com Anne, que precisava de muita atenção, mas o sr. Frank se deliciava com a curiosidade infinita da filha e parecia genuinamente gostar de ouvir o que as crianças tinham a dizer. E ele podia ser muito bobo. Ensinou à Anne e a mim uma música sem sentido que ele dizia que era em chinês, e nós acreditamos nele por anos.

Jo di wi di wo di wi di waya, katschkaja,
Katscho, di wi di wo di,
Wi di witsch witsch witsch bum!

Implorávamos que ele a cantasse de novo e de novo. A música era uma de nossas piadas internas, e ríamos dela, mesmo depois de mais velhas. Outra de nossas atividades favoritas por algum motivo era vê-lo despejar a cerveja em um copo alto. Víamos a espuma subir e subir até ultrapassar a borda do copo, esperando que ela se derramasse – mas isso nunca acontecia.

Quando éramos jovens, as empresas do sr. Frank, Opekta e Pectacon – uma produtora de geleias, a outra de temperos –, ficavam ao longo do canal Singel, embora tenham se mudado depois para um local maior no canal Prinsengracht. Às vezes, Anne e eu pegávamos o bonde até lá aos domingos com o pai dela, para explorar o labirinto de escritórios e os ambientes do edifício de quatro andares do século XVII à beira do canal, brincando lá enquanto ele trabalhava por mais algumas horas. Para nós era uma grande aventura. Havia moedores de temperos e um depósito com o aroma pungente de especiarias fechadas em caixotes de madeira. No andar de cima, nos sentávamos em escrivaninhas vazias e brincávamos com os telefones e o interfone; às vezes, quando nenhum adulto estava olhando, jogávamos copos de água pela janela, surpreendendo algum pedestre ocasional. Achávamos nossas travessuras hilárias e sempre ríamos muito delas.

O sr. Frank também tinha paciência comigo. Uma vez, quando eu já era um pouco mais velha, ele corajosamente tentou me ensinar – uma garota descoordenada e ansiosa que tinha dificuldade para lembrar passos de dança e era ruim em esportes – a andar de bicicleta. Todo mundo se locomovia de bicicleta em Amsterdam e, embora eu ainda não tivesse uma, queria muito aprender. Então decidi enfrentar meus medos e peguei emprestada a de Anne. O sr. Frank se ofereceu para ajudar.

"Calma, calma, você consegue", ele me assegurava enquanto sustentava a parte de trás da bicicleta, correndo ao meu lado na rua em frente à Merwedeplein. As crianças da vizinhança assistiam e torciam por mim.

"Vai, Hanneli, você consegue!", disse Anne quando eu tentava dar mais uma volta. Mas foi em vão. Eu morria de medo de me machucar e não suportava a ideia de deixar o sr. Frank me soltar. Por fim, aceitei a derrota. O sr. Frank tentou me animar em meio às minhas lágrimas de frustração, mas eu me sentia péssima, como se tivesse desapontado não só a mim mesma, mas também ao sr. Frank.

* * *

Em agosto de 1935, minha avó, Ida Goslar, morreu em Berlim. Era a mãe de meu pai, e ele era o único filho dela. Ele foi dominado pelo luto, mas estava tão preocupado com a possibilidade de ser preso pelas autoridades nazistas como dissidente político se voltasse que mandou minha mãe e eu em seu lugar. Fiquei feliz de revisitar alguns dos meus lugares favoritos, como o Tiergarten, embora eles já tivessem começado a se apagar na minha memória, de tão absorta que eu estava em minha nova vida e meus novos amigos em Amsterdam.

Um dia, passamos por uma piscina pública em nossa vizinhança antiga e fiquei intrigada com as palavras em uma placa no portão. Fazia pouco tempo que eu aprendera a ler, mas ainda assim consegui identificar as palavras devagar: *Juden Zutrrit Verboten*. Proibida a entrada de judeus. Proibida a entrada de judeus? Na piscina? Eu não conseguia entender por que, mesmo depois que minha mãe tentou me explicar. Simplesmente não fazia sentido.

Apenas um mês depois, os nazistas impuseram as Leis de Nuremberg, que tomavam os direitos dos cidadãos judeus e a própria cidadania em nome de "preservar a pureza da nação alemã". Aquilo significava que os judeu-alemães eram agora oficialmente apátridas, mas só mais tarde eu compreenderia totalmente o impacto disso. Também significava que, se minha avó tivesse morrido um mês depois, nós não teríamos podido viajar para o funeral dela. As leis definiam quem era judeu e quem era ariano. Agora, tornara-se oficialmente permitido discriminar judeus. Professores foram despedidos de universidades, atores foram banidos dos palcos, jornalistas e autores judeus passaram a ter dificuldades para encontrar editoras ou jornais que se interessassem pelo trabalho deles, o casamento inter-racial passou a ser ilegal e os comerciantes judeus foram obrigados a fechar seus negócios. Os antigos amigos da nossa família estavam com dificuldades para se sustentar.

Ver como as coisas estavam desesperadoras, mesmo antes que essas leis antijudeus fossem anunciadas, foi difícil para minha mãe. Sua nostalgia em relação à vida na Alemanha estava maculada; as coisas realmente estavam mais sombrias do que qualquer um poderia imaginar.

Foi bom voltar para casa em Amsterdam, para o nosso bairro.

O Rivierenbuurt era uma bolha aconchegante de amizade, escola e comunidade. E aninhada no centro desse casulo estava a Merwedeplein – um lugar só nosso, onde fazíamos contagem regressiva em voz alta e grossa nas brincadeiras incríveis de esconde-esconde, dando gritinhos de prazer quando alguém era encontrado. Com outros amigos da vizinhança, Anne e eu andávamos de patinete, pulávamos amarelinha e girávamos um aro com um bastão.[6] O aro girava e girava. Corríamos ao lado dele e dávamos risadinhas, tentando acompanhar. Ficávamos focadas como só crianças conseguem ficar em uma brincadeira: o aro *precisava* continuar girando. Nós nos sentíamos invencíveis. Livres. Achávamos que nosso mundo confortável, isolado, protegido continuaria girando em frente. Achávamos que duraria para sempre.

6 Brincadeira que consistia em usar um bastão de metal ou uma vareta de madeira para girar pelo chão um aro como um bambolê ou uma roda de bicicleta. Também chamada de "roda e gancho" ou "arco e gancheta". [N.T.]

4.
Chegadas

"O que você está fazendo aqui, vovô?", perguntei com voz aguda.

Eu não conseguia acreditar. Caminhando de volta da sinagoga entre meus pais, tínhamos visto um homem à distância, sentado sozinho nas escadas da entrada do nosso prédio. Usava chapéu-coco, casaco de lã sob medida e carregava uma pequena mala. Quando percebi que era meu avô, Alfred Klee, olhei para meus pais, mas eles pareciam tão surpresos quanto eu. Ele morava em Berlim, e nenhum de nós esperava sua visita.

Disparei adiante e, alcançando-o, pulei em seus braços.

"Ouvi dizer que alguém está fazendo aniversário hoje", disse ele, os olhos brilhando por trás de seu *pince-nez*.[7]

Era sábado, 12 de novembro de 1938, meu décimo aniversário. Mas, apesar do que ele me disse, não era essa a razão pela qual estava sentado na nossa escada em Amsterdam. Três dias antes, ele havia saído de sua casa em Berlim para ir a Hamburgo. Foi convidado para dar uma palestra lá sobre o sionismo. O clima na Alemanha estava tenso. Um judeu polonês de dezessete anos havia atirado no embaixador alemão na França em uma tentativa de chamar atenção para a causa dos judeus poloneses na Alemanha. Em 9 de novembro, o dia da viagem de meu avô, o embaixador morreu em decorrência dos ferimentos, e os nazistas usaram o incidente como pretexto para atacar judeus em nome da proteção da honra alemã.

Em Hamburgo, meu avô viu grupos de camisas-pardas, os paramilitares do partido nazista, destruírem lojas de proprietários judeus no centro da cidade, estilhaçando vitrines, atirando mercadorias na rua e espancando residentes judeus. Hordas de pessoas gritavam e comemoravam enquanto atiravam pedras nos vitrais das sinagogas e ateavam fogo nelas. Alguns judeus tentaram resgatar rolos da Torá das sinagogas antes que as escrituras fossem incendiadas. Por toda a Alemanha, entre 9 e 10 de novembro,

7 Modelo de óculos sem hastes, muito usado entre o século XV até o início do século XX. [N.E.]

ocorreram cenas similares de caos e destruição. Nossa antiga sinagoga em Berlim foi destruída pelo fogo, assim como cerca de outras mil pelo país. Os bombeiros foram instruídos pelas autoridades a não extinguir o fogo das sinagogas, a não ser que ele ameaçasse construções vizinhas. Primeiro, referiam-se ao episódio como um *pogrom*, nome usado para os ataques a judeus russos durante o tempo dos tsares. Mas logo ele passou a ser chamado de *Kristallnacht*, a Noite dos Cristais.

Na manhã de 10 de novembro, meu avô ligou para meu tio Hans a fim de perguntar se o filho achava que ele conseguiria chegar a salvo em Berlim. Tio Hans respondeu de modo cifrado: "Você tem uma neta que faz aniversário em dois dias". Ele imediatamente entendeu o significado oculto naquelas palavras: vá para Amsterdam. Então foi assim que ele foi parar à nossa porta, com a mesma maleta que havia preparado para a curta viagem a Hamburgo – de repente um refugiado, minha avó ainda em Berlim.

Meu avô tinha cabelos prateados e bigode. Sempre usava ternos bem-cortados sob medida e um *pince-nez* apoiado cuidadosamente sobre o nariz para ler. Era um advogado respeitado, conhecido por representar judeus em causas de difamação racial contra eles. Um de seus casos bem-sucedidos mais conhecidos havia sido ganhar a causa de difamação contra o conde von Reventlow, que promoveu os Protocolos dos Sábios de Sião, um documento antissemita abominável que alegava que os judeus tinham um plano secreto para governar o mundo. Assim como todos os outros advogados judeus na Alemanha, meu avô tinha sido oficialmente impedido de exercer a profissão dois meses antes. Quando era jovem, ele se tornou um dos primeiros discípulos e auxiliares de Theodor Herzl, o famoso fundador do sionismo. Herzl, considerado um herói e visionário em nosso meio, mandou de presente um pequeno chocalho de prata quando minha tia nasceu. Orador talentoso, meu avô havia presidido a principal organização sionista da Alemanha e também participado ativamente de outras causas judaicas. Mais tarde ele descobriu que, enquanto estava a caminho de nos encontrar em Amsterdam, a Gestapo o havia procurado em seu escritório.

Naquela noite, ouvimos, no rádio, o presidente Roosevelt condenando os ataques. Ele disse: "As notícias da Alemanha nos últimos dias chocaram profundamente a opinião pública nos Estados Unidos. Notícias como essas de qualquer parte do mundo produziriam uma reação profunda entre o povo americano em qualquer parte da nação. Eu mesmo mal podia acreditar que tais coisas pudessem acontecer em uma civilização do século XX".

Meus amigos alemães e eu ouvimos nossos pais conversando sobre a Noite dos Cristais, chocados com o que parecia um golpe contra seus últimos fiapos de esperança de que a Alemanha pudesse acordar de seu estupor e voltar a ser o lugar decente e cultural ao qual eles se sentiam tão profundamente conectados. Descobrimos que cerca de cem judeus haviam sido mortos ou haviam morrido posteriormente em decorrência dos ferimentos causados pelas multidões. Ficamos muito preocupados com nossos familiares e amigos que tinham ficado no país.

Em um dia frio e úmido pouco depois da Noite dos Cristais, Anne e eu caminhávamos da escola de volta para casa com Ietje Swillens, uma de nossas amigas holandesas. Estávamos rindo e fofocando como sempre até que, de repente, quando entramos no apartamento de Iet, Anne baixou a voz para nos contar: "Aconteceu uma coisa horrível com meu tio Walter".

"O quê? O quê?", perguntamos ansiosas. Pedaços de uma história foram surgindo. O tio Walter tinha sido preso. A mãe de Anne não sabia para onde o tinham levado.

Como descobrimos pouco tempo depois, Walter Holländer, o tio de Anne, tinha sido preso e enviado para um campo de concentração a uns quinze quilômetros de Berlim por duas semanas, onde ele e outros prisioneiros judeus foram tratados como criminosos e trabalharam até a exaustão. Ele havia sido levado em uma onda de prisões, ordenadas pela Gestapo, de cerca de trinta mil judeus "bem de vida" por todo o país. Walter foi solto algumas semanas depois, graças a esforços intensivos e garantias financeiras de seu irmão Julius. Ambos os tios de Anne conseguiram fugir da Alemanha e obter vistos americanos, estabelecendo-se depois em uma cidade industrial nos arredores de Boston, onde trabalhavam em fábricas ganhando salários baixos para se sustentar.

A atmosfera acolhedora que minha família havia experimentado em 1934 estava começando a mudar, agora que os números de refugiados judeus aumentavam tão rapidamente. Na nossa família, ficamos felizes e aliviados quando minha avó chegou para se juntar a meu avô e ambos se mudaram para um apartamento nas redondezas. Enquanto isso, a mãe da sra. Frank, Rosa Holländer, chegara de Aachen, na Alemanha, e estava vivendo na casa de Anne. Nosso bairro parecia transbordar de recém-chegados. Só nos prédios da Merwedeplein havia mais de cem judeus, muitos dos quais eram alemães refugiados. Além de nós e dos Frank, havia os Hamburger, os Jacob, os Heilbrun, os Lowenstein e muitos outros.

Nós nos mudamos ali para perto, para um apartamento um pouco maior no número 16 da Zuider Amstellaan. Lá havia um quarto para uma jovem chamada Irma, que meus pais haviam ajudado a imigrar para os Países Baixos. Ela era uma refugiada judia alemã com deficiência intelectual que precisava de um lar e de trabalho, então meus pais a receberam e a empregaram como governanta. Toda vida que pudéssemos ajudar a trazer da Alemanha era considerada um *mitzvah* – uma boa ação. Ela era agradável, embora um pouco desafortunada como governanta, mas minha mãe fazia o melhor que podia para ajudá-la e orientá-la.

Meus pais e meus avós falavam sobre quão preocupados estavam com os amigos e parentes que ainda permaneciam na Alemanha, enviando relatos dolorosos de suas tentativas de encontrar refúgio em qualquer parte do mundo que pudesse aceitá-los. Nenhum país era longe demais – China, Nova Zelândia, Argentina. Estava ficando difícil conseguir um visto para qualquer lugar, especialmente para os Estados Unidos. Os Países Baixos eram seguros para judeus, mas, por causa das políticas de imigração restritivas, para muitos só poderia ser um abrigo temporário, não um lugar para criar raízes. Ter um passaporte – e, portanto, cidadania – de qualquer outro país era um trunfo muito útil para qualquer um fugindo da Alemanha. Depois da guerra, fiquei sabendo que por volta de cinquenta mil judeu-alemães fizeram a solicitação para entrar nos Países Baixos. Só sete mil receberam a permissão, a maioria tendo obtido apenas o status de refugiados temporários, com o entendimento mútuo de que precisariam encontrar outros países onde se estabelecer.

* * *

Meus pais e os outros pais que tinham chegado da Alemanha sentiam a ansiedade crescente da situação que piorava ali, e nós a percebemos. Mas ainda éramos crianças, e escola, festas de aniversário, amizades e discussões pairavam grandemente sobre nosso mundo, da mesma forma que ditadores e *pogroms*, se não ainda maiores. E assim, minha vida relativamente protegida seguia em frente. Anne e eu tínhamos formado um trio firme com a filha mais nova dos Ledermann, Susanne – de apelido Sanne –, que tinha a mesma idade que nós. Anne, Hannah e Sanne – nossos nomes até rimavam. Sanne era uma garota doce. Ponderada e sensível, gostava de escrever poesia e tinha uma estrutura corporal pequena e delicada, e um sorriso amplo e fácil. Quando nos conhecemos, ela usava o cabelo castanho e ondulado cortado na altura do queixo, assim como nós.

Fazíamos exercícios na sala de estar dos Frank ou dos Ledermann, encostando a mobília nas paredes. Adorávamos jogar Monopoly e podíamos jogar por horas, às vezes dias, até alguém ganhar. Mas Anne nem sempre tinha paciência suficiente para jogar até o fim de qualquer jogo. Havia uma inquietação nela que frustrava Sanne, em especial. Anne não parecia ser capaz de evitar isso – simplesmente estava sempre pensando na próxima coisa a fazer. Gostávamos de ler os mesmos livros, incluindo contos da mitologia grega e romana. Colecionávamos *cards* das famílias reais europeias, que tinham a princesa Elizabeth da Inglaterra, só um ano mais velha que nós, e a princesa Juliana da Holanda. Admirávamos a família real holandesa, ficando impressionadas com suas roupas e nos perguntando quais membros da família real poderiam se casar com quem. Também gostávamos de colecionar cartões-postais de estrelas de Hollywood. E adorávamos ir ao cinema, especialmente para ver qualquer filme com a Shirley Temple ou o marinheiro Popeye. Às vezes, para minha leve surpresa, meu pai – sempre sério nos outros momentos – nos acompanhava, dizendo que estava lá para "melhorar o inglês".

Sanne idolatrava a irmã, Barbara, que era três anos mais velha que nós, da mesma idade de Margot, e tinha cabelos cacheados cor de mel e olhos azuis. Era alegre e sonhadora, e queria ser bailarina. As duas meninas mais velhas iam à escola juntas e se tornaram boas amigas, embora fossem bem diferentes – Barbara estava sempre em busca de diversão e era otimista e esperançosa, em comparação com Margot, mais formal. Barbara creditava à Margot sessões de estudo que ela dizia terem-na ajudado na época de escola.

Nós três estávamos sempre ansiosas por ter a atenção das meninas mais velhas, e elas às vezes cediam. Anne, especialmente, sempre perguntava à Barbara que livros ela estava lendo, o que ela estava pensando, de que jogos ela gostava. Acho que a admirava porque era mais "feminina" que Margot, e Anne sempre se interessara, desde que era mais nova, por tudo que fosse feminino.

Na escola, Anne ainda era um furacão com energia infinita, que sempre encontrava maneiras criativas de conseguir atenção, incluindo exibir um de seus truques – desencaixar o ombro. Mas havia um lugar no qual ela não queria atenção: qualquer pessoa lendo o que escrevia. Nos intervalos, ela carregava um caderno por toda parte, anotando histórias ou pensamentos que só ela podia ler. Recusava-se a mostrar a qualquer pessoa o que estivesse escrevendo, até mesmo a mim, segurando o caderno junto ao peito se alguém se aproximasse. Os adultos normalmente pareciam ficar meio impressionados, meio incomodados com ela. Em algumas manhãs, caminhávamos para a escola com o sr. Van Gelder, nosso professor, e, para a alegria dele, ela compartilhava as histórias bobas que dizia ter inventado com o pai.

Os feriados judaicos ajudavam a nos ancorar diante da crescente onda de medo e ansiedade. Nem os Frank, nem os Ledermann eram praticantes como minha família, mas ainda assim se juntavam a nós para uma refeição comemorativa. Acho que gostavam de aprender sobre as tradições dos feriados e talvez achassem o ciclo do ano e os velhos hábitos reconfortantes. Vivíamos tempos modernos, era verdade, mas também seguíamos o calendário lunar judaico, enraizado na forma antiga de registrar as estações do ano. Marcávamos cada feriado com seus respectivos pratos típicos e tradições. Havia maçãs mergulhadas em mel para um novo ano doce no Rosh Hashaná, o Ano-Novo judaico, e cheesecakes no Shavuot, quando é hábito comer laticínios para marcar esse feriado relacionado à colheita. No pequeno espaço ajardinado atrás de nosso prédio, construíamos um abrigo improvisado todo outono para celebrar o Sukkot, que dura uma semana. Somos instruídos a fazer as refeições ali durante todo o feriado, como modo de lembrar que já fomos um povo errante no deserto do Sinai. Meu pai nos dizia para olhar além dos galhos que cobriam o *sukkah*, nosso abrigo improvisado, para podermos ver as estrelas. "Olhem para cima", ele dizia. "É assim que nos lembramos de que, por mais desafiadores e assustadores que possam ser os momentos da vida, nós vamos encontrar o nosso caminho, assim como as crianças de Israel encontraram seu caminho através do deserto com a ajuda de Deus."

Todo ano, dávamos uma festa no Purim, a versão judaica do carnaval, quando vestíamos fantasias e comemorávamos o resgate dos judeus da Pérsia antiga de um plano para destruí-los, na décima primeira hora, por sua própria rainha – uma história que deve ter parecido familiar demais para os adultos. Em um Purim, antes que a festa começasse, meu pai pregou uma peça no sr. e na sra. Frank. Usando um bigodinho preto e com o cabelo penteado para um lado, tocou a campainha do apartamento deles. Eu assisti ao pé da escada quando eles abriram a porta, momentaneamente confusos e um pouco preocupados com aquele homem desconhecido, que se parecia com Hitler, olhando para eles de um modo tão ameaçador. "Hans?", eles perguntaram, e todos nós caímos na gargalhada.

Como éramos uma família judia praticante, o Shabat era central em nossas vidas, o dia pelo qual esperávamos a semana toda. Esse dia de descanso e ritual, que começa ao pôr do sol da sexta-feira e dura até que comece a noite de sábado, se anuncia não só pela escuridão, mas também pelo avistamento de três estrelas. Em hebraico, Shabat significa "cessar", e, para a nossa família, assim como para tantas outras, servia como um abrigo das obrigações da vida cotidiana. Deus descansou no sétimo dia após criar o mundo, e, quando nós também descansamos a cada sete dias, estamos vivendo a ideia de que somos mais que nossos eus trabalhadores – o divino também habita em nós.

Mas é claro que era preciso muito trabalho para se preparar para 24 horas sem trabalho algum, especialmente para minha mãe. Toda a comida para a noite e o dia seguinte precisava estar preparada antes de escurecer. Toda a limpeza precisava ser adiantada. Também não ligávamos a eletricidade no período.

O pôr do sol acontece bem cedo na Holanda durante o inverno, e às quatro e meia da tarde já está escuro. Então, quando eu voltava da escola em uma tarde de sexta-feira em dezembro ou janeiro, muito frequentemente a primeira coisa que mamãe me dizia quando eu tirava a bolsa da escola do ombro era: "Temos só uma hora até o pôr do sol!". Se o jantar do Shabat fosse no nosso apartamento, o que muitas vezes acontecia, isso significava que não havia tempo a perder. Com a contagem regressiva nos pressionando e o apartamento cheirando à canja de galinha que fervia no fogão, eu imediatamente me punha a trabalhar ajudando a pôr a mesa com os ornamentos que havíamos conseguido levar de Berlim. No gabinete ficava a toalha de mesa branca de linho bordada detalhadamente à mão, que minha mãe levara para o casamento como parte do enxoval. Eu a pegava e cobria com ela a mesa de pátio que ficava na sala, e minha mãe vinha da cozinha para me ajudar a alisá-la sobre os cantos disformes do vime, lamentando pela centésima vez a perda da nossa mesa de jantar verdadeira, que nunca havia chegado de Berlim. Então eu colocava os pratos e as tigelas de porcelana em cada lugar. Depois as flores para o Shabat no centro.

Meu trabalho seguinte era organizar os talheres de prata, que ficavam em uma caixa de madeira forrada de veludo. Cada colher, faca e garfo era entalhado com um "G" em letra gótica, de Goslar. Eu gostava de sentir o peso e o frio dos talheres nas mãos enquanto contava as peças para minha mãe, meu pai e eu, mais os conjuntos extras para os convidados. Arrumava tudo rapidamente sobre a mesa de pátio disfarçada. Em seguida mamãe e eu olhávamos pela janela para a Merwedeplein e víamos o céu alaranjado ao crepúsculo, então nos aprontávamos para nos postar diante dos dois pesados castiçais de prata e recitar a oração hebraica:

Bendito és Tu, Eterno, nosso Deus, Rei do Universo, que nos santificaste com os Teus mandamentos e nos ordenaste acender as velas do santo Shabat.

O primeiro a chegar à nossa porta era meu pai, voltando das orações de sexta-feira à noite na sinagoga. Ele tirava o casaco e o chapéu, me dava um largo sorriso e, como fazia toda sexta-feira, dizia: "Shabat Shalom, Hanneli". Em seguida, punha as mãos acima da minha cabeça enquanto eu olhava para baixo e me abençoava com a oração que os pais judeus fazem aos seus filhos há gerações todo Shabat. Para as meninas, a reza começa lembrando as ancestrais mulheres; para os meninos, os ancestrais homens. Papai entoava em hebraico:

Que Deus a faça como Sara, Rebeca, Raquel e Lea.
Que Deus a abençoe e guarde.
Que Deus a ilumine e lhe conceda graças.
Que Deus a veja e lhe conceda a paz.

Os Frank eram nossos convidados frequentes para o jantar do Shabat. O sr. Frank, completamente secular, nunca aprendera hebraico, mas, em todo o tempo em que a família nos visitava, ouviu as orações tantas vezes à nossa mesa que as memorizou e podia participar. Ele não era muito religioso, mas a sra. Frank, que havia crescido em uma casa judia mais tradicional, mantendo a alimentação kasher e frequentando a sinagoga, gostava da familiaridade e do ritual que havia nessas refeições do Shabat.

Com frequência, a segunda pessoa que eu ouvia chegar era Anne, que costumava entrar primeiro, como um redemoinho de energia e alegria. "Hanneli!", exclamava ela, como se semanas houvessem se passado e não tivéssemos nos visto na escola naquele mesmo dia. Ela me dava um abraço apertado, e então seus pais e Margot entravam também, o sr. Frank sorrindo abertamente, apertando as mãos dos meus pais e entregando um buquê de flores à mamãe.

À mesa, com a luz emanando dos castiçais de prata, um cálice de vinho de prata e o tradicional chalá – um pão de ovos trançado colocado sob um lenço de cetim branco –, Anne e eu sempre nos sentávamos lado a lado, rindo de alguma coisa até que nos levantávamos juntas quando meu pai recitava a Kiddush, a bênção sobre o vinho. Depois da Kiddush e da bênção sobre o chalá que ela comprava de uma padaria kasher, mamãe, quase automaticamente, soltava um audível suspiro. Mais um prazo do pôr do sol do Shabat devidamente cumprido. A comida era sempre boa – minha mãe podia até ter relutado em cozinhar, mas havia se entendido com a tarefa durante nosso tempo em Amsterdam, ainda que assar o chalá ultrapassasse o seu limite.

Era um momento para tentarmos relaxar após o estresse da vida cotidiana e a tempestade crescente de violência e perseguição antijudaica na Alemanha, que acompanhávamos angustiados pelo rádio e pelas notícias de jornal e que também era detalhada em cartas de parentes e amigos que ainda estavam lá. Sei que, para os adultos, era difícil esquecer isso por bastante tempo, mas o mais perto que eles chegavam era ali, em nosso aconchegante apartamento de Amsterdam, com as velas do Shabat tremeluzindo, as taças de vinho de cristal tilintando ao brinde de *L'chaim* – à vida. Era bom estar na companhia de amigos próximos e era bom estar na Holanda, todos concordavam conforme passávamos de um para o outro o frango assado e o *kugel* de macarrão.

"Otto, como vão os negócios, como estão seus sócios?", meu pai perguntava ao sr. Frank, que sempre trazia notícias sobre negócios. Ele ficava curioso para ouvir sobre as ramificações econômicas da força crescente de Hitler na Alemanha.

Enquanto os dois falavam de negócios, tentando não discutir política e temores na frente das crianças, minha mãe tentava mudar de assunto. "Margot, como vão os estudos? Que livros você está lendo agora?", ela perguntava.

Margot ficava muito animada falando da escola; ela era uma verdadeira erudita, e Anne e eu ansiávamos por saber tanto quanto ela sabia.

"Anne e Hannah, como vão as aulas de matemática?", perguntava o sr. Frank.

Nós duas corávamos; dificilmente qualquer uma de nós ia bem em matemática.

* * *

Na manhã seguinte, sábado, meu pai e eu caminhávamos de mãos dadas até a sinagoga, no número 63 da Lekstraat, para o serviço matinal. Era uma caminhada de uns dez minutos. Minha mãe, menos religiosa que meu pai, preferia os serviços da sinagoga reformista. Os Frank não frequentavam muito a sinagoga; quando iam, era à sinagoga reformista, e normalmente apenas Edith e Margot. Eu apreciava essas caminhadas silenciosas só com meu pai, quando nosso bairro ainda estava adormecido e imóvel. Víamos outros amigos judeus formando um pequeno fluxo também em direção à sinagoga. Meu pai acenava com a cabeça e dizia *Gut Shabbos*, desejando-lhes um bom Shabat. Às vezes, ele me contava a história daquela semana da Torá, que ouviríamos lida em voz alta naquele dia, detalhando possíveis interpretações e, em alguns casos, como poderíamos aplicar aqueles dramas e dilemas bíblicos antigos a nossas próprias vidas. Eu tinha orgulho de quanto papai sabia sobre tantas coisas e de como ele conseguia pintar quadros com suas palavras. Quando ele me contou a história de José, agora vice-rei do poderoso Faraó, testando seus irmãos, que certa vez o jogaram em um poço, para ver se eles realmente haviam mudado, eu me senti como se estivesse lá no Antigo Egito, esperando pelo momento da verdade, não em uma esquina de Amsterdam sob um céu cinza e sombrio.

Eu tinha orgulho do status de que meu pai gozava na comunidade. Papai era um dos fundadores da sinagoga recém-construída. Na consagração, eu fazia parte do grupo de garotas que colocavam flores sobre o púlpito. Estávamos todos muito orgulhosos dessa nova construção moderna e estilosa, com suas grandes portas de bronze, paredes pintadas de branco e telhado plano, envolta por um jardim gramado e espaçoso. Em grandes letras hebraicas na fachada lia-se um trecho do Livro de Reis: "E eu habitarei entre os filhos de Israel e não esquecerei Meu Povo, Israel".

A sinagoga era a externalização da confiança da nossa comunidade de que estávamos fincando raízes. Eu adorava ir ao serviço infantil que era conduzido toda semana pelos adolescentes em uma sala separada. Quando terminava, eu escapava para o santuário principal, para a seção das mulheres no andar de cima, e observava os homens lá embaixo. Ficava observando meu pai, envolto por um xale branco de reza, se balançando de leve, perdido em oração e intenção. Ele se destacava em meio a alguns dos outros homens, que pareciam mais interessados em trocar fofocas e novidades políticas em voz baixa mais ao fundo do santuário. Meu pai havia escolhido ser um judeu religioso; observando-o, eu sentia a profunda conexão dele com a tradição. Aquela impressão continuaria sempre comigo.

De volta em casa nas tardes de sábado, após o almoço, meus pais e eu costumávamos ficar sentados juntos na sala de estar, lendo. Muito da nossa vida em casa envolvia livros. Meus pais tinham uma política de leitura bem liberal e me deixavam explorar as estantes para descobrir novos livros e então discuti-los com eles.

Enquanto as manhãs de sábado eram uma chance de passar algum tempo com meu pai, as tardes de quarta-feira eram só para mamãe e eu. Era nosso espaço sagrado, de certa forma, marcado por um tipo diferente de ritual: uma jornada até o centro, de bonde, para a De Bijenkorf, uma loja de departamentos de luxo a um canto da Praça Dam, o coração de Amsterdam. Eu chegava da escola e íamos direto para o bonde, onde nos sentávamos juntas, observando as ruas que se tornavam menos cheias de árvores e mais densas e urbanas quanto mais nos aproximávamos de nosso destino. Mamãe me mostrava suas floriculturas e boutiques favoritas e me perguntava sobre o meu dia.

Eu a achava linda e elegante. Admirava o batom vermelho-escuro perfeitamente aplicado, a postura ereta e as roupas sob medida. Ela sempre parecia muito composta. Eu muitas vezes me sentia atrapalhada e desengonçada, então observava como ela se movia, na esperança de aprender aquela maneira dela de parecer flutuar levemente, mas com propósito.

Acho que minha mãe considerava importante achar um tempo só para nós duas que fosse livre do estresse de sermos estrangeiras vivendo em tempos extremamente angustiantes, por mais que ela e meu pai tentassem me proteger e esconder seu próprio estresse. Ela também simplesmente adorava ser mãe; via isso como seu papel principal e mais importante, e se interessava genuinamente por mim e por minhas amigas como indivíduos. Mesmo quando eu tinha 10 ou 11 anos, entendia em algum nível que aqueles encontros semanais eram a maneira que ela encontrava para que escapássemos de nosso ambiente e de nossas obrigações cotidianas e para se manter atualizada em relação a quem eu era e quem estava me tornando.

A Praça Dam, arborizada e de calçada com pedras, fica no centro histórico de Amsterdam. Era o lugar mais empolgante do mundo para mim. Os sinos batiam na igreja Nieuwe Kerk, que parecia um castelo, com suas torres e sua fachada de vitrais. Caminhávamos de mãos dadas em meio a compradores apressados, pombos e pedestres, indo na direção da imponente De Bijenkorf, que tinha no topo as características bandeiras amarelas ondulando ao vento. Os tetos altos, o piso de tacos da loja, os mostruários de perfumes franceses, os rolos de cetim e de seda e a última moda em roupas de noite e vestidos de baile deviam lembrar minha mãe de sua vida em Berlim, livre de preocupações e cheia de cuidados. Quase tudo que se vendia na De Bijenkorf estaria além de seu poder aquisitivo agora.

Eu tomava um chocolate quente, ela pedia uma xícara de café coado forte, e dividíamos uma fatia de bolo. Mamãe se inclinava para a frente, ouvindo com atenção minhas histórias sobre a escola e meus amigos. Tenho certeza de que algumas deviam ser entediantes para ela, mas, se era esse o caso, minha mãe nunca deixou transparecer. Eu me sentia segura e mimada por ela naquelas tardes de quarta-feira.

* * *

Comecei a entreouvir conversas entre meus pais sobre um plano de tentar emigrar para a Argentina. Mas, quando perguntei a eles a respeito, disseram para eu não me preocupar, ficaríamos onde estávamos. Nos dias de aula, eu voltava rapidamente para casa para almoçar e em seguida escaneava as páginas do *De Telegraaf*, o principal jornal holandês, deitada de bruços em um tapete persa em nossa sala de estar, ao lado do sofá de veludo azul que minha família tinha trazido de Berlim, de onde também vinha a maior parte das notícias do jornal. Eu tecia perguntas à minha mãe, e ela fazia o melhor possível para me responder com honestidade, mas também gentileza. Ela me garantia que a Holanda estava a salvo de Hitler.

Perto do fim de agosto de 1939, as manchetes de jornal ficaram cheias de notícias de que Joseph Stálin, o líder soviético, havia assinado um pacto de não agressão com Hitler. Meus pais ficaram preocupados, eles me disseram, porque todo mundo sabia que Hitler queria invadir a Polônia, um movimento que poderia desencadear a guerra.

"A Alemanha pode ficar cheia de coragem para invadir, agora que os soviéticos não vão lutar contra eles se fizerem isso", meu pai explicou. A Grã-Bretanha e a França já haviam anunciado que ajudariam a proteger a Polônia caso Hitler se atrevesse a cruzar a fronteira.

Era o fim das férias escolares, e eu estava aproveitando os dias longos brincando lá fora com Anne, Sanne e nossos outros amigos da vizinhança. Mas quando, em 1º de setembro de 1939, a Alemanha invadiu a Polônia, foi impossível não sentir a tensão e o medo. Todos acompanhávamos de perto as notícias, temendo o que poderia acontecer a seguir. Dois dias depois, a Grã-Bretanha e a França declararam guerra. Eu tivera esperança de que a guerra pudesse ser evitada, assim como todo mundo que eu conhecia. Mas nós também queríamos que Hitler fosse parado. Os Países Baixos se declararam neutros. Ficaríamos fora daquilo, assim como acontecera durante a Primeira Guerra Mundial. Aquele era um país pequeno, com um exército pequeno, com equipamento e poder de combate limitados. Não havia chance de que, mesmo que os holandeses quisessem fazer sua parte e combater os alemães, eles fossem conseguir resistir por muito tempo contra um inimigo tão pesado. Nosso plano, na medida em que tínhamos um, era o mesmo da guerra anterior – ninguém conseguia pensar para além disso. Esperaríamos pacientemente enquanto esse novo e assustador conflito se desdobrava ao nosso redor.

5.
Invasão

Acordei na escuridão do meu quarto antes do nascer do sol, confusa por causa de um som baixo que parecia um ronco e foi aumentando até soar como um rugido. *Será que é trovão?*, pensei. *Deve ser trovão*. Mas fiquei com medo. Aos quase doze anos, talvez eu estivesse ficando um pouco velha demais para correr até meus pais quando sentisse medo à noite. Especialmente agora que eu sabia que seria irmã mais velha. Minha mãe estava grávida de uma criança muito esperada, que chegaria no outono. Mas, ainda assim, pulei da cama e corri para o quarto deles. Eu me enrosquei perto da minha mãe. "Shh, shh", fez ela, me puxando para mais perto. A luz da manhã começava a se infiltrar. Meu pai afastou as cortinas para olhar lá fora. O barulho não era de trovão.

"São aviões", disse ele.

Olhei para meus pais. Eles eram pessoas de ação. E, ainda assim, naquele momento, pareciam paralisados. Isso foi quase tão assustador para mim quanto o barulho dos aviões. Por fim, um deles acendeu a luz e depois ligou o rádio na sala de estar. Havia mensagens do governo: fiquem em casa, fechem as cortinas, não fiquem perto das janelas.

Eu ainda estava meio dormindo, mas dava para sentir meu coração disparado, cheio de temor.

Era sexta-feira, 10 de maio de 1940. Nós três, assim como muitas pessoas em todo o país, acordamos em choque. A Luftwaffe alemã estava atacando o aeroporto Schiphol, o principal do país, campo aéreo tanto civil quanto militar, 25 quilômetros a sudeste de onde estávamos. O barulho eram aviões de guerra planando baixo no céu, parecendo suspensos um acima do outro. Voavam tão baixo em algumas áreas, que as pessoas conseguiam ver as suásticas pintadas nas asas. Era uma exibição massiva de poder. O governo holandês, neutro, não havia recebido nenhuma declaração de guerra; os alemães simplesmente começaram a bombardear; paraquedistas militares descendo imediatamente após o bombardeio aéreo. Queriam nos mostrar que estavam lá. A temida invasão, descartada como muito distante pela maioria dos holandeses, estava acontecendo.

"Eu preciso ir para a escola?", perguntei aos meus pais.

"Não. Tenho certeza de que não vai ter aula hoje", respondeu minha mãe, com a voz fria.

Meu pai temia que, por ser um ex-oficial do governo que havia feito oposição ao Partido Nazista, ele fosse um alvo específico assim que os alemães chegassem. Começou a vasculhar as pastas que levara consigo de Berlim, os olhos escaneando diversas páginas e documentos em busca de artigos que tivesse escrito criticando Hitler e os nazistas, assim como quaisquer outros materiais possivelmente incriminatórios. "Precisamos nos livrar disso", ele disse à mamãe. Minha mãe se juntou a ele e meus pais começaram a empilhar os papéis e em seguida a picá-los em pedacinhos minúsculos. Logo havia tantos pedaços de papel rasgado, que minha mãe foi buscar várias tigelas para agrupá-los.

"Hanneli, precisamos da sua ajuda. O seu trabalho vai ser jogar esses papéis no vaso sanitário e dar descarga", mamãe me instruiu. "Mas não muitos de uma vez."

Eu assenti, confusa com a minha missão, mas determinada a ajudar.

Peguei as páginas picotadas, algumas delas timbradas com carimbos e escritas à mão, outras cheias de palavras datilografadas, e com a mão trêmula fui jogando os papeizinhos na privada. Tentei manter o foco no meu trabalho, mas minha mente estava a mil. Será que meu pai poderia ser preso? Será que ele seria punido severamente? Sabíamos que havia campos de concentração para presos políticos, como Dachau. Não sabíamos o que exatamente acontecia neles, só que não era nada de bom.

"Ai, não", resmungou minha mãe. "Otto Braun."

Ela estava apontando para o largo busto de Otto Braun, antigo chefe de meu pai e que já fora um dos homens mais poderosos da República de Weimar, a um canto da sala de estar. Tinha vindo conosco de Berlim seis anos antes, uma lembrança física de outra era, mas agora parecia, para meus pais, uma evidência incriminatória.

Meu pai, tendo em mente a gravidez de minha mãe, disse a ela para parar de tentar mover o busto sozinha. "Não, não, eu faço isso", disse ele. Observei enquanto ele dobrava os joelhos para erguê-lo do chão e levá-lo para fora do apartamento.

"Se os alemães fizessem uma busca em nossa casa e encontrassem isso, certamente estaríamos enrascados", papai me disse, percebendo quão surpresa eu estava.

Então a cópia de Braun – cabeça calva, sobrancelhas cheias, óculos redondos feitos de bronze – foi arrastada para baixo por dois lances de escada pelo meu pai, enquanto minha mãe o auxiliava e eu observava confusa aquele símbolo de uma figura reverenciada na vida do meu pai ser jogado na rua sem cerimônia. Eu me perguntei o que os vizinhos pensariam daquele comportamento. Mas, quando olhei ao redor, fiquei chocada ao ver as calçadas com pilhas e mais pilhas de papéis destruídos e livros descartados. As pessoas saíam de seus apartamentos para a rua com os braços carregados do que quer que achassem que lhes poderia trazer problemas.

"Qualquer coisa que os alemães possam encarar como suspeito ou proibido, tudo tem que ir embora", disse um homem enquanto despejava seu tesouro em uma lata de lixo. O sr. Ledermann também se juntou ao frenesi. Empilhou seus livros alemães em uma cesta e ateou fogo em todos, envergonhando Sanne e Barbara, que observavam.

O sol nascia em um céu muito azul. Era um dia especialmente bonito de primavera depois de mais um inverno aparentemente eterno, úmido e ventoso, totalmente deslocado como pano de fundo para a crescente sensação de choque e medo que se tinha por toda a região dos Países Baixos, agora sob bombardeio alemão, mas especialmente sentida por meus pais e outros refugiados judeu-alemães, que entendiam do que os nazistas poderiam ser capazes.

Ficamos grudados no rádio. Ficou claro que a força militar holandesa, com menos homens e armas, estava encontrando tremenda dificuldade em repelir o extremo poderio do ataque alemão. Rotterdam estava sob bombardeio pesado naquele dia, e parecia que seria completamente destruída. Uma cidade inteira. Havia relatos de mortes, um número crescente delas. Os Países Baixos estremeceram por inteiro. Uma fumaça escura subia no ar, vindo de reservas de petróleo no porto, em Amsterdam, que estavam sendo destruídas pelas autoridades holandesas antes que os alemães pudessem capturá-las. Dava para sentir o cheiro de fumaça ali, no sul da cidade.

A ansiedade dos meus pais aumentava ainda mais quando eles olhavam para a barriga redonda de minha mãe. Eles sempre quiseram mais filhos e, apesar de tudo, esperavam que seu sonho de ter uma família grande ainda pudesse se concretizar. Eu sempre quis ser uma irmã mais velha e tinha ficado empolgada com a notícia. Mas também entendia que de repente o futuro parecia especialmente incerto.

No dia seguinte, estávamos aplicando papel blecaute nas janelas enquanto os bombardeios punitivos continuavam em Rotterdam, e àquela altura já haviam ferido centenas de pessoas. Dois dias depois, em 12 de maio, ficamos devastados ao descobrir que a rainha Guilhermina e, depois, sua filha, a princesa Juliana, com o marido, o príncipe Bernardo, e as duas filhas,

Beatriz e Irene, haviam ido para a Grã-Bretanha de navio. O departamento de segurança havia determinado que não podia mais garantir a segurança deles. Então, eles fugiram. Fugiram! Foi como uma traição. Pensei nos *cards* da família real que Anne e eu colecionávamos e trocávamos. Era como se conhecêssemos aquelas pessoas, confiássemos nelas. Em algumas horas, ficamos sabendo que o governo holandês – o primeiro-ministro e seu gabinete – também havia fugido para a Grã-Bretanha de barco. Assim como todo mundo na Holanda, ficamos arrasados ao ouvir que eles tinham nos abandonado nas garras dos alemães.

O pânico era crescente, e circulavam rumores de que havia um barco aguardando para transportar judeus através do Canal da Mancha saindo do porto de Ijmuiden. Ouvimos que havia um cônsul-geral britânico na cidade emitindo vistos! Mas como chegar lá? Ficava a mais de trinta quilômetros, e a maior parte das pessoas que conhecíamos não tinha carro. Meu pai, convencido de que os alemães o prenderiam, decidiu tentar pegar o tal barco, ou qualquer barco, para a Inglaterra. Eu o observei fazer a mala com pressa. O plano era tentarmos ir também depois de uns poucos dias, mas o fato de ele nos ter abandonado – eu e minha mãe grávida – só reforçou a seriedade da situação para mim. O táxi que o levava se juntou ao tráfego intenso das avenidas, uma trilha em direção ao êxodo.

Passaram-se alguns dias até que tivéssemos notícias dele. Havia encontrado uma cena frenética no porto, umas trinta mil pessoas que também tinham fugido para o litoral, desesperadas para conseguir pegar qualquer tipo de barco – navio, rebocador, barco de pesca, qualquer coisa. Alguns que haviam chegado cedo ou que tinham condições de pagar muito dinheiro por um lugar – em espécie ou em joias – conseguiram ir em um dos poucos barcos que havia no porto em direção à segurança, mas a grande maioria não teve essa sorte. E, mesmo que a pessoa conseguisse um assento, a travessia era perigosa: o Canal da Mancha estava minado, e aeronaves alemãs atacavam alguns navios. Aquele barco de que tínhamos ouvido falar, que estava esperando para levar os judeus, não existia, muito menos o cônsul britânico distribuindo vistos. Outra onda de refugiados tentou a sorte mais ao sul, mas os poucos que conseguiram passar em segurança pelas batalhas na França e chegar à Espanha não tiveram permissão para ficar lá e precisaram encontrar uma maneira de cruzar o Atlântico ou tentar se acomodar na parte ainda não ocupada da França.

Incapaz de deixar o país, papai ficou com uma família holandesa judia nos arredores de Amsterdam por seis semanas antes de voltar para casa. Foi só com o tempo que entendemos que os alemães não estavam em busca de judeus específicos, como meu pai, como ele temia. Mas no começo não sabíamos disso. Então, na terça-feira seguinte ao início da invasão, minha mãe, achando que papai talvez tivesse encontrado uma maneira de atravessar para a Inglaterra, chamou um táxi para nos levar ao cônsul britânico em Amsterdam, na esperança de que conseguíssemos um visto para nos juntar a ele. Assim que chegamos, vimos as longas filas para entrar no consulado, e foi só ali que ouvimos a notícia. Ela se espalhava pela multidão: os holandeses haviam se rendido. Só levou cinco dias para nosso pequeno país, com seu exército insuficiente, ser tomado. Rotterdam fora praticamente destruída por ataques aéreos, e os alemães ofereceram um ultimato: rendam-se ou vamos acabar com as outras cidades também. O comandante-chefe havia tomado a decisão, ficamos sabendo, e os Países Baixos haviam se rendido.

"Isso quer dizer que agora somos parte da Alemanha? Não somos livres?", perguntei à minha mãe. Vi que havia lágrimas nos olhos dela. Parecia que ela vira um fantasma. Aquela não era a mãe com a qual eu estava acostumada. Era como se a terra estivesse se movendo sob os nossos pés. Fiquei horrorizada de vê-la com tanto medo. Olhei ao redor, para as centenas e centenas de pessoas que, assim como nós, tinham ido até o consulado em busca de uma saída. Vi outras mães ansiosas, algumas com crianças pequenas nos braços, todas implorando para sair antes que os alemães chegassem. *Mas estamos presas*, pensei comigo mesma. *E preciso ser forte, especialmente sem o papai aqui.* Ele havia me dito, antes de ir embora, que eu precisava ser forte. Minha mãe parecia perturbada demais até para falar. Em silêncio, voltamos para dentro do táxi.

No dia seguinte, ouvimos sirenes e vimos que havia uma ambulância em frente ao número 12 da Merwedeplein. Ficamos sabendo que um casal, Benjamin Jessurum Lobo e Jeanette Theresia Maria van de Coolwijk, tinha se asfixiado em casa. Seguiram-se outras histórias de suicídio na vizinhança e pela cidade: enforcamento, afogamento, pílulas para dormir. Eu ouvia as palavras "epidemia de suicídios" sussurradas pelos adultos. Mas a rota de fuga mais comum parecia ser o gás dos fornos de cozinha. Contavam-se histórias de famílias sentadas ao redor de suas mesas de jantar, discutindo suas opções, entre as quais o suicídio. Sanne e Barbara nos contaram sobre um vizinho que havia tentado tirar a própria vida dessa maneira. Era um judeu-alemão refugiado, que tinha ficado na varanda do apartamento, do outro lado da rua delas, gritando: "Não me salvem. Quero morrer". Dois vizinhos arrombaram a porta do apartamento dele, e uma ambulância chegou e o levou. Muitos daqueles que morreram dessa maneira eram judeu-alemães que, assim como a minha família, haviam fugido uma vez da autoridade nazista e tinham esperança de estar a salvo na Holanda neutra. Agora eles sentiam que seus perseguidores se aproximavam e, temendo o pior, decidiam acabar com a vida à sua própria maneira. Os cemitérios judeus nos Países Baixos têm um número desproporcional de lápides datadas de 15 e 16 de maio de 1940.

Para os alemães, controlar os estrategicamente posicionados Países Baixos – e a Bélgica – era essencial para seu plano de conquistar a França e transformar a Europa em sua própria fortaleza. Ocupar aquele território também impedia que a área se tornasse um campo de lançamento dos britânicos. O plano da Alemanha – executado com sucesso – era derrotar rapidamente a Bélgica, os Países Baixos e Luxemburgo em uma *Blitzkrieg* (guerra-relâmpago). Um mês depois, eles adicionaram a França à sua soberania. O exército alemão, aparentemente à prova de balas, já havia arrasado a Polônia, a Lituânia, a Tchecoslováquia, a República da Eslováquia, a Áustria, a Dinamarca e a Noruega.

Senti o estômago embrulhar quando vi os primeiros soldados alemães nas nossas ruas, alguns derrapando nas curvas em motocicletas com carrinhos acoplados na lateral, levantando nuvens de poeira. Corri de volta para dentro de casa e, da janela, fiquei encarando as fileiras e fileiras de jovens – soldados da Wehrmacht[8] usando uniformes cinza e capacete, portando rifles e marchando pelo Rivierenbuurt com passos precisos. Havia tantos deles... Pareciam tão altos e fortes... Entre os refrãos de canções de guerra, cantavam: "Logo vamos entrar na Inglaterra". Eu entendi o que eles diziam e me envergonhei de sermos do mesmo país.

Havia uma sensação de irrealidade naqueles dias depois que os soldados alemães preencheram as ruas. Sentíamos a presença deles em todo lugar, mas, ao mesmo tempo, a vida continuava. Para nossa surpresa, e cauteloso alívio, as semanas seguintes à invasão foram silenciosas e sem acontecimentos relevantes, e nós retomamos a vida cotidiana com menos ansiedade. Anne e eu, agora na sexta série, voltamos à escola montessoriana. Meus pais continuaram a trabalhar com o sr. Ledermann, mas, sem novos refugiados chegando da Alemanha, havia pouca demanda para os serviços deles, então começaram a buscar outras fontes de renda, como trabalhar com tradução.

8 Forças amadas da Alemanha nazista de 1935 a 1945. [N.T.]

Em algum momento, até fizeram uma renda extra produzindo sorvete na nossa cozinha para um italiano que tinha uma sorveteria. Algumas pessoas (embora não meu pai, sempre pessimista) começaram até a especular que as coisas talvez não chegassem a ficar tão ruins quanto temíamos. Meu pai achava que seria preso e enviado a um campo de concentração, como aqueles na Alemanha onde alguns de seus antigos colegas tinham sido encarcerados. Imaginava os alemães esmagando qualquer tipo de divergência, leis antijudeus sendo implementadas e a perseguição violenta da população judia, do mesmo jeito que vinha acontecendo na Alemanha. Ele não confiava naquela sensação de estranha quietude.

Apesar da misteriosa normalidade, havia um ar de desespero em todas as pessoas da nossa comunidade. Os adultos empenhavam-se para descobrir qualquer pista, qualquer conexão em outra parte do mundo, na esperança de encontrar uma rota de fuga. Eles também não confiavam que a situação fosse continuar segura. Continuamos em contato com o restante de nossa família, embora, claro, agora fosse mais difícil que antes. Como a Grã-Bretanha e a Alemanha estavam em guerra, o serviço postal entre os dois países havia sido suspenso. Então meu tio Hans, na Suíça, recebia notícias do pai em Amsterdam e as repassava à irmã, tia Eugenie, em Leeds, na Inglaterra.

Meus avós, usando as conexões de meu avô no movimento sionista pelo mundo, estavam tentando emigrar para o Mandato Britânico da Palestina. Mas conseguir um certificado de imigração era ainda mais difícil agora. Tio Hans estava trabalhando duro por uma permissão para que eles viajassem até lá pela Suíça. Mas as autoridades suíças lhe disseram, no fim de maio, que permissões de viagem só seriam concedidas àqueles que pudessem provar que tinham outro destino depois dali. Então, em junho, tio Hans enviou um telegrama a Louis Brandeis, juiz recém-aposentado da Suprema Corte dos Estados Unidos e o mais proeminente ativista norte-americano pela causa sionista, conhecido do meu avô. Meu tio pensou que alguém do status dele pudesse ajudar a defender a causa de seus pais e conseguir para eles um visto para o Mandato Britânico da Palestina. (Diferentemente da maioria dos judeus norte-americanos da época, o juiz Brandeis acreditava que a criação de uma pátria nacional judaica seria a chave para resolver o problema do antissemitismo e da perseguição aos judeus na Europa.) Tio Hans esperava desesperadamente que um contato de tão alto nível pudesse ser capaz de ajudar seus pais.

Brandeis telegrafou de volta: “Problema recebendo atenção comunicação Holanda muito difícil”.

Meu avô pelo menos era bom em se manter ocupado enquanto não se resolvia a questão de aonde poderíamos ir e como conseguiríamos permissão para chegar lá. Estava mergulhado em seus próprios estudos de história da filosofia, história e tópicos judaicos; passava as manhãs na biblioteca. No pequeno círculo de amigos intelectuais dos meus avós na Alemanha, novos e velhos, havia médicos, acadêmicos, compositores e músicos. Opa[9] às vezes dava palestras para jovens sionistas que estavam se preparando para trabalhar como fazendeiros no Mandato Britânico da Palestina, esperando que todos eles fossem conseguir emigrar para lá. Era o único lugar, eles imaginavam, onde conseguiriam finalmente encontrar segurança para si mesmos e para as gerações futuras.

A esperança de fugir via Argentina se acendeu brevemente quando meus avós foram informados de que o governo argentino lhes concederia vistos de turista válidos por seis meses. Tio Hans tentou conseguir vistos para meus pais e para mim também. O Serviço Internacional de Migração em Genebra chegou a escrever para o Comitê para Refugiados Judeus em Amsterdam em setembro, para verificar se havia alguma possibilidade de ambas as famílias conseguirem organizar o necessário para a viagem "nas atuais condições". Mas os tais vistos para a Argentina nunca se concretizaram para nós.

Emigrar parecia ficar cada vez mais impossível. Sabíamos que, exceto por alguns "casos especiais" que podíamos contar nos dedos, havia uma rejeição generalizada a qualquer um que solicitasse permissões de emigração. Então, embora meus avós tenham ficado encantados por terem recebido vistos argentinos de turista, de que adiantava se os alemães não nos deixavam sair?

"Não há nada que possa ser feito?", ouvi minha avó perguntar. Ninguém tinha uma resposta.

A incerteza e o estresse eram difíceis, especialmente para meus pais e avós, por mais que eles tentassem me proteger de suas preocupações e sofrimentos. Ao menos tínhamos nossa comunidade, o casulo de apoio entre os Frank e outros bons amigos e vizinhos. O sr. Frank gostava de dizer que os Aliados venceriam – precisávamos aguentar firme, eles certamente derrotariam os alemães. Ele era o otimista calmo e perspicaz de nosso círculo, um contraste ao ponto de vista menos positivo de meu pai. Eu tinha esperança, como todos nós, de que toda a guerra acabasse em semanas, talvez meses, e as avaliações do sr. Frank me encorajavam.

9 Vovô, em alemão. [N.T.]

O que eu não soube até depois da guerra – mas que meus pais sabiam – era que, enquanto o tio Hans, meus avós e meus pais tentavam urgentemente encontrar uma maneira de sair da Holanda, buscando toda e qualquer conexão bem-posicionada que tivessem, os Frank estavam fazendo a mesma coisa. "Acho que todo judeu-alemão deve estar varrendo o planeta em busca de um refúgio e não o encontrando em lugar algum", escreveu o sr. Frank para um amigo judeu-alemão em Buenos Aires. Eles haviam se inscrito em 1938 para a emigração para os Estados Unidos e esperaram. E esperaram. O consulado americano em Rotterdam, que processava as solicitações de visto no país, estava entre os edifícios que haviam sido bombardeados e incendiados durante a invasão alemã. Isso significava que todos os solicitantes, inclusive os Frank, precisavam reenviar sua papelada. Assim como os outros judeus, eles estavam em uma posição difícil, tentando ao mesmo tempo criar a impressão de que conseguiriam se sustentar financeiramente nos Estados Unidos e comunicar quão extrema era a situação na Holanda. Aqueles com contatos nos Estados Unidos também precisaram aprender como se expressar nas cartas solicitando ajuda de familiares e amigos lá. Judeu-alemães que vinham de famílias estudadas tendiam a ser extremamente recatados e não gostavam de expressar muito as emoções. Mas, conforme a situação piorava, as cartas deles passaram a refletir seu desespero.

O sr. Frank procurou seu velho amigo Nathan Strauss Jr., filho de um dos donos da loja de departamentos Macy's, para pedir sua ajuda com a imigração. Os dois haviam se tornado bons amigos na época da faculdade, quando Strauss, que na época era aluno da Universidade Princeton, fez intercâmbio por um semestre na Universidade de Heidelberg, na Alemanha. Em abril de 1941, o sr. Frank escreveu para Strauss: "Eu não pediria se as condições aqui não me obrigassem a fazer tudo que eu puder a tempo de ser capaz de evitar o pior [...]. É com as crianças, principalmente, que precisamos nos preocupar". Financeiramente, ele não seria um fardo para ninguém, conforme explicou: "Ainda me sinto jovem o bastante para trabalhar e tenho certeza de que vou encontrar os meios de me sustentar".

Mas os oficiais do Departamento de Estado americano foram evasivos, guiados tanto por seu próprio antissemitismo quanto por sua xenofobia. Eles se esconderam atrás de argumentos de que entre os refugiados poderia haver comunistas e espiões; disseram que os judeus poderiam se transformar em uma força desestabilizadora nos Estados Unidos. Escritórios consulares americanos na Europa, como o de Rotterdam, negaram centenas de milhares de pedidos que chegaram de 1933, quando Hitler foi colocado no poder, até 1945, quando a guerra terminou. O rabino estadunidense Stephen Wise, que supervisionava a pressão pela imigração de dentro da comunidade judaica norte-americana, chamou a situação de "morte por burocracia".

Os irmãos do sr. Frank, agora estabelecidos em Massachussets, também estavam tentando todas as opções. O pedido deles de um visto cubano para o sr. Frank foi negado em 11 de dezembro de 1941, o mesmo dia em que os Estados Unidos entraram na guerra.

Em julho de 1941, todos os escritórios consulares dos Estados Unidos nos territórios ocupados pela Alemanha fecharam. Outro obstáculo que fazia a imigração parecer cada vez mais um sonho impossível. O escritório consular americano mais próximo para a maioria dos judeus presos na Europa ocupada agora ficava na Espanha. Caso eles conseguissem chegar a esse escritório, o processo de solicitação teria de ser reiniciado. Mais de oitenta anos depois, rememoro esse sistema cruel e bizantino e quero gritar em protesto. Como é que alguém chegaria lá sem ter permissão alemã para sair do país? E embarcar em uma jornada pela Bélgica e a França ocupadas pelos nazistas, tendo de fazer parte do trajeto a pé pelos Pireneus, com apenas a ajuda do movimento secreto de resistência, foi um risco que a maioria das famílias compreensivelmente decidiu não correr.

* * *

Para nós, pelo menos, o outono de 1940 trouxe a mais maravilhosa distração: em outubro, minha irmãzinha nasceu. Uma linda menina de rosto rosado. Meus pais lhe deram o nome de Rachel Gabrielle Ida. Nós a chamávamos de Gabi, e às vezes pelo apelido carinhoso Gigi. Minha mãe havia se preocupado que eu tivesse ciúmes, mas nada poderia estar mais distante da verdade. Eu fiquei encantada. Finalmente tinha a irmã que tanto desejara, e era como ter uma boneca viva em casa. Meus pais, meus avós e eu tínhamos todas as atenções voltadas para Gabi e sua chegada. Ajudou a melhorar a atmosfera sombria que vínhamos sentindo. Havia tão poucos bebês nascendo na época, que Gabi era uma novidade completa – praticamente uma celebridade.

No entanto, apesar da nossa alegria, não havia como fugir do fato de que as coisas em Amsterdam estavam piorando. No mesmo mês em que Gabi nasceu e cinco meses após a invasão alemã dos Países Baixos, as primeiras restrições antijudeus foram instauradas. A calma estranha e surreal foi quebrada quando começamos a perceber que a chamada abordagem "luva de pelica" na Holanda era intencional, com o objetivo de fazer com que pensássemos que poderia haver algo como uma ocupação alemã benigna. O abate kasher foi proibido, o que significava que, na nossa residência praticante, não podíamos mais comer carne. Judeus não eram permitidos em hotéis, restaurantes ou "instalações de recreação". Também nos deram um prazo de dois meses para nos registrarmos perante as autoridades. Nossos cartões de identidade agora eram marcados com um grande J, que nos identificava como judeus a um rápido olhar. A maior parte das pessoas se registrou, por medo de retaliação caso não o fizessem.

Os alemães determinaram que era ilegal que os holandeses escutassem estações de rádio estrangeiras ou holandesas, inclusive a Radio Free Orange, a estação do governo holandês exilado na Inglaterra. Como meus pais falavam inglês, assim como vários outros, eles contavam com a BBC para receber informação atualizada. De repente se sentiram isolados, prisioneiros de uma dolorosa nova realidade. Em pouco tempo, a maior parte do que havia para ouvir era nazista, ou o que se chamava de programação "ariana". Propaganda. Mas, ao ficar sabendo da proibição de ouvir rádios estrangeiras, minha mãe, sempre tão prática, disse: "Não quero dar aos alemães nenhuma desculpa para nos colocar em apuros". E, com isso, pegou nosso rádio estiloso e moderno e o deixou do lado de fora, na sarjeta. Pareceu uma perda terrível, mas acabou sendo bom. Logo os judeus não teriam sequer o direito de possuir um rádio.

Sem o rádio e agora que os jornais holandeses estavam sob o controle alemão – publicando apenas reportagens censuradas e aprovadas, além de propaganda nazista –, as pessoas precisavam contar com a informação boca a boca. Parte dela vinha de pessoas que ouviam os programas americanos e britânicos ilegalmente ou liam jornais da resistência, não censurados. Era a única maneira de tentar descobrir o que realmente acontecia ao nosso redor. Sentimos a mudança significativa se aproximar: o processo de identificar e isolar os judeus na sociedade holandesa havia começado.

* * *

Quando Gabi cresceu um pouco, Anne e Margot iam à nossa casa para ajudar a dar banho nela e nós a levávamos para passear no carrinho de bebê. Elas pareciam quase tão encantadas com ela quanto eu estava. "A Gabi é tão doce!", disse Margot um dia enquanto passávamos talco nela e a vestíamos. Gabi se contorcia enquanto tentávamos vestir o pijama nela, mas recompensava nossos esforços com uma série de sorrisos. Anne e eu começamos a fazer caretas para ela enquanto Margot abotoava o pijama. De repente, Gabi começou a dar risadinhas. E de novo, e de novo vinha o barulho de risadas. Até que todas nós caímos na gargalhada e não conseguíamos parar de rir.

"O que está acontecendo aqui?", perguntou meu pai, que acabava de entrar. Então ele também foi acometido pelas risadas.

Quando chegou a hora de Gabi começar a comer comida sólida, ela se revelou extremamente chata para comer. Cuspia muito do que colocávamos na colher para ela. Alimentá-la passou a ser um dos meus principais trabalhos para ajudar a aliviar o fardo de minha mãe. Irma, nossa governanta, não tinha nenhum sucesso quando tentava fazer Gabi comer. Mas, apesar de ser tão difícil de alimentar, ela era incrivelmente esperta e parecia entender tudo que lhe dizíamos. Isso incluía o jogo que eu jogava com ela para tentar fazê-la comer: "Um pedaço para Margot, um para Sanne, um para a Oma".[10] Se eu me atrevesse a repetir um nome, ela fechava a boca, de greve, até que eu pensasse em um diferente.

Para nossa alegria – e alívio –, o sr. Frank tinha um dom mágico com ela. "Olá, Gabi", ele dizia docemente, sentando-se à nossa mesa, perto da última tigela de purê de batata-doce ou molho de maçã que ela tivesse rejeitado. "Abra bem", continuava ele, com os olhos brilhando e um enorme sorriso no rosto. Ela se contorcia de felicidade e abria a boca. Meus pais e eu ficávamos boquiabertos todas as vezes.

Então foi anunciada uma nova lei, decretando que os judeus estavam proibidos de ir ao cinema. "Ao cinema?", resmunguei ao ouvir a notícia. Como aquilo era possível? O que tínhamos feito de errado? Anne, Sanne e eu, e nossos outros amigos, adorávamos ir ao cinema. Sabíamos recitar de memória os nomes das estrelas de Hollywood e ficávamos impressionadas ao ver as fotos delas nas revistas: Ginger Rogers, Greta Garbo, Rudy Vallée. Adorávamos especialmente Deanna Durbin, que era só alguns anos mais velha que nós e sempre interpretava o tipo de garota determinada que era capaz de resolver qualquer coisa que desse errado – até mesmo no mundo dos adultos. Os filmes eram nossa válvula de escape para outros mundos de musicais leves e heroínas improváveis encontrando o verdadeiro amor.

10 Vovó, em alemão. [N.T.]

Anne – sempre pronta com seus planos grandiosos e ideias incríveis – falava sobre querer ser uma atriz famosa um dia, embora também falasse sobre querer ser uma jornalista ou escritora famosa.

* * *

Nos lares, nossos pais continuavam a nos proteger da maior parte de seu próprio horror perante o que estava acontecendo e seu medo de que as coisas pudessem ficar ainda piores. Mas, na nossa casa, eu já estava acostumada havia muito tempo a ser totalmente aberta com meus pais e a fazer perguntas sobre os eventos mundiais. Só que agora eles tinham dificuldade para responder às minhas perguntas, especialmente quando eram sobre coisas que eu tinha ouvido – por exemplo, que os judeus estavam apanhando e sendo atacados em cafés e casas de dança no bairro judeu no centro de Amsterdam. Eu conhecia bem a região; gostava das vibrantes ruas de pedra cheias de mercearias e empórios, um mercado a céu aberto de frutas e vegetais, cheio dos sons cantados de "batata-doce na promoção". Lá havia judeus de todos os tipos: seculares, religiosos, sionistas, socialistas. Alguns até falavam um dialeto chamado iídiche de Amsterdam. Eu gostava de ir à Sinagoga Portuguesa, bem no meio do bairro, com mamãe e papai. A construção enorme, de centenas de anos de idade, parecia um lugar mágico para mim, e eu ficava maravilhada diante do teto elevado, das colunas de pedra e dos lustres de bronze que brilhavam com milhares de velas. Era tão diferente da nossa sinagoga minimalista e modernista... Parecia chocante que esse tipo de violência pudesse acontecer ali, tão perto de onde morávamos.

No início de fevereiro de 1941, as coisas começaram a ficar ainda mais assustadoras. Prédios públicos no bairro judeu em Amsterdam e em outras cidades, como Haia e Rotterdam, passaram a ser alvos regulares de perseguição por parte dos membros do Weerbaarheidsafdeling, ou WA, o braço paramilitar do Partido Nazista holandês. Houve mais violência no bairro judeu da nossa cidade quando os membros do WA, apoiados por soldados alemães, entraram à força em um café chamado Alcazar, em 9 de fevereiro. Naquela noite, apesar das novas regras barrando músicos judeus, havia jazzistas judeus no palco, incluindo a famosa trompetista Clara de Vries. Houve uma enorme briga deixando mais de vinte feridos. Outro tumulto aconteceu na região duas noites depois, e um nazista holandês foi ferido tão gravemente, que acabou morrendo em decorrência dos ferimentos pouco tempo depois. Em resposta a isso, o bairro judeu foi lacrado pelos alemães. Da noite para o dia, se transformou no gueto judeu de Amsterdam, o que acabou com a liberdade de movimento de seus residentes para além de seus limites.

Mais perto de casa, a apenas quinze minutos do nosso apartamento, uma sorveteria popular entre os refugiados judeu-alemães chamada Koco, que meus pais às vezes frequentavam, sofreu uma batida pela polícia alemã. Os clientes estavam tão cansados dos insultos sarcásticos e das visitas perturbadoras dos nazistas holandeses, que tinham decidido encharcá-los de amônia na próxima vez que aparecessem. Mas eles calcularam mal, porque a batida seguinte foi por parte de soldados alemães, que abriram fogo em resposta.

Foi aterrador. Fiquei chocada quando soube da "punição" que veio em seguida: o dono judeu da Koco foi executado por um pelotão de fuzilamento. E os alemães decidiram fazer uma busca para prender outros homens no agora interditado bairro judeu. Não importava para as autoridades quem eles prendessem. Ouvimos que homens judeus eram arrancados aleatoriamente de suas bicicletas, ou arrastados para fora de apartamentos, e em seguida jogados no chão e espancados, às vezes na frente dos filhos. Mais de quatrocentos homens foram presos e forçados a se reunir na Jonas Daniël Meijerplein, uma praça central no bairro judeu, e depois eram obrigados a embarcar em trens para cruzar a fronteira com a Alemanha em direção aos campos de concentração de Mauthausen e Buchenwald. Senti muito por eles e suas famílias. Depois de ouvir sobre as prisões, eu não conseguia dormir.

"Uma greve geral foi convocada", meu pai nos contou no jantar da noite seguinte. Eu não sabia o que aquilo queria dizer, então ele explicou que era um protesto coletivo por parte dos holandeses não judeus contra a violência e as prisões dos camaradas judeus. A maior parte dos holandeses não apoiava os alemães e se referia a eles como "visitantes indesejados". Meu pai, que ainda era socialista, ficou especialmente orgulhoso e comovido pela greve nacional convocada pelo (agora ilegal) Partido Comunista holandês. "Greve! Greve! Greve! Fechem Amsterdam por um dia", diziam os panfletos distribuídos pela cidade.

No dia marcado, 25 de fevereiro, os motoristas dos bondes que mantinham a cidade em movimento pararam de trabalhar, e a eles se uniram estivadores e trabalhadores do setor sanitário. Fábricas foram fechadas. Funcionários de empresas, incluindo a minha querida loja de departamentos De Bijenkorf, e escolas entraram em greve. Ativistas foram às ruas pedir às pessoas que se juntassem à luta. Outros bateram às portas tentando angariar apoio. Cerca de trezentas mil pessoas participaram desse ato de solidariedade. Em casa, ficamos tocados pela coragem deles e gratos por essa exibição de humanidade e decência. Aquilo nos deu esperança.

Mas os alemães, de início pegos de surpresa, responderam abrindo fogo e jogando granadas de mão nas multidões. No final, nove grevistas foram mortos, mais de setenta foram feridos e incontáveis foram presos. A greve não levou a uma rebelião maciça, como os alemães a princípio temeram que pudesse acontecer e nós esperávamos tão desesperadamente que acontecesse.

Na esteira da greve, um Conselho Judaico foi formado por líderes comunitários para representar os interesses judaicos perante o governo alemão da ocupação. As pessoas esperavam que alguma ordem pudesse ser restabelecida e que as coisas melhorassem. De início, o conselho incluía apenas judeus holandeses, mas depois um subcomitê de judeu-alemães foi anexado a ele. Meu pai e meu avô se tornaram membros.

As deportações e prisões eram difíceis de digerir. A única informação que tínhamos era a de que pessoas estavam sendo enviadas para campos de trabalho "no leste" – na Alemanha ou na Polônia. No que exatamente consistia um campo de trabalho, nós não sabíamos. Trabalho em fábricas? Em fazendas? Esperávamos que as pessoas voltassem logo e que não houvesse mais deportações. Mas as semanas se transformaram em meses, e as centenas de homens judeus que haviam sido presos e deportados em fevereiro não voltaram para casa. Quando chegou o verão, alguns parentes tinham finalmente recebido cartas – nove linhas permitidas aos prisioneiros em um formulário timbrado de Mauthausen. Eles não mandavam nenhuma notícia, mas davam declarações de seu amor. Em uma carta, um homem disse à esposa grávida que nome gostaria que ela desse a criança que ele nunca conheceria.

Ouvimos mais rumores de pessoas tentando atravessar as fronteiras de maneira ilegal, mas aquilo parecia enormemente perigoso e difícil. E se a pessoa fosse pega? Será que valeria o risco?

Não havia maneira de sair da Holanda. Não para os Frank, nem para nós. Nem para nenhum dos nossos amigos e vizinhos judeus.

6. Consequências

"Todas as crianças judias serão excluídas das escolas públicas", disse meu pai, lendo a mais recente medida alemã antijudeus, pouco antes de as férias de verão começarem. O pronunciamento havia sido publicado no *Het Joodsche Weekblad*, o jornal judeu holandês que nos mantinha informados sobre todos os regulamentos. Foi também onde tínhamos lido que os judeus não teriam mais permissão de empregar funcionários não judeus e que estudantes judeus não poderiam mais ingressar na universidade. Nas páginas do *Het Joodsche Weekblad*, descobrimos que estávamos proibidos de ir a parquinhos, parques e até praias públicas. Fiquei boquiaberta ao saber que não poderíamos sequer nos sentar em um banco na calçada de um parque! Não haveria mais passeios ao zoológico ou a museus ou clubes, o que era uma notícia especialmente ruim para a atlética Margot, que remava e jogava tênis. Até a piscina do nosso bairro, onde tínhamos passado tanto tempo nos últimos verões, estava proibida para nós. Anne fez piada dizendo que pelo menos não teríamos queimaduras de sol. Aos 12 anos de idade, eu ainda estava de luto pela perda do meu querido cinema. Às vezes, assistíamos a filmes na casa dos Frank, quando o sr. Frank alugava um projetor. Era muito divertido, mas eu ainda sentia a injustiça de os cinemas de verdade estarem fechados para mim e meus amigos judeus.

E agora a escola também? Papai soltou um suspiro longo e triste. Olhou do jornal para mim, apertando os lábios como quem diz que sente muito. Senti minha ansiedade aumentar e meu estômago embrulhar.

"O que isso quer dizer? Não vou mais para a Montessori?", perguntei, ouvindo o pânico na minha própria voz. Era a única escola que eu conhecia. Eu ainda tinha mais um ano de escola primária por vir. "E meus amigos? E nossa professora? Onde vamos estudar então?"

Continuando a ler, papai explicou que haveria algumas escolas designadas específica e exclusivamente para judeus, com apenas professores judeus, a partir do início do ano letivo seguinte, no outono de 1941. Eu teria de me inscrever em uma delas. Pensei em minhas fracas habilidades matemáticas. Anne também tinha dificuldades, mas na escola montessoriana os professores eram tranquilos, e não precisávamos nos preocupar com provas e avaliações, então aquilo nunca havia sido um grande problema. Mas e se não fôssemos aceitas? E se tivéssemos de fazer uma prova de matemática para entrar e não fôssemos aprovadas?

Em nosso último dia na escola, que era tanto um lar quanto uma escola para Anne e eu, a sra. Kuperus, uma mulher gentil que sempre usava o cabelo grisalho preso num coque e era nossa professora, e também a diretora, parecia ainda mais perturbada que nós. Ela chorou quando se despediu dos alunos judeus; lágrimas escorrendo sob seus óculos de aro fino. Ela era muito dedicada a nós, e eu tinha a impressão de que realmente gostava da nossa companhia. Sempre fomos tão entrosados, que eu nem sequer sabia quais alunos eram judeus até que fomos obrigados a ir embora. No fim das contas, quase metade da classe era judia. Um total de 91 crianças daquela escola precisou se virar para encontrar novos lugares onde estudar.

As férias de verão começaram, e com elas vieram os dias mais longos, quando o sol só se punha completamente depois das onze da noite. Eu me perguntava se os patos que flutuavam pelos canais cercados de árvores se incomodavam com o barulho dos aviões alemães acima, a caminho de seus bombardeios na Inglaterra. Eu achava impossível me acostumar. Anne, Sanne e eu ainda passamos tempo juntas naquele verão, mas eu também via muito Ilse Wagner, que era amiga de Anne. A família dela tinha fugido da Alemanha para Amsterdam; ela morava com a mãe e a avó na vizinhança. Seu cabelo era castanho e cortado na altura do queixo, como o meu. O cabelo de Anne agora tinha crescido um pouco, e ela passava muito tempo mexendo nele. Aos sábados, Ilse e eu íamos juntas à sinagoga, onde participávamos do serviço dos jovens, conduzido pelos adolescentes, e de um grupo sionista de jovens em seguida. Agradava-me o fato de que Ilse era inteligente e tinha um ponto de vista racional; achava fácil conversar com ela. Eu ainda ficava meio tímida com pessoas que não conhecia bem, e achava reconfortante a natureza tranquila de Ilse.

Foi nessa época que conheci Alfred Bloch, outro amigo da sinagoga. Passávamos tempo juntos aos sábados, e eu não diria que estava apaixonada por ele, mas posso dizer que minhas bochechas coravam quando conversávamos. Ele era doce, e tinha uma seriedade e uma inteligência que eu considerava intrigantes. Ele dizia que também gostava de mim – então, no nosso mundo, aquilo o tornava meu namorado. Era dois anos mais velho e, assim como eu, alemão. Tinha olhos amendoados escuros e bonitos e cabelo castanho que caía para um lado. Um artista talentoso. Me deu duas pinturas de sua autoria; uma era do Muro das Lamentações, em Jerusalém. Acho que ele era meio solitário. Vivia com parentes em Amsterdam, mas a mãe tinha ficado para trás, na Alemanha, e o pai morrera alguns anos antes. Eu ficava lisonjeada com a atenção que ele me dedicava; apreciava nossas conversas, ainda que sentisse um frio na barriga quando o via se aproximar. Eu era amigável com os meninos na escola, mas não tinha a confiança de Anne e sempre me senti um pouco aquém dela e de algumas de nossas outras amigas em relação ao interesse por garotos, roupas e outras coisas típicas da adolescência. Alfred era o primeiro garoto que eu começava a conhecer melhor.

Outra nova determinação havia sido imposta pela ocupação nazista: judeus não poderiam frequentar a casa de não judeus. Então não poderíamos mais ir brincar nas casas de nossos amigos não judeus. O sentimento era de que estávamos completamente separados deles. Meu círculo social estava definitivamente diminuindo por causa da ocupação alemã. Uma das garotas que não víamos mais era Lucie van Dijk, uma amiga da escola Montessori. Anne e eu ficamos chocadas ao saber que os pais de Lucie haviam se filiado ao partido nazista holandês, o NSB. Lucie havia parado de nos convidar para suas festas de aniversário fazia alguns anos – pelo menos agora entendíamos o motivo. Há uma foto do nosso grupo de nove amigas da escola e do bairro, de braços dados na festa do décimo aniversário de Anne, usando nossos sapatos de couro envernizado e nossos vestidinhos festivos de verão. Lucie é a garota de cabelo pixie ao lado de Anne. Mais tarde descobrimos que Lucie por um tempo se filiou ao Jeugdstorm, o grupo de jovens nazista, cujo nome significava "tempestade jovem". Eu a vi uma vez no bairro vestindo o uniforme: saia preta com cinto na altura dos joelhos, boné preto com o topo vermelho, camisa azul-clara de botões e manga comprida. Não sei se ela me viu, mas passei direto, sem parar para cumprimentá-la.

Depois de certa discussão, e felizmente sem a necessidade de fazer nenhuma prova, Anne, Ilse e eu fomos matriculadas na mesma escola que Margot: o Liceu Judaico. Depois do decreto de que teríamos de abandonar as escolas que frequentávamos antes da ocupação, houve certa corrida para organizar uma quantidade suficiente de novas escolas para atender a todos os estudantes judeus em Amsterdam. Meus pais ficaram felizes, porque aquela seria uma grande escola pública judaica com alta qualidade acadêmica. Mas os pais de Sanne decidiram matriculá-la em uma escola particular, enquanto sua irmã mais velha, Barbara, que era uma dançarina talentosa, passou a frequentar uma escola de balé.

No primeiro dia, Anne, Ilse e eu estávamos nervosas. Não sabíamos em que sala seríamos colocadas nem se conheceríamos alguém na turma. Anne e eu nos esprememos no bonde lotado que ia na direção do rio Amstel. Já havia outras dezenas de meninos e meninas na entrada da escola, em uma viela bem perto do rio. Procurei outros rostos familiares, mas não vi nenhum. Às oito e meia, todos fomos engolidos pela construção de tijolos vermelhos de três andares. Fiquei muito aliviada ao ver que Anne e eu havíamos sido colocadas na turma 12 I. Escolhemos lugares para nos sentar, e nossa professora, uma mulher de vestido longo e sapato baixo, fez a chamada e nos disse quais livros precisaríamos comprar. Então anunciou abruptamente: "Classe dispensada!". Ficamos desapontadas por não termos conhecido nossos outros professores, ou o diretor, e por não termos recebido nossos horários. Fiquei morrendo de saudades da nossa sala aconchegante na escola montessoriana, cujo dia a dia conhecíamos tão bem, naquele momento em que tudo parecia mudar, mas ainda me senti aliviada de estar em um ambiente escolar depois de um longo verão com todas aquelas restrições.

Choveu muito na semana seguinte, quando as aulas começaram de verdade. Anne e Margot iam pedalando, mas eu ainda não sabia andar de bicicleta, então ia de bonde. A primeira coisa que vi foi um grande cartaz na entrada com os nomes de vinte alunos, incluindo Anne, que tinham sido mudados de turma. Anne teria de ir para a 16 II! Fiquei decepcionada – ela era a única pessoa da turma que eu conhecia. Agora eu teria de entrar na 12 I totalmente sozinha, sem a presença confiante de Anne ao meu lado. De repente me senti muito solitária. Mas, naquela tarde, a professora veio me dizer que eu também tinha sido transferida para a 16 II. Fiquei chocada e aliviada. Caminhei pelo corredor em direção à minha nova sala, vi Anne e dei um sorriso tímido quando a professora me apresentou. Acabei descobrindo que minha mudança de turma não tinha sido aleatória – Anne tinha perguntado à professora de educação física, que ela achou que parecia uma mulher muito legal, se ela poderia ajudar a conseguir minha transferência. Sabe-se lá o que a bondosa professora fez, mas, o que quer que tenha sido, funcionou. Deslizei para meu novo assento, na carteira bem ao lado da de Anne, grata e me sentindo muito melhor.

A energia era boa na escola. Os professores eram excelentes, escolhidos do alto escalão das escolas de Ensino Médio pela cidade. O currículo incluía muito estudo da língua e da cultura alemãs, cortesia de nossos ocupantes. Mas também aprendemos mais sobre assuntos que talvez não tivéssemos aprendido em um ambiente não judaico. Por exemplo, estudamos a Inquisição espanhola em profundidade, e é claro que alunos e professores não puderam evitar fazer a conexão daquele período de perseguição antijudeus com o que estávamos vivendo no momento.

Uma das garotas da nossa turma que já conhecíamos era Jacqueline van Maarsen, uma menina alta e bonita, com cabelo ondulado castanho-claro na altura dos ombros e grandes olhos azuis. Um dia, quando estava indo embora, Anne a viu logo na frente da escola, também de bicicleta, e a chamou. Jacqueline ficou surpresa que Anne soubesse o nome dela. Elas fizeram o trajeto juntas, cruzando a ponte Berlage sobre o rio Amstel e conversando por todo o caminho. Sem dúvida Anne fez muitas perguntas sobre a vida de Jacqueline, como era de seu feitio, e lhe deu muitas informações sobre a própria vida. Quando elas chegaram à Merwedeplein (a "Merry", como Anne gostava de chamá-la), Anne já tinha convidado Jacqueline para ir à casa dela e jantar lá, selando uma nova e íntima amizade.

Jacqueline, que tinha nascido na Holanda e era meio judia, meio francesa, era uma anomalia no nosso círculo de refugiados judeus-alemães. Como havia certa divisão entre as comunidades, ainda conhecíamos poucos judeus-holandeses. O pai de Jacqueline era um judeu-holandês, e a mãe era uma católica francesa, que havia se convertido ao judaísmo quando eles se casaram, embora a família não fosse praticante. Quando todos os judeus foram obrigados a se registrar perante as autoridades – o que significava qualquer pessoa com ao menos um avô ou avó judeu, de acordo com as leis raciais nazistas –, o pai dela havia registrado Jacqueline e sua irmã Christiane como judias. A mãe havia pedido ao pai que não fizesse aquilo, mas, como muitos outros, ele temia as consequências de desobedecer aos alemães. Ele também tinha orgulho de sua ascendência judaica e não queria sentir que precisava escondê-la.

Antes de nos conhecer, Jacqueline tinha morado em um apartamento luxuoso, cercada de ajudantes domésticos e acostumada a viagens chiques. O pai dela tinha uma próspera loja de antiguidades que vendia livros e quadros raros e proporcionava a eles uma boa vida. Mas o negócio foi fortemente impactado pelas leis antijudeus, e a família agora estava em dificuldades financeiras. Tinham se mudado para o nosso bairro, que não era tão abastado quanto aquele em que Jacqueline havia crescido.

De início, quando Anne e Jacque, como passamos a chamá-la, se aproximaram cada vez mais e passaram a conversar sobre coisas que pareciam estar além do meu alcance, eu me senti insegura e frustrada. Anne era minha melhor amiga, minha primeira amiga, afinal, e ser deixada de lado não trazia um bom sentimento. Mas, apesar do meu leve ciúme, eu via que elas se complementavam bem. Jacque era mais reservada que a sempre exuberante Anne, mas elas também tinham muito em comum. Por exemplo, as duas amavam especialmente uma série de livros de Cissy van Marxveldt sobre uma adolescente destemida chamada Joop ter Heul. Nós todas lemos os livros, mas elas poderiam passar horas falando de Joop. Ambas compartilhavam uma sofisticação e uma curiosidade sobre garotos, mistérios do amor e da vida adulta e nossos corpos em transformação que eu ainda não tinha. Depois de um tempo, minha mãe, observadora, percebeu que eu às vezes me sentia excluída das conversas e me chamou de lado para explicar alguns desses mistérios, o que ajudou um pouco. E, por fim, Jacque e eu também acabamos nos aproximando. Nela encontrei uma amiga e confidente atenciosa e inteligente. Anne e Jacque dormiam sempre uma na casa da outra, o que também atiçava meu ciúme, mas Ilse e eu também começamos a passar muito tempo juntas, então tudo acabou se ajustando, como costuma acontecer com as amizades da infância, e nosso trio original – Hannah, Anne e Sanne – se expandiu para acolher também Jacqueline e Ilse. Não tínhamos muitas opções de vida social, por causa das leis antijudeus, mas queríamos sempre passar o máximo de tempo possível juntas.

Umas das coisas que mais gostávamos de fazer era jogar pingue-pongue na casa de Ilse. Não havia uma mesa chique, só as raquetes, uma bola e uma rede que esticávamos por cima da grande mesa da sala de jantar, da qual a mãe dela gentilmente deixava que nos apropriássemos. Jogávamos tanto, que decidimos criar um clube de pingue-pongue, baseado no "Jopopinoloukicoclub", da série de Joop. No início chamamos nosso clube de "A Ursa Menor", inspiradas na constelação Ursa Menor, que pensávamos, erroneamente, ser formada por cinco estrelas. Quando descobrimos que na verdade eram sete, alteramos o nome para "A Ursa Menor Menos Duas". Meio esquisito, mas funcionava para nós! Os torneios de pingue-pongue na mesa da sala de jantar de Ilse e os jogos com Monopoly e outros de tabuleiro eram praticamente tudo que nos restara ao final do outono de 1941. Jacqueline costumava brincar dizendo que logo não nos deixariam sequer respirar o ar.

Uma coisa que ainda podíamos fazer era caminhar até uma das sorveterias de donos judeus que havia nas redondezas – não podíamos frequentar aquelas cujos donos não fossem judeus, por conta das novas leis, então sobravam a Oase ("Oásis") e a Delphi. A Oase também era uma casa de chá, e lá o sorvete custava doze centavos. O dono era Max Gallasch, que também era um refugiado judeu-alemão e um amigo da família de Anne. Se houvesse um grupo de garotos conversando nas mesas do lado de fora, Anne encontrava um jeito de flertar com eles. Graças a ela, os meninos várias vezes acabavam se oferecendo para pagar nossas bolas de sorvete. Anne e Jacque se sentiam mais à vontade que eu para flertar com garotos, e às vezes Anne tirava sarro de mim por causa disso. Ela também gostava de tirar sarro de mim por causa de Alfred, e eu ficava incomodada e envergonhada. A vida de adolescente ainda me parecia um pouco misteriosa e intimidadora, então eu tentava observar onde poderia estar errando. Depois da escola, observava as garotas e os garotos indo embora de bicicleta, prestando atenção timidamente àqueles que pedalavam de mãos dadas, o que sinalizava uma nova paixonite surgindo.

Com as férias de inverno se aproximando e os exames pairando sobre nossas cabeças, senti a pressão de quanto precisávamos estudar no prestigioso Liceu Judaico. Tirando matemática, eu era boa aluna e, como era responsável, sempre fazia meus deveres de casa. E havia realmente muito dever de casa e expectativas excessivamente altas em relação a nós. Mas também pairava um senso perceptível de camaradagem entre estudantes e professores. Era como se houvesse um pacto não escrito entre nós de que deveríamos tirar o melhor da situação agora que todos tínhamos sido jogados naquela experiência juntos. Havia um clima de ansiedade lá fora, mas, dentro da sala de aula, onde uma luz leve penetrava através do vidro das janelas, nós nos sentíamos como alunos normais de Ensino Fundamental e Médio. Dávamos muita risada, conversávamos muito nos corredores e passávamos bilhetes, assim como em qualquer escola, em qualquer lugar e em qualquer tempo.

No entanto, depois da abordagem livre e descontraída do método Montessori, o ambiente mais regrado da nossa nova escola de Ensino Médio foi algo ao qual Anne, Ilse e eu precisamos nos ajustar. Agora tínhamos de estudar para provas e não era permitido conversar durante a aula, algo que Anne considerava especialmente desafiador. O sr. Keesing nos ensinava álgebra e geometria. Era um homem mais velho, bondoso e absurdamente paciente, que gostava de misturar charadas e lições de matemática. Mas ele estava cada vez mais irritado com as conversas de

Anne e passou a ela uma série de trabalhos para tentar curá-la daquilo. Não funcionou! Anne amava escrever, é claro, e os trabalhos que ela entregava eram cada vez mais engraçados. Sanne gostava de escrever poesia, então Anne pedia ajuda a ela para escrever sua resposta final em versos. O sr. Keesing lia o texto em voz alta para a sala e todo mundo rolava de rir.

Uma mudança menos agradável na escola me matou de vergonha. Um dia, na aula de francês, me sentindo malpreparada para a prova, dei uma espiadinha no trabalho de Anne. Foi uma olhadela muito rápida, e não sei por que fiz aquilo, mas naquele exato momento a professora estava observando e me pegou. Como punição, nós duas ficamos com zero – Anne também, embora fosse minha culpa por ter olhado e tenha sido só por um momento. Achamos aquilo injusto, então fomos até o diretor para apelar. Mas, sentada ali à frente dele, fui ficando cada vez mais nervosa e, antes que conseguisse me refrear, soltei: "Sabe, senhor, todo mundo na classe estava com o livro aberto debaixo da mesa!". Anne me olhou com raiva. Já tínhamos discutido antes, porque ela achava que eu era dedo-duro e contava tudo para minha mãe. E agora isso. Eu queria que o chão se abrisse e me engolisse.

O diretor viu quão desconcertadas nós duas parecemos ter ficado diante da minha delação e disse que não iria punir ninguém, contanto que as pessoas admitissem o erro. Mas, é claro, quando ele foi até a nossa sala e perguntou a nossos colegas quem tinha colado na prova, apenas dez mãos se ergueram, embora houvesse trinta alunos na classe e pelo menos uns vinte fossem culpados. Em represália, tivemos de refazer a mesma prova dois dias depois, mas o pior de tudo foi que Anne e eu fomos consideradas traidoras por ter contado e passamos a ser ignoradas por nossos colegas. Eu me senti péssima, arrasada. Não sabia o que fazer, mas Anne, como sempre, tinha um plano. Ela partiu para a ação e escreveu uma carta, que nós duas assinamos, pedindo perdão para a nossa turma. Apelamos para a empatia deles, explicando que qualquer um pode cometer um deslize no calor do momento, mesmo que não tenha a intenção de causar nenhum mal. "Esperamos que a turma 16 II veja o incidente por esse ângulo e pague o mal com o bem", ela escreveu. "Nada pode ser feito a respeito, e as duas culpadas não podem desfazer seu malfeito. Não escreveríamos esta carta se não estivéssemos genuinamente arrependidas. Pedimos àqueles que nos 'cortaram' até agora que reconsiderem, porque, afinal, nosso ato não foi tão abominável que precisemos ser vistas como criminosas por toda a eternidade." Por sorte, nossos colegas eram um grupo bondoso e tudo acabou sendo perdoado.

* * *

Mesmo depois que os nazistas chegaram e ficamos temerosos em relação a como a vida seria na Holanda ocupada, não previmos as regras draconianas que nos segregariam de nossos amigos e vizinhos não judeus, que pareciam surgir constantemente e cada vez mais severas. Na primavera de 1942, os muros da separação se ergueram ainda mais alto quando recebemos a ordem de costurar em nossas roupas uma estrela de Davi amarelo-mostarda com a palavra *Jood* (judeu) escrita no centro.

Recebemos a ordem de buscar o tecido com a estrela impressa na nossa sinagoga, então caminhamos até a Lekstraat. Tínhamos de pagar por elas – quatro centavos por quatro estrelas – e, se fôssemos pegos sem essa marca para nos identificar como judeus, nos disseram que seríamos presos. Minha mãe se sentou para começar a costurá-las em nossos casacos e em outras roupas que usávamos por cima, como suéteres. No início eu fiquei ingenuamente orgulhosa por usar a estrela e reconfortada ao saber que alguns holandeses, em protesto, haviam feito suas próprias versões das estrelas, rotuladas com "ariano" ou "católico". Mas, depois de alguns dias usando minha nova insígnia, comecei a perceber como as pessoas sem a estrela me olhavam na rua – algumas com pena, outras com verdadeiro desdém, e algumas, talvez o mais doloroso, com indiferença. Foi então que senti o peso daquele pedacinho de pano. "Estão tentando nos transformar em párias!", entreouvi meu pai chiar.

* * *

Mamãe estava grávida outra vez. A barriga tinha acabado de começar a aparecer na época em que pegamos nossas estrelas amarelas. Dois anos antes, quando ela estava grávida de Gabi, a casa tinha ficado em polvorosa com uma ansiedade alegre, mas dessa vez era diferente. Eu estava animada para ter outro irmão ou irmã, mas não pude deixar de notar que mamãe estava ficando mais pálida; seus olhos, que normalmente brilhavam com inteligência e sagacidade, pareciam ter perdido a luz; havia agora semicírculos escuros abaixo deles.

"Preciso deitar um pouco", ela me disse um dia quando minha avó estava lá, passando Gabi para o meu colo e se retirando para o quarto. Gabi imediatamente se soltou dos meus braços – com um ano e meio, ela já sabia sempre o que queria. Minha avó me viu olhando preocupada para minha mãe.

"Você tem que entender, querida", começou ela, e listou tudo que deixava a vida ainda mais exaustiva para minha mãe. "A gravidez deixa a pessoa cansada", ela explicou, "mas é mais cansativo ainda quando você precisa cuidar de um bebê, coordenar a inábil, mas doce Irma e tentar dar um jeito de se sustentar com papai, trabalhando com ele em traduções noite adentro, e manter a casa organizada com todo o racionamento, a escassez de alimentos, o estresse generalizado – e depois acordar e fazer tudo de novo. Não admira que ela esteja cansada", disse minha avó.

Eu passei a ficar cada vez mais responsável por Gabi. Era difícil achar tempo para fazer as tarefas da escola na bagunça de tudo que estava acontecendo em casa. Pelo menos eu tinha uma tutora para me ajudar em geometria, por recomendação do meu professor, que dissera que eu talvez fosse reprovada se não conseguisse melhorar logo na matéria; ângulos, teoremas e demonstrações me deixavam tonta, e eu não conseguia imaginar como iria entender aquilo tudo algum dia.

Vovó estava certa: os alimentos estavam cada vez mais escassos, e isso acrescentava, sim, uma grande pressão sobre minha mãe. A razão era que o vasto exército de soldados alemães da ocupação demandava muita comida. E não eram só os soldados que a Alemanha alimentava, mas também a população do outro lado da fronteira. Grandes quantidades de queijo holandês e outros produtos eram enviadas para a "Pátria" em longas filas de trens de carga. Eu via amplas faixas nas laterais dos trens com os dizeres "Lembrança de gratidão do povo holandês", o que, é claro, não era verdade – os holandeses se ressentiam de ter seus estoques saqueados, mas essa informação nunca foi parar em nenhum trem. E o problema não era só a escassez – ir às lojas para comprar comida também estava ficando mais difícil, porque os judeus agora só podiam fazer compras das duas às quatro da tarde, e em lojas específicas. Mas, a essa hora, as prateleiras normalmente já estavam praticamente vazias, então havia pouco que comprar.

Às vezes parecia que não havia muito mais que eles pudessem tirar de nós sem nos expulsar de nossas casas e nos mandar para a cadeia. Mas aí vinha outro decreto para limitar ainda mais as escassas liberdades que nos sobravam. Logo os judeus não podiam nem estar fora de casa depois que o sol se punha. Isso significava que meu pai não podia ir rezar a *Maariv* no serviço da noite na sinagoga, o que representou uma grande perda para ele. Tampouco podíamos receber convidados para os jantares do Shabat ou ir à casa de alguém para refeições ou reuniões de amigos à noite. Também fomos banidos dos trens. Os judeus receberam ordens de depositar seu dinheiro em bancos específicos sob o controle alemão, que limitavam a quantia que podia ser sacada. Empregadores holandeses poderiam demitir um judeu por qualquer razão.

Em junho de 1942, os judeus precisaram entregar suas bicicletas. Foi um enorme golpe para muitos, porque, com exceção da minha família, na Holanda todo mundo parecia se locomover de bicicleta. Se já não bastasse isso, não podíamos nem usar o bonde, o outro principal meio de transporte. Isso não nos deixava outra opção a não ser ir a todo lugar a pé, não importava a distância. Era uma caminhada de meia hora até a escola.

Párias. Na cabeça, eu revirava e revirava aquela palavra dita por meu pai, sentindo o peso dela na língua. Nada daquilo fazia sentido para mim. O tempo estava ficando turvo, e eu sentia falta de poder ir ao parque, de passar a tarde toda na piscina em um dia quente. Sentia falta de me sentir como costumávamos nos sentir. Mas a escola era um refúgio, assim como brincar com Gabi (mas não a alimentar, porque ela ainda era tão chata para comer, que aquilo parecia um castigo) e ficar com minhas amigas. Estávamos assustadas e incertas sobre o futuro, além de frustradas e ressentidas pelas restrições que nos eram impostas naquele momento, mas ainda éramos crianças de 12 e 13 anos, que papeavam o tempo todo, andando de braços dados, rindo das coisas mais bobas, que pareciam hilárias na hora, mas eram esquecidas cinco minutos depois.

Agora que os dias estavam mais quentes, subíamos a escada íngreme para os quartos do segundo andar no apartamento de Anne ou no meu para podermos sair pela janela e nos sentar no telhado cheio de cascalho. Como a praia e a piscina eram proibidas para nós, às vezes vestíamos nossas roupas de banho e torrávamos no sol. A maior parte do que estava abaixo de nós – na vizinhança que já havia sido nossa área de brincadeiras e mais além, do outro lado da cidade – era agora proibido para a gente, mas ainda assim ríamos, brincávamos e nos sentíamos convencidas e até meio glamorosas ali, tão acima de todos os outros, enquanto nos esticávamos e fazíamos poses nas cadeiras de praia. Sabíamos que nossos pais, com a intenção de nos proteger, não nos contavam tudo que estava acontecendo – até os meus, que sempre tinham sido tão abertos e honestos comigo. Mas ainda tínhamos necessidade de diversão, e de coisas novas, e de animação, mesmo enquanto as paredes se fechavam ao nosso redor.

Certa manhã, no início de junho, lá estava eu na rua dando nosso tradicional assobio sob a janela do apartamento de Anne. Ela estava um pouco atrasada, e eu estava ansiosa para começar a caminhada. Assobiei de novo, com mais urgência dessa vez, mas parei no meio do som e sorri quando a vi disparando porta afora. Ela pôs nas minhas mãos um envelope com meu nome.

"O que é isso?", perguntei quando começamos a caminhar a passos rápidos para a escola. Ela sorriu e me observou abrir o envelope. Era um convite para sua festa de aniversário de treze anos, no domingo, dois dias após o aniversário de verdade, que era 12 de junho.

"Jacque e eu datilografamos na máquina de escrever do meu pai. Não ficaram ótimos?", ela contou, radiante. No convite havia também um tíquete parecido com um ingresso de cinema, constando o número do meu assento. "Papai vai alugar um projetor de filmes novamente para que possamos assistir a *Rin Tin Tin*!"

"Mal posso esperar!", respondi.

Anne e Margot sempre tinham as melhores festas de aniversário. O sr. e a sra. Frank se dedicavam ao máximo, coordenando brincadeiras e servindo os bolos e biscoitos deliciosos da sra. Frank, recém-saídos do forno. Assim como quase todo mundo, eu amava os filmes do Rin Tin Tin, embora morresse de medo de cachorros na vida real e atravessasse a rua para evitá-los, mesmo quando pareciam inofensivos. Mas Rin Tin Tin, o cachorro mais famoso do mundo (um pastor-alemão que convenientemente morava na distante Hollywood), era um herói, amigo, lutador e companheiro, tudo em um só.

Todo mundo gosta do próprio aniversário, mas Anne era uma daquelas pessoas que realmente adorava; ela contava para quem quisesse ouvir quando a data se aproximava. Então todo mundo parecia saber quando era, e toda a nossa turma de trinta meninos e meninas foi convidada para a festa, assim como velhos amigos, como Sanne, e um novo, um garoto de 16 anos chamado Hello (apelido de Helmut), de quem Anne gostava e com quem vinha passando algum tempo. Anne me disse que iriam alguns amigos de Margot também. Claro, todos os convidados seriam judeus, por causa das novas leis que proibiam não judeus de visitarem judeus, e pensei em como seria a primeira vez que nossos amigos não judeus da escola Montessori ou da vizinhança não estariam em uma festa de aniversário de Anne.

Na manhã de sexta-feira do aniversário de Anne, chamei-a com o nosso tradicional assobio na frente do apartamento dela e esperei que descesse. "Feliz aniversário!", gritei assim que a vi, radiante, descendo pela entrada.

"Eu estava tão empolgada, que acordei às seis", ela me contou, e então enumerou uma série de presentes que esperavam por ela na mesa da sala de jantar. Havia livros, um novo par de sapatos e, o mais especial de tudo, um caderno xadrez vermelho, creme e bege com um bonito fecho de metal que ela havia mostrado ao pai na nossa livraria local, a Blankevoort. Ela me contou que o usaria como o diário que sempre quisera. Eu me questionei se ela me mostraria qualquer trecho do que viesse a escrever, mas sabia que não deveria perguntar. Na escola, naquele dia, Anne distribuiu biscoitos pela ocasião, e toda a turma se reuniu em um círculo ao redor dela e lhe desejou feliz aniversário.

Domingo, o dia da festa, foi um dia incomumente quente. Logo que cheguei, vi que a sala de estar dos Frank havia sido transformada em uma sala de cinema. Vi o projetor em um canto no fundo e reparei nas cadeiras enfileiradas como se fosse mesmo uma sala de cinema. Olhando para Anne, admirei, como sempre, quão confiante e despreocupada ela parecia. Seu rosto estava radiante, e ela flutuava de um convidado para outro como uma borboleta. O cabelo estava especialmente bonito. Anne passava um longo tempo escovando-o toda noite e tentava deixá-lo cacheado (sem muito sucesso) com grampos e bobes. Margot serviu limonada de uma jarra grande e todos imploramos por uma fatia do bolo de morangos e creme da sra. Frank, um dos meus favoritos.

Entre alguns dos nossos novos amigos de escola que apareceram estavam Betty Bloemendal, que era doce e inteligente e tinha as notas mais altas da turma; Jopie de Beer, que Anne achava que flertava com todo mundo; e Eefje de Jong, uma das garotas mais novas da classe e também uma das favoritas de Anne. Dos garotos, foram Jacques Kokernoot, um rapaz engraçado que se sentava logo atrás de nós na sala; e Werner Joseph, que tinha fugido da Polônia. Ele parecia amável, embora fosse absurdamente calado. Foi muito divertido estar fora da sala de aula e conversar, tomar limonada e fazer brincadeiras uns com os outros, prestes a assistir a um filme juntos – um momento raro.

Seria a última festa em que estaríamos todos reunidos. Um dos últimos momentos felizes e despreocupados para nós enquanto crianças às margens da adolescência. Ou, pelo menos, foi isso para mim.

* * *

Conforme o ano letivo de 1942 chegava ao fim, só conseguíamos falar sobre quem passaria de ano e iria para a oitava série e quem poderia ficar retido. Eu ficava enjoada só de pensar. "Você vai se dar bem", disse minha mãe, que já tinha sido professora, tentando me alegrar. "Você realmente se dedicou." Eu tinha me dedicado mesmo; gostava de estudar e gostava do nível de exigência do Liceu Judaico. Mas continuava pensando em como Anne e eu havíamos sido aceitas temporariamente e em como minhas habilidades em geometria ainda eram, na melhor das hipóteses, duvidosas.

O dia de receber os resultados chegou e descobri que tinha sido reprovada em geometria. Fiquei arrasada com a perspectiva de ter que repetir o ano – e tudo por causa da idiota da matemática –, mas então recebi boas notícias: eu poderia fazer a oitava série, afinal! Assim como todos os meus amigos. Eu teria de refazer a prova final de geometria no outono, mas pelo menos não ficaria para trás.

Desejei que pudéssemos ir à praia. Eu sentia saudades do cheiro do mar, e Gabi estava na idade perfeita para brincar de construir – e destruir – castelos de areia. Será que algum dia poderíamos levá-la à praia e mostrar a ela o mar? Anne e eu seguraríamos cada uma em uma mãozinha e faríamos nossa brincadeira de "um, dois, três... balançar!", levando os pezinhos de Gabi a tocarem as ondas de leve. Mas a realidade era que as finanças estavam cada vez mais apertadas em casa; então, mesmo que os judeus ainda tivessem autorização para pegar o trem, nós provavelmente não teríamos tido condições de pagar por uma viagem de férias. Assim como no verão anterior, iríamos nos virar fazendo torneios de pingue-pongue e tomando sorvetes de casquinha na Oase e... passando bem mais tempo em casa, eu achava.

Em 5 de julho, um domingo, rapidamente começou a correr pela vizinhança a notícia de que a polícia tinha começado a bater às portas de algumas famílias, brandindo documentos de convocação com os nomes de adolescentes que viviam lá, a partir dos 15 anos, e ordenando que se reportassem a campos de trabalho na Alemanha. Quem era chamado precisava se apresentar na estação central de Amsterdam em um horário específico – duas da manhã! Aquilo me pareceu loucura. *Por que no meio da noite?*, eu me perguntava. Eu sempre supus que os alemães só levavam homens para os campos; nunca imaginei que adolescentes também fossem precisar ir – e meninos e meninas, além de tudo. Todo mundo ficou completamente em choque. Fiquei sabendo que quem recebia a notificação recebia também uma lista do que levar: dois cobertores de lã, dois lençóis, comida para três dias e uma mala ou mochila. Na mala só era permitido levar alguns itens específicos. Diziam que eles passariam primeiro por uma inspeção médica e depois iriam para algum lugar na Alemanha ou na Tchecoslováquia para trabalhar. Talvez pela primeira vez, fiquei feliz por não ter uma irmã mais velha. Foi terrível para as famílias cujos adolescentes receberam a notificação. Ninguém sabia o que fazer.

* * *

Era o início das férias escolares e, previsivelmente, chovia muito quando Jacque apareceu. Minha avó estava lá comigo e brincava com Gabi na sala de estar, então pudemos conversar.

"Tenho que falar com você sobre a Anne", eu disse, me jogando na cama. Jacque se juntou a mim e soltou o ar. Anne e eu estávamos em uma daquelas fases em que não nos dávamos tão bem. Eu preferiria não ter aberto a boca, mas também sentia que não conseguia mais segurar. Não faço a menor ideia do que nos afastou. Será que fui sensível demais às provocações dela em relação a Alfred? Ou ao fato de ela me tratar como se eu fosse mais nova que ela? Sem dúvida era algo insignificante, mas, no nosso mundinho, encolhido ainda mais pelas restrições impostas a nós, e naquela idade, nossas amizades pareciam mais importantes que tudo. Qualquer sarcasmo percebido podia doer como se alguma coisa terrível tivesse acontecido – até que deixássemos tudo para lá, às vezes horas depois.

Jacque ficou em silêncio enquanto me ouvia descrever minhas mágoas. Ela assentiu com compaixão. "Percebi que às vezes ela é dura com você", comentou. "Você não está imaginando coisas. Eu também ficaria magoada. Mas você conhece a Anne. Quer dizer, você talvez a conheça ainda melhor. Essas fases dela sempre passam."

Eu a ouvi com atenção, me sentindo melhor depois de ter confiado em Jacque. Agradavam-me o modo sutil dela e o seu bom senso. Era comum que eu contasse tudo para minha mãe, o que Anne sempre achara suspeito e talvez até infantil, especialmente porque ela não fazia isso com a mãe dela. Elas tinham uma relação bem diferente, e com frequência batiam de frente. Mas ultimamente mamãe não parecia ter tanto tempo – ou paciência – para acalmar minhas ansiedades em relação ao que eu temia que ela visse como dramas adolescentes bastante triviais. Havia tanta coisa que precisava da atenção dela e tanto com que se preocupar... Mas em novembro eu faria 14 anos, então talvez já fosse hora de parar de depender tanto da minha mãe. E talvez eu também estivesse sendo sensível demais. Eu sabia que Anne e eu sempre seríamos boas amigas. Não via a hora de passarmos um tempo juntas durante as férias.

Uma semana depois da nossa conversa no meu quarto, no dia 6 de julho, uma segunda-feira, o sol finalmente apareceu. A chuva intermitente tinha me deixado presa em casa, mas agora eu estava parada na calçada e virava o rosto para cima brevemente para me banhar de sol. Minha mãe ia fazer geleia de morango naquela manhã e tinha me enviado para ir pedir a balança de cozinha da sra. Frank emprestada.

Quando cheguei à porta da casa de Anne, toquei a campainha, mas ninguém atendeu. *Onde eles poderiam estar?*, pensei. Toquei de novo.

Bzz.

Bzzz.

Bzzzzzz.

A porta finalmente se abriu e fiquei surpresa ao ver o sr. Goldschmidt, que alugava um quarto lá. Em todos aqueles anos em que eu os visitara, jamais alguém que não fosse um dos Frank tinha aberto a porta. Ele pareceu um pouco assustado e não muito feliz em me ver.

"O que você quer?", resmungou.

"Vim pedir emprestada a balança de cozinha da sra. Frank. E, hum, a Anne está? Queria ver se ela pode sair para brincar", gaguejei.

"Os Frank não estão aqui", ele respondeu. "Você não está sabendo que a família Frank foi para a Suíça?"

Suíça?

Ele acrescentou que eles pareciam ter viajado às pressas.

Não me lembro de como a conversa terminou. Eu estava tão confusa. Desci as escadas, apoiada no corrimão de metal frio para me equilibrar. Minha mente não conseguia processar aquela informação. Por que Anne nunca mencionara que eles iriam para a Suíça? Eu sabia que a avó dela morava lá, assim como o primo favorito dela, Buddy. Ele era quatro anos mais velho que nós, e ele e Anne eram obcecados por patinação no gelo.

Os Frank foram embora? Mas como isso é possível? Como foi que Anne não me contou? Será que mais alguém sabe?

Corri de volta para casa. Mamãe e papai pareceram tão chocados quanto eu. Nossos pais eram próximos, mas parecia que os Frank haviam mantido sua fuga planejada escondida de todos, até de meus pais. O otimismo do sr. Frank sempre me havia transmitido tanta segurança. Eu podia ouvi-lo dizer: "Os Aliados vão virar o jogo em breve". A esperança dele era contagiosa, eu me agarrava a ela. Mas, se ele, o eterno otimista, havia decidido que era hora de ir em busca de segurança na neutra Suíça, e se eles tinham ido sem contar a ninguém, o que aquilo significava?

Por mais que estivesse confusa e chocada, logo concluí que estava feliz por Anne. Eu a imaginei reunida com a avó, saindo para caminhar em campos verdes à sombra dos Alpes e, quando chegasse o inverno, sentada em uma cozinha quente, vendo os flocos de neve caindo lá fora enquanto todos tomavam grandes canecas de chocolate quente. Desejei que não tivéssemos parado de nos falar antes que ela tivesse ido, mas éramos como irmãs, e eu precisava acreditar que aquilo não tinha importância, que ela sabia que sempre seríamos realmente as melhores amigas do mundo.

A primeira coisa que fiz foi contar à Jacque. "Quê? Como? Nós conversamos ao telefone por um tempão ontem mesmo e ela não disse nada", respondeu em uma voz chorosa.

Decidimos ir à casa de Anne juntas. Parecia impossível que ela tivesse ido embora. Era como se precisássemos de provas de que ela realmente não estava lá. Também nos perguntávamos se nossa amiga teria deixado alguma coisa para nós, talvez algum tipo de pista sobre os planos da família ou quem sabe uma carta de despedida.

Enquanto caminhávamos até o apartamento de Anne, Jacque e eu tentávamos nos reconfortar. "A guerra logo vai acabar, e aí a veremos de novo", disse Jacque.

Concordei, me certificando de soar confiante. "Quer dizer, quanto tempo mais a guerra pode durar, não é? Os Aliados não estão se aproximando? Agora que os Estados Unidos estão na guerra, os alemães com certeza vão perder", completei, repetindo palavras que com tanta frequência ouvira o sr. Frank dizer. Agora elas soavam como uma oração.

Parada à porta dos Frank, senti meu coração disparar. Toquei a campainha outra vez. O sr. Goldschmidt, o inquilino alto de óculos, nos deixou entrar. Caminhei com cautela pelos cômodos, a luz entrando através das grandes janelas da frente, assim como apenas três semanas antes, no dia da festa de aniversário de Anne. O que vi me chocou. Era como se tudo tivesse ficado suspenso no exato momento apressado da partida da família Frank. A mesa da sala de jantar ainda estava coberta com pratos de café da manhã. As camas não estavam feitas. Parecia errado estar lá sem eles, como se estivéssemos invadindo. Então me ocorreu que eu nunca tinha estado na casa deles sem eles lá.

Miau, ouvimos, o que nos fez pular de susto em meio ao sombrio silêncio daqueles cômodos. Era a amada gata de Anne, Moortje. Sabíamos que Anne nunca a teria deixado se pudesse escolher; ela se dedicava à gata como se fosse um bebê.

"O que vai acontecer com a Moortje?", perguntei ao sr. Goldschmidt, o pânico crescendo dentro de mim. Parecia terrivelmente errado que Anne tivesse deixado Moortje para trás. Ele nos assegurou que já havia planos de deixá-la com um vizinho.

Caminhamos pelo quarto de Anne e Margot. Um pouco de luz batia em um pequeno tapete persa marrom que cobria parte do piso azul-esverdeado. Reparamos que o tabuleiro de Monopoly e outros jogos que costumávamos jogar ainda estavam na prateleira, inclusive um que ela havia ganhado de aniversário, o Variété. Ela também deixara para trás um par de sapatos novos que amava. Por que ela não os teria levado? De alguma forma parecia errado simplesmente abandonar todas aquelas coisas que eram tão importantes para Anne.

"Jacque, será que deveríamos levar algumas das coisas da Anne? Sabe, para mantê-las em segurança, guardá-las para ela? Será?", perguntei.

Jacque balançou a cabeça em negação. Ela me lembrou de que parecia haver uma proibição em relação a qualquer coisa que tivesse a ver com judeus. E, de fato, aqui também os alemães haviam declarado que remover itens deixados em uma casa por seus ocupantes era proibido. Nós nos perguntamos se o novo diário de Anne estaria ali. Ela havia nos contado que tinha feito uma lista de nossos colegas de classe com anotações dizendo o que pensava de cada um de nós. Então, como éramos garotas de 13 anos, pensamos: se ela tivesse deixado o diário ali, será que aquilo significava que poderíamos ler? Mas é claro que não o encontramos. Não estava na escrivaninha de madeira à janela nem em nenhuma prateleira ou debaixo da cama.

Meu coração disparou novamente quando olhei uma vez mais para o quarto de Anne e Margot, nostálgica, dizendo "adeus" em silêncio e rezando para que viajassem em segurança.

Conforme descíamos a escada até a porta de entrada, prestei atenção em cada um de meus passos, o oposto do modo apressado como eu costumava descer aqueles degraus. Pensei em Anne descendo a escada no dia anterior, saindo do bairro, indo embora de Amsterdam, do único mundo que conhecíamos. Desaparecendo. Simples assim. E agora ela talvez já estivesse perto da Suíça – a avó e os primos a esperando lá. *Adeus, Anne*, me ouvi dizer. Fechei a porta da casa dos Frank ao passar. Eu não conhecia mais ninguém que tivesse feito uma coisa como aquela. Era tão ousado! A maioria dos judeus tinha perdido as esperanças de sair dos Países Baixos àquela altura. Todos os caminhos pareciam fechados para nós. No final do verão, falava-se aos sussurros de pessoas fugindo para se esconder, mas a repentina partida dos Frank para a Suíça não foi questionada.

Meus pais ficaram sabendo que Margot, que tinha 16 anos, estava entre os adolescentes que tinham sido convocados para serem transportados para um dos campos de trabalho. Estremeci. Ninguém sabia quem estaria a salvo e quem poderia ser convocado a seguir. Era mais uma camada de controle psicológico exercido pelos alemães para se somar à agora quase infinita lista de restrições com a qual tínhamos de lidar. Na nossa família, sentimos certo alívio quando descobrimos que, como meu pai e meu avô estavam no subcomitê alemão do Conselho Judaico, seríamos poupados das deportações. Além disso, as famílias de mulheres grávidas também foram dispensadas, e minha mãe estava no sétimo mês de gestação a essa altura. Uma camada extra de proteção. E certamente, mesmo depois que o bebê nascesse, eles nos obrigariam? Mas, ao nosso redor, nossos amigos, nossos vizinhos e nossa comunidade estavam em um estado de tensão insuportável enquanto aguardávamos para ver quem seria convocado em seguida.

Alfred apareceu à minha porta. "Vim dizer adeus", ele disse. Tinha 15 anos. Recebera sua convocação no mesmo momento que Margot.

Eu não sabia o que dizer. Fiquei lá parada, em choque. Falamos sobre como alguns outros jovens que tinham sido chamados achavam que talvez não fosse assim tão ruim. Talvez fosse ser uma aventura, com fogueiras e conversas ao fim de cada dia de trabalho. Algumas garotas disseram até que estavam levando batom e bobes de cabelo. Ninguém achava que ficaria longe por muito tempo, talvez apenas algumas semanas. A guerra teria de acabar logo.

Olhei para Alfred. Ele era mais ou menos da mesma altura que eu. Não era particularmente musculoso. Eu me perguntei quanto trabalho braçal ele poderia aguentar. As sardas o faziam parecer muito moço, ainda mais jovem do que era. Ele trocava o peso do corpo de uma perna para a outra, falando rápido, quase sem fôlego. Dava para sentir seu pânico. Prometemos trocar cartas.

"Você me espera... até depois da guerra?", ele perguntou.

Assenti em silêncio.

A partir da meia-noite do dia 15 de julho, nove dias depois da partida de Anne, as figuras sombrias de meninos e meninas adolescentes, a maior parte judeu-alemães, de mochila nas costas e cobertor nas mãos, eram vistas das janelas da Merwedeplein e por todo o nosso bairro, caminhando sozinhas ao longo de praças, ruas e pontes, na direção da estação de trem. Os pais, proibidos de estar nas ruas por causa do toque de recolher, não podiam acompanhá-las.

Não sabíamos, então, que aqueles que andavam na direção da estação central de Amsterdam no meio da noite marcariam o início da deportação em massa de judeus dos Países Baixos a caminho da morte.

Eu nunca mais vi Alfred.

7. A armadilha

Naquele verão, deixamos a porta da frente trancada e as janelas fechadas. O horror e o medo pairavam do lado de dentro, então era sempre bom aproveitar uma oportunidade de respirar um pouco de ar puro. Quase todo dia, eu tomava Gabi pela mão e descíamos as escadas até o jardim abaixo do apartamento da sra. Goudsmit. O filho dela, Sjors (ou George), um garotinho de cabelo loiro cacheado, tinha mais ou menos a mesma idade que Gabi, e eles adoravam brincar juntos no cercado de areia, construindo e destruindo castelos. Meu pai olhava pela janela, cauteloso, quando estávamos lá, para garantir que não houvesse perigo. A sra. Goudsmit era uma alemã cristã cujo marido era judeu. Era uma mulher bondosa, com quem meus pais sempre conversavam. E corajosa: depois vim a saber que ela escondia judeus no porão do prédio durante as rondas.

Todos os dias, ou ao menos era essa a impressão que tínhamos, ouvíamos que mais pessoas haviam sido recrutadas para os campos de trabalho na Alemanha. Quando um homem de 40 anos ou menos recebia uma convocação, a família era deportada junto com ele. A maior parte das 4 mil pessoas que receberam os papéis até meados de julho decidiu obedecer às ordens, imaginando que, se respeitassem as regras alemãs, estariam mais seguras do que se fossem pegas desobedecendo-as. Isso era central na tática alemã para garantir a nossa obediência. Eles deixavam bem claro que a punição seria severa, então aqueles que naturalmente respeitavam as regras também obedeciam às ordens alemãs. Mas, ainda assim, os Frank não foram a única família que desapareceu.

Ficar escondido não era só uma proposta perigosa, era caro também. E, para famílias com crianças, normalmente significava separar a família em mais de um esconderijo – um dilema impossível. Para sequer considerar fazer isso, era preciso ter sorte o bastante para conhecer alguém que pudesse esconder você, mas também dinheiro suficiente para cobrir as despesas com alimentação. Na minha família, não tínhamos conexões com holandeses não judeus que pudessem nos ajudar, tampouco reservas financeiras. Apesar dos riscos, algumas pessoas simplesmente não apareciam após receber suas convocações para se apresentar no Hollandsche Schouwburg, um lindo teatro neoclássico que agora servia como centro de deportação. Quando a polícia surgia para procurá-las em casa, algumas pulavam pela janela, às vezes para dentro dos canais. O desespero para fugir estava em todo lugar.

Um número desproporcional de pessoas convocadas parecia ser da comunidade de refugiados alemães. Isso enraiveceu meu pai, meu avô e outros líderes judeu-alemães, e era parte do motivo que havia levado à criação do subcomitê judeu-alemão dentro do Conselho Judaico, para que eles pudessem representar melhor seus próprios interesses. O conselho costumava ficar sabendo um pouco antes das convocações de deportação, podendo repassar a informação para a comunidade. Papai e meu avô iam às reuniões regularmente. Eles tinham até um carimbo especial em seus documentos de identidade que permitia que estivessem na rua após o toque de recolher para poder frequentar os encontros. As longas caminhadas até o local das reuniões eram difíceis para meu avô, mas ele insistia em ir.

Os planos dos alemães eram propositalmente misteriosos, e eles trabalhavam muito bem com a estratégia de "dividir para conquistar", usando as divisões que já existiam dentro da comunidade judaica, especialmente entre os judeus nascidos na Holanda e os refugiados da Alemanha e de outros países. Nunca houve nenhuma declaração de que todos os judeus dos Países Baixos seriam deportados, então havia uma sensação de que alguns poderiam estar mais seguros que outros – por exemplo, os judeus holandeses em relação aos estrangeiros. Ser membro do Conselho Judaico ou estar associado a ele de algum modo oferecia certa proteção aos membros da família também. Todos estavam desesperados para conseguir um carimbo em seus cartões de identidade indicando que estavam dispensados da deportação, então os membros do conselho faziam o possível para empregar o máximo de judeus que conseguiam, para que eles pudessem ser incluídos sob esse guarda-chuva de suposta proteção.

O sr. Ledermann fazia alguns trabalhos esporádicos como advogado e como tradutor para o Conselho Judaico, então, por enquanto, a família Ledermann também estava a salvo. Barbara Ledermann estava entre as poucas amigas de Margot Frank que não receberam uma convocação quando ela recebeu. O sr. Ledermann, educado e astuto, um modelo de correção e ordem germânicas similar a meu pai e meu avô, acreditava que seguir as instruções era a chave para permanecer ileso. Circulavam rumores sombrios sobre o que realmente acontecia nos campos de trabalho na Alemanha, mas o sr. Ledermann e muitos outros, inclusive meu pai e meu avô, achavam impossível acreditar neles.

Uma noite, a campainha do apartamento dos Ledermann soou, bem perto da nossa casa, por volta da uma da manhã, acordando a família toda.

"Ficamos mortos de medo", Sanne me contou.

Eles não se atreveram a atender. Foi um toque breve, bastante civilizado. E então silêncio por um longo tempo, seguido por uma batida à porta. Depois, o pai de Sanne foi ver o que era e encontrou uma carta endereçada a ele. Acabou não sendo nada muito importante... Mas que susto! Só de ouvir Sanne contando aquilo achei que meu peito fosse explodir. Vivíamos em um estado de tensão constante, sem nunca saber o que uma batida à porta ou uma carta poderiam trazer. Tínhamos tanto medo de que só pudesse significar prisão e deportação, que não pensávamos em mais nada.

Sanne e eu conversamos sobre como seria difícil voltar à escola e aos estudos. Tantos de nossos amigos mais velhos e dos irmãos mais velhos dos nossos amigos não estariam mais lá... Por um lado, eu sentia falta da rotina da escola, dos nossos professores maravilhosos e dos amigos. Mas como conseguiríamos focar em aprender geografia, alemão ou a terrível geometria com tudo aquilo acontecendo ao nosso redor...?

Ouvimos falar de mais prisões e rondas, de mais pessoas desaparecendo ou se escondendo. Quando uma casa de judeus ficava vazia por alguma dessas razões, as autoridades alemãs iam até lá, levavam as posses da família e enviavam tudo – sofás, mesinhas, luminárias, camas, roupa de cama – para as cidades alemãs que haviam sido bombardeadas pelos Aliados. Havia rumores de que os bens chegavam lá com um bilhete dizendo *Liebesgaben*, "presentes de amor" em alemão.

Certa noite, pela nossa janela da frente, vi um casal mais velho, os vizinhos sr. e sra. Strauss, sendo levados pela polícia. Eles foram jogados no banco de trás de uma caminhonete da polícia com tanto cuidado quanto se fossem um par de cadeiras velhas e quebradas. Horrorizada, corri para contar aos meus pais. Não eram mais apenas adolescentes e homens – tínhamos passado a ouvir histórias de todo tipo de pessoa sendo levada depois que a noite caía. Mães acordavam seus filhos de um sono profundo, enrolavam-nos nos cobertores da cama quente e os carregavam noite adentro para o desconhecido. Idosos, doentes – ninguém parecia ser poupado; todos eram arrastados às ruas e para dentro de caminhonetes e vans.

* * *

Os corredores e as salas de aula do Liceu Judaico estavam diferentes agora. O burburinho da novidade havia passado, embora ainda houvesse camaradagem, assim como um senso de disciplina e excelência acadêmica. Levantávamos quando um professor entrava na sala, demonstrando nosso completo respeito. Meu pai me provocou depois de me ouvir gritar durante o sono uma noite: "A professora disse...!".

Naquele primeiro dia de aula, quando entrei na classe e vi que o lugar de Anne estava vazio, senti uma facada no coração. Vários outros lugares também estavam vazios, inclusive o da muito doce e quieta Betty Bloemendal, que eu tinha visto pela última vez na festa de aniversário de Anne. Ouvi dizer que ela havia sido deportada com a família. A cada dia parecia haver menos alunos na classe. Nunca sabíamos se um aluno ausente naquele dia simplesmente estava doente, ou se mais uma família havia sido deportada, ou se aquele amigo tinha fugido para se esconder. Eu achava difícil manter o moral alto, já que nunca sabia o que nos esperava na sala de aula.

Os professores também estavam desaparecendo. Um dia, nosso professor de história não compareceu. Disseram que ele estava doente e que o sr. Presser o substituiria. O sr. Presser era conhecido por ser um acadêmico impressionante, um poeta e historiador, um exemplo do alto calibre dos professores da nossa escola. Assim como muitos de seus colegas, havia sido demitido de uma escola de prestígio em Amsterdam – no caso dele, o Vossius Gymnasium – por causa das leis antijudeus.

Nós nos levantamos quando o sr. Presser entrou na sala, um homem de quarenta e poucos anos, cabelo escuro e ondulado, mandíbula quadrada e óculos redondos. Ele olhou para nós de modo sério, sombrio, e mergulhou direto no conteúdo da aula.

"Vamos falar sobre o Renascimento", anunciou. Perguntou se algum de nós sabia explicar a importância daquela era. História era minha matéria favorita, mas eu sempre fui muito tímida para levantar a mão na aula, a não ser que eu soubesse a resposta com toda a certeza, então só fiquei olhando para baixo, para o tampo da carteira. Ele disse que os historiadores tentavam entender nosso passado complexo dividindo-o em períodos. Vemos o Renascimento como um período de transição, da época medieval para o mundo moderno que conhecemos hoje.

"Um dos escritores mais famosos do Renascimento foi Dante", ele nos disse, descrevendo o renomado poeta e historiador da Florença do século XIII. Ele começou a nos contar a história do amor da vida de Dante, a linda Beatrice.

"Ela era sua paixão, sua inspiração, sua amada mítica", o professor contou.

Não ouvíamos muito sobre romance nas aulas de história – na verdade, em aula nenhuma –, então nos debruçamos sobre as carteiras para não perder nenhuma palavra.

Mas então o monólogo parou abruptamente. Os ombros dele começaram a sacudir e ele desabou na cadeira à mesa do professor, soluçando incontrolavelmente. Olhei ao redor para meus colegas. Todos estávamos em choque e em silêncio. A maioria olhava para baixo. Parecia falta de educação olhar para o sr. Presser. Nenhum de nós jamais tinha visto um professor chorar.

Então ele se levantou e saiu rápido da sala. Alguns minutos se passaram, e o diretor entrou.

"Sentem-se, alunos, sentem-se", ele pediu. Então nos explicou que, naquela mesma manhã, o sr. Presser havia recebido a terrível notícia de que sua esposa, uma mulher chamada Debora Presser-Appel, havia sido presa pelos alemães. Mais tarde ficamos sabendo que ela havia sido presa em um trem depois de ter sido pega sem sua estrela amarela e carregando documentos de identidade falsos. O boato era que a mulher estava tentando viajar para um esconderijo. O sr. Presser não voltou mais à escola depois daquilo. Eu nunca esqueci aquela imagem de um professor chorando.

Meus amigos e eu contávamos uns aos outros o que víamos. Jacque, que morava na normalmente calma Lekstraat, perto da nossa sinagoga, disse que, após ouvir gritos logo abaixo da janela de seu quarto, havia olhado para fora e visto uma jovem sendo atirada no banco de trás de um caminhão militar enquanto um rapaz tentava impedir que ela fosse levada. Ele foi empurrado de volta para a rua e ficou lá assistindo enquanto o caminhão ia embora levando a mulher, com uma expressão horrorizada de choque no rosto.

No Yom Kippur, o Dia da Expiação, o dia mais sagrado do ano judaico, fiz o jejum e rezei na sinagoga durante a maior parte do dia. Na sinagoga, líamos orações que falavam sobre as incríveis compaixão e capacidade de perdoar de Deus. Estamos ao mesmo tempo tentando atingir essa capacidade dentro de nós, meu pai explicou. *Será que conseguimos perdoar os alemães por dificultar tanto as nossas vidas?*, eu me perguntava. *Por todas as pessoas que eles levaram embora, obrigadas a embarcar em trens no meio da noite? Por Alfred? Por forçarem Anne e sua família a fugirem? E por manterem meus pais acordados à noite se perguntando o que é que deveriam fazer?* Pensei em perguntar a ele, mas decidi que era melhor não. Eu sabia que ele só ficaria nervoso. Meu pai, tão inteligente e sábio, sempre parecera ter muitas respostas. Mas, aos 13 anos, quase 14, percebi que ele provavelmente não teria uma resposta para essa pergunta.

* * *

"O bebê vai chegar logo, mamãe", falei, dando tapinhas na barriga cada vez maior de minha mãe. Eu tinha percebido que, nas últimas semanas, os passos normalmente elegantes dela haviam se tornado mais lentos e se transformado em uma caminhada desequilibrada conforme ia ficando mais difícil se locomover.

"Eu sei. Você está animada?", perguntou ela, sentando-se em uma cadeira.

"Sim! Mal posso esperar para conhecer ele ou ela. Para pegar no colo, dar banho, empurrar no carrinho pelo bairro. E a Gabi também pode ajudar. Ela adora cantar, então pode ajudar a cantar para o bebê dormir", respondi. "Acho ótimo que o bebê vá chegar por volta da época mais feliz do calendário hebraico." Meu irmãozinho ou irmãzinha estava previsto para o final de outubro, a época do Simchat Torá, o feriado judaico que marca o final da leitura da Torá a cada ano. Era tão divertido! Eu adorava. Os homens carregavam os rolos da Torá pela sinagoga enquanto dançávamos ao redor deles, cantando e comendo as maçãs e os chocolates que os adultos distribuíam.

Gabi entrou e, com dificuldade por causa do tamanho da barriga de mamãe, subiu no colo dela.

"Brinca comigo", pediu Gabi, puxando o vestido de mamãe. Embora eu pudesse ver, pelos olhos inchados, que mamãe estava cansada, ela me pediu para buscar os blocos de madeira de Gabi, e juntas começaram a empilhá-los na mesa. Mamãe contava pacientemente: "Um, dois, três blocos. Quantos blocos temos na nossa torre agora?".

Embora tivesse apenas dois anos, Gabi já tinha domínio verbal. Falava usando frases completas e parecia entender imediatamente o que lhe dizíamos. Também aprontava bastante. Poucos dias antes, mamãe, sabendo quanto eu amava chocolate, tinha colocado alguns pedaços sobre a mesa no quarto que eu dividia com Gabi, como um presentinho para mim. Mas, deixada sozinha para a soneca da tarde, Gabi de alguma forma se esticou por cima da lateral do berço para pegar o chocolate. Quando minha mãe chegou para acordá-la, encontrou-a já totalmente desperta, sentada no berço, com o rosto e o cobertor manchados de chocolate ao leite. "Hannah, vem cá", chamou mamãe. Nós duas olhamos para Gabi. Olhamos uma para a outra. E desatamos a rir.

Perto do fim de outubro e da data prevista para a chegada do bebê, entreouvi meu pai dizer à minha avó que estava preocupado. Mamãe não estava se sentindo bem. O médico tinha vindo algumas vezes para examiná-la e tranquilizou meus pais: o bebê estava bem e ele esperava um parto sem intercorrências.

No dia seguinte, porém, o rosto do meu pai estava abalado e tenso quando saiu do quarto dos dois. "Você cuida da Gigi", me disse, olhando não exatamente para mim, mas através de mim. Então, desapareceu dentro do quarto de novo. Minha mãe estava em trabalho de parto. Assim como quando Gabi nascera, ela havia decidido ter o bebê em casa, desconfiada do tratamento que poderia receber sendo uma mulher judia no hospital em um país sob ocupação germânica. Ela também temia que, com todas as deportações, até pacientes hospitalares pudessem ser convocados em uma ronda. O dr. Neufeld, um médico judeu, e uma parteira, uma ruiva gentil chamada Julia Goodman, que era meio judia, estavam cuidando dela. Eles também haviam feito o parto de Gabi.

Esquentei um pouco de sopa para Gabi e tentei focar em fazê-la terminar a refeição. Mas, por dentro, minha mente estava pensando mil coisas. *Mamãe vai ficar bem*, eu repetia para mim mesma. Ouvi um gemido baixo vindo de dentro do quarto e vozes graves sussurrando. Era difícil entender, mas acho que o dr. Neufeld dizia algo como: "Sra. Goslar, estamos com você. Você é forte".

Fui até a sala de estar e olhei pela janela. Estava ficando escuro. Quando meu pai rezava em casa, enrolado em seu xale de oração, ficava virado para o leste, na direção de Jerusalém. Comecei a rezar também. Nenhuma oração específica, só uma que vinha do coração.

Meus avós também estavam no apartamento. Algumas horas mais tarde, depois que eu havia colocado Gabi para dormir, eles me mandaram ir para cama também. Mas era difícil demais ir dormir enquanto esperava o bebê chegar, então fiquei na sala de estar.

Em certo momento, as vozes ficaram mais altas e agudas. *Ela deve estar quase lá, o bebê deve estar chegando*, pensei. Depois mais vozes abafadas. E então silêncio. Nenhuma voz, nenhum grito, nenhum choro de bebê. O silêncio pareceu durar muito tempo. A porta do quarto dos meus pais se abriu devagar. Era o dr. Neufeld, mas ele não disse nada. Só foi até a cozinha e se serviu de um copo d'água.

Então meu pai saiu e olhou para mim; depois, para meus avós. Tinha uma expressão no rosto que eu nunca tinha visto. Estava muito pálido; os olhos azuis-acinzentados, marejados. Fiquei assustada ao vê-lo assim. O que estava acontecendo? As palavras saíram devagar, como se ele mesmo estivesse tentando compreendê-las enquanto falava. "O bebê estava pélvico, e por isso o parto foi tão difícil", ele nos disse. "Isso quer dizer que ele nunca virou de cabeça para baixo, como os bebês devem fazer. É um menino. Mas ele não resistiu. Nasceu natimorto."

As palavras sumiram.

Minha avó logo perguntou: "E Ruth?".

Meu pai disse que ela estava fraca, mas descansando.

Eu não sabia o que a palavra "natimorto" significava. Minha avó explicou rapidamente. Depois de um tempo, deixaram que eu entrasse no quarto e ficasse com mamãe. Seu cabelo longo e escuro estava solto sobre os ombros. Ela estava deitada na cama, a mesma para a qual eu corria durante tempestades e para onde corri na manhã em que os alemães invadiram a cidade. A mesma cama da qual ela havia se levantado naquela manhã para, como sempre fazia, caminhar até a cozinha e passar um bule de café forte. Havia um edredom de penas arrumado ao lado dela. Mamãe parecia dormir profundamente. Fiz carinho em seu cabelo e apertei sua mão, mas ela não apertou de volta. No pé da cama, meu pai chorava.

Como sempre, as atualizações familiares de Amsterdam eram enviadas via tio Hans, em Basel. As notícias chegaram rápido de nossa casa até ele, que as retransmitiu para a preocupada irmã mais velha em Leeds, na Inglaterra: "Rutchen parto muito difícil menino natimorto pais muito angustiados".

Mamãe ficou imóvel por horas. Às vezes parecia começar a se mover; a cabeça se virava, ela murmurava baixinho alguma queixa. Dr. Neufeld checava a pulsação de tempos em tempos e às vezes fazia uma avaliação séria: "A situação não é estável", dizia.

Olhei para mamãe. O rosto estava pálido, os olhos fechados. Senti um peso no corpo. Eu me perguntei o que doeria mais: o parto de um bebê pélvico ou descobrir que seu filhinho estava morto. Será que era por isso que era tão difícil acordar? Ainda assim, não percebi a gravidade da situação.

Em algum momento, saí do quarto dela para cuidar de Gabi. O resto foi meio que um borrão, mas ouvi a porta do quarto dos meus pais se abrir e os passos do meu pai. "Mamãe se foi", ele falou. Não precisou dizer mais nada.

Eu não conseguia aceitar, mas entendia. Voltei para o quarto e fiquei lá com ela até que a levassem embora.

Todo mundo estava chorando. Papai, meus avós, Irma. Gabi olhava para nós com os olhos arregalados e confusos. "Cadê a mamãe?"

De repente, a casa se encheu de gente para o shivá, os tradicionais sete dias do luto judaico. Gabi se aproximava dos convidados e perguntava: "Cadê a mamãe?". Ela continuou perguntando e perguntando. Tentávamos, entre lágrimas, explicar a ela com palavras que pudesse entender. A garotinha que sempre parecera entender tudo que lhe dizíamos, desde muito pequena. Por fim, ela parou de perguntar.

Vovô enviou uma carta imediatamente. Assim que chegou, outro telegrama partiu de Basel para Leeds: "Pobre Rutchen faleceu, 27 outubro fraqueza cardíaca".

No dia seguinte ao fim do shivá, minha mãe foi enterrada no cemitério Muiderberg, a uns quinze quilômetros de Amsterdam. Não lembro por que, mas não permitiram que eu fosse. Será que me achavam jovem demais? Será que meu pai ou meu avô achavam que seria doloroso demais para mim? Não sei. Em vez disso, fiquei em casa na companhia de alguns dos meus colegas de classe.

A oração em homenagem a ela foi feita no cemitério por um amigo da família e também refugiado da Alemanha, um acadêmico chamado dr. Albert Lewkowitz. Ele começou com a palavra de Isaías, "Clama" – palavra que ressoou fortemente no meu coração. Ele falou da bondade da minha mãe: "A gentileza acolhedora, a sutil agilidade da mente, a beleza e a graça que irradiavam de você e tornavam sua casa agradável e bonita". E continuou: "Não só a mãe mais dedicada e amável com suas filhas, era também uma amiga e companheira de brincadeiras, que, com espírito livre, era criança com suas crianças e ouvia com reverência amorosa o desabrochar das almas de suas filhas".

* * *

Nos dias e nas semanas seguintes, tentei digerir que eu havia perdido minha mãe e o irmãozinho que ela estava tentando tão intensamente trazer ao mundo. Lá fora, o céu estava escuro e sem graça, uma visão do nada. Eu me sentia anestesiada. Não havia alegria, nem um milímetro dela. Eu me perguntava se seria assim para sempre.

Amsterdam se aproximava do inverno. Dias mais curtos, em que o sol desaparece antes das quatro da tarde. Nada florescendo, os galhos das árvores secos. O glorioso presente que eram os dias longos de verão, os sorvetes de casquinha com Anne e nossos amigos pareciam um sonho distante e impossível. Eu me movia devagar, como que através de camadas de lama. Mas precisava tomar conta de Gabi, esse era o meu foco. Papai parecia não ter paciência comigo nem com ela.

Meus avós nos ajudavam a passar pela rotina do dia a dia. Mas as coisas ficavam cada vez mais difíceis agora. Só podíamos fazer compras em um período de duas horas por dia, não havia bondes, não tínhamos mais permissão para ter telefones nem para usar os telefones de não judeus nas casas ou empresas deles. A escassez estava ainda pior: menos carvão, menos manteiga e outros produtos básicos.

Era estranho não ter nenhum endereço de Anne para escrever para ela, para contar o que havia acontecido. Ela e Margot teriam ficado chocadas e arrasadas ao saber que minha mãe se fora, que não havia um bebezinho para dar banho, mimar e empurrar no carrinho pela Merwedeplein, como fazíamos com Gabi. Assim como o sr. e a sra. Frank. Os pais de Anne eram como um conjunto honorário extra de pais em nossa tribo improvisada e transplantada de judeus errantes. Nossas mães assavam e saboreavam o mesmo tipo de bolos doces e rosquinhas recheadas de geleia, nos vestiam quando éramos crianças com blusões de lã de estampas semelhantes e vestidos bem-cortados, compartilhavam a mesma nostalgia por uma terra natal na Alemanha que não podia mais ser um lar.

Minha mãe era minha confidente, era quem me incentivava, quem me conhecia melhor. Ela havia me amado e me mimado de todas as formas que podia. Eu teria feito quase qualquer coisa por mais uma quarta-feira à tarde cruzando a praça Dam para ir à De Bijenkorf, passando nossas mãos na seda e no cetim dos vestidos feitos em Paris, bebericando nossas xícaras de chocolate quente, para mim, e de café, para ela. Eu sentia falta da dedicação dela, da intimidade que havíamos construído durante anos, quando eu era filha única, feliz com meus pais devotados e amorosos. Onde seria o meu lugar naquele mundo que só ficava cada vez mais sombrio se mamãe não estava ali comigo para me ajudar a me localizar? Às vezes eu ia sorrateira até o quarto que ela havia dividido com meu pai e abria o guarda-roupa para segurar os vestidos dela junto ao rosto, de olhos fechados, imaginando que ainda podia senti-la ali comigo. No meu aniversário de 14 anos, uma semana depois da morte dela, pensei na expressão "sem mãe" e percebi que era o que eu seria para o resto da vida. Alguns conhecidos – com a melhor das intenções, mas partindo meu coração – diziam que eu era "praticamente uma mãezinha" para Gabi. Mas eu não queria ser mãe dela. Queria nossa mãe de volta.

Papai me disse que as lições que mamãe me ensinara por meio de seu modo de viver eram, agora, parte de mim também, entranhadas no meu coração e prontas para agir, mesmo que eu ainda não entendesse aquilo.

* * *

Outra palavra nova entrou para o meu vocabulário. *Razia*. O nome das rondas nazistas convocando judeus, que pareciam acontecer com cada vez mais frequência. Uma de nossas camadas de "proteção" havia sido a gravidez da minha mãe; a outra era o fato de meu pai e meu avô serem membros do subcomitê do Conselho Judaico. Mas quem poderia saber até quando aquilo duraria, que peso aquela proteção tinha realmente? A incerteza era nossa única constante. Ela deixava os adultos das nossas vidas em um humor terrível. Eles estavam totalmente no limite. A mãe de Sanne, a sra. Ledermann, descreveu o sr. Ledermann como "inacessível", e era assim que eu me sentia em relação a meu pai também, que estava tanto de luto pela minha mãe quanto se sentindo cada vez mais aprisionado. É claro que havia pouco que minha mãe pudesse ter feito por nós caso fôssemos pegos em uma razia, mas a perda dela me fazia sentir ainda mais exposta e em perigo. Ela não estava mais lá justamente quando precisávamos mais da proteção e da segurança dela.

Certa tarde a campainha tocou. Eram alguns oficiais alemães nazistas, vestidos com longos casacos verdes e botas de cano alto: a Grüne Polizei, ou "Polícia Verde" (que tinha esse nome por causa da cor dos uniformes e para diferenciá-la da "Polícia Preta", que eram os holandeses). Tinham ido perguntar se ali vivia algum judeu. Pensei que fosse desmaiar de medo. Meu pai respirou fundo e abriu a porta, falando pouco enquanto eles nos mandavam juntar nossas coisas e sair. Todos os meus amigos judeus tinham deixado uma mala pronta "para uma eventualidade". Depois que minha mãe morreu, a sra. Ledermann tinha ido até nossa casa e me ajudado a fazer uma mala também, assegurando que eu tivesse tudo de que pudesse precisar, incluindo absorventes, algo em que meu pai não teria pensado. Também me ajudou a fazer a mala de Gabi. Com a Polícia Verde aguardando, minhas mãos tremiam enquanto eu enfiava alguns últimos itens nas malas – mais um casaco para Gabi, minha escova de cabelo. Meus avós, meu pai, Gabi, Irma e eu descemos as escadas para sair do nosso prédio e fomos apressados a entrar em um caminhão. O veículo começou a trafegar na direção do centro da cidade. O Rivierenbuurt e suas ruas quietas e organizadas desapareceram atrás de nós. Era isso. Tinha chegado a nossa vez.

Pela janela, eu observava a cidade que amava. As praças que já haviam sido movimentadas estavam praticamente vazias, com apenas grupos esparsos. Com tanta escassez, havia cada vez menos o que comprar. Cafeterias que já haviam sido cheias de clientes estavam completamente vazias. As barcas nos canais que eu costumava adorar observar flutuando pareciam escuras e sem vida. Aproximamo-nos do bairro judeu e vi a rua central, que antes se chamava Jonas Daniel Meijer, o primeiro advogado judeu nos Países Baixos que havia ajudado a conseguir a emancipação legal para judeus holandeses, agora com o nome alemão Houtmarkt. Os alemães haviam mudado os nomes de todas as ruas com nomes judaicos. Nosso destino era o Hollandsche Schouwburg, o antigo teatro que havia sido transformado em local de deportação para judeus de Amsterdam e outras cidades do país. Quando chegamos, vi grupos de soldados da Wehrmacht armados com rifles.

"Em fila aqui", um soldado nos disse. "Preparem os documentos para verificação."

Olhei para meu pai, meu avô e minha avó. Tinham a postura ereta, como se dissessem, sem palavras, que ninguém lhes tiraria a dignidade, mesmo em meio ao estresse e ao caos extremos daquele momento. Eu me encolhi diante do som de bebês chorando, da pressão física de tantas pessoas se acotovelando na fila, da visão de tantas malas, mochilas e sacos de dormir, e da ansiedade pregada no rosto das pessoas ao lado delas.

"Segure a minha mão, Gabi, não solte", eu disse com certa urgência. Ouvia-se o barulho dos minúsculos sapatinhos dela na calçada. Eu também segurava a mão de papai com tanta força, que pensei que ele ficaria incomodado e soltaria, mas não fez isso. Só continuou segurando minha mão com mais firmeza ainda. Meu avô e minha avó estavam de braços dados. Eles vinham logo atrás de nós, com Irma, cujos olhos castanho-escuros claramente tentavam absorver tudo aquilo. Fiquei triste por minha mãe não estar lá para consolá-la e lhe explicar as coisas, como costumava se esforçar tanto para fazer. A pobre Irma já tinha dificuldade para seguir instruções e explicações em casa, que dirá ali, onde havia gritaria, soldados e medo.

Observei quando um oficial alemão de expressão vazia folheou nossos documentos devagar. Ele examinou o texto e as fotos em cada cartão de identidade. Parou um tempo sobre o carimbo que os membros de nossa família tinham graças à afiliação ao Conselho Judaico, em relação ao qual tínhamos alimentado tanta esperança de que nos isentaria de qualquer que fosse o destino que aguardava aqueles que eram forçados a embarcar naqueles trens. Mas Irma não era nossa parente; ela não tinha a mesma marcação nos documentos de identificação. Então, quando nos disseram que estávamos liberados para voltar para casa, um soldado pôs a mão no ombro dela.

"Ela fica", disse o homem.

"Não, não!", Irma começou a retrucar, com os olhos voando de meu pai para meus avós e depois para mim, como se dissesse "Socorro!". Eu conseguia sentir o pânico emanando dela. Meu pai trocou algumas palavras em alemão com o supervisor, implorando que ele deixasse Irma voltar conosco, mas ele não cedeu. O alívio que havia recaído sobre mim momentos antes foi substituído por um sentimento de asco, por saber que teríamos de deixar Irma para trás, com os soldados, seus rifles e as outras pessoas que eram embarcadas nos caminhões bege. Primeiro eles iriam para Westerbork, um campo de detenção a umas três horas ao norte de Amsterdam, na fronteira com a Alemanha. Achávamos que de lá eles seriam enviados para campos de trabalho no leste.

Abracei Irma rapidamente antes que ela fosse engolida pela multidão de judeus que, diferentemente de nós, não tiveram a sorte de poder voltar para casa. Ainda não sabíamos exatamente o que acontecia nos campos de trabalho, mas sabíamos que não eram lugares para os quais qualquer pessoa gostaria de ir.

"Quando essas razias vão acabar?", perguntei a meu pai quando chegamos em casa.

"Ninguém sabe", ele respondeu.

* * *

Foi por volta dessa época que Barbara Ledermann, a irmã mais velha de Sanne, fugiu para se esconder. Aos 16 anos, ela havia conhecido um jovem judeu chamado Manfred, que era membro da resistência holandesa. Ele lhe contou que os campos de trabalho eram campos de extermínio. No início

Barbara não acreditou, mas ele contou histórias de homens jovens que tinham conseguido fugir, relatando a outros membros da resistência o que haviam testemunhado.

O sr. Ledermann temia que fosse mais perigoso ser pego se escondendo do que ser deportado. E não podia sequer imaginar desafiar ordens. "Sou um advogado, nunca descumpri a lei e não vou descumprir agora", ele insistia. Barbara, obstinada, repetia os avisos que ouvira de Manfred, argumentava que aquelas não eram leis legítimas, que aqueles não eram os alemães civilizados de quem o pai se lembrava da época de Berlim, e sim nazistas cujos campos de concentração não eram para trabalho, mas para morte. Manfred disse à Barbara, prevendo uma situação na qual ela fosse chamada em uma ronda: "Você não pode ir. Todo mundo que for e cair nas mãos deles vai ser assassinado. Todos vão morrer".

Essas alegações chocantes não fizeram o sr. Ledermann mudar de opinião – talvez fosse demais para acreditar. Mesmo depois que Manfred conseguiu documentos de identidade falsos para toda a família a um alto preço e de modo muito arriscado, o sr. Ledermann se recusou a sequer ouvir falar de se esconder, ainda que a sra. Ledermann apoiasse a ideia. Foi ela que deu à Barbara trezentos florins para pagar pelos documentos falsos.

Quando as aulas voltaram, em janeiro, Jacque também estava ausente da classe. Mas a história dela era diferente. Sua mãe, nascida em uma família católica, havia passado semanas tentando desesperadamente encontrar um modo de recadastrar a filha como não judia. A sra. van Maarsen era costureira e francesa. Isso a tornava uma figura um tanto esotérica para os amigos de Jacque; nós a considerávamos muito glamorosa e sofisticada. Jacque me contou como a mãe havia vestido um de seus melhores trajes sob medida de antes da guerra, de constituição perfeita, e se apresentado no quartel-general da SS, também conhecida como a inteligência nazista, na rua Euterpe.

Ela disse ao oficial que a recebeu que seu marido judeu havia classificado as duas filhas como judias contra a vontade dela. "Agora elas estão em perigo", ela disse. Mandaram que a sra. van Maarsen retornasse com provas da cristandade de seus quatro avós para que o status de judias de Jacque e da irmã fosse anulado. Deve ter sido incrivelmente difícil reunir esses documentos em tempos de guerra, e não sei como ela conseguiu, mas por fim o enorme carimbo com a condenadora letra "J" foi removido dos documentos de identidade das filhas.

O escritório que aprovou a mudança de status era supervisionado pelo dr. Hans Calmeyer. O local se encarregava de todas as alegações de que um ou mais dos pais ou avós de alguém não eram judeus. Esse rebaixamento de status logo se tornou questão de vida ou morte, porque apenas "judeus completos" eram enviados aos campos de trabalho no leste. Podia-se dizer que o dr. Hans Calmeyer tentava ajudar à sua maneira, flexibilizando algumas regras e fazendo vista grossa para outras. Às vezes há pessoas assim no mundo. Ele conseguiu salvar a vida de cerca de 2 mil judeus dessa maneira.

Então, agora que não era mais considerada judia, Jacque tinha se matriculado no Liceu de Moças, a escola pública de prestígio que Margot Frank tinha frequentado antes que os estudantes judeus fossem banidos. Margot sentira tanta falta de seus amigos de lá, que às vezes podia ser vista esperando por eles após a aula perto do bicicletário durante aquele único ano em que estudou no Liceu Judaico.

Ainda mantínhamos contato, embora Jacque estivesse na escola nova. No entanto, o que ela me contou foi difícil de acreditar: seus novos colegas de classe não falavam sobre o que estava acontecendo com os judeus da cidade – nem sobre as medidas antijudeus, nem sobre as deportações. Era como se estivéssemos vivendo em dois mundos completamente diferentes. E era estranho pensar que, com um traço da caneta de um burocrata, Jacqueline passou a poder participar de tudo que era proibido para mim, Ilse e nossos outros amigos. Ela podia andar de bicicleta de novo, usar o telefone em casa, usar o bonde e o trem, não ficar marcada como inferior pela grande estrela cor de mostarda. Eu achei aquela transição para "o outro lado" intrigante. O tio e os primos dela foram deportados, mas ela não precisava mais temer que pudesse ser também. Era como se Jacque habitasse um mundo paralelo. Mas ela ainda estava presa ao nosso. Meses depois, foi visitar uma de nossas amigas e colegas de classe, Nanette Blitz, em seu apartamento – contra as regras – e lá descobriu que ela, os pais e o irmão haviam sido deportados. Um vizinho a viu tocando a campainha e não sendo atendida. "Levaram tudo", disse ele duas vezes, sem emoção.

Também em janeiro, quando Jacque recebeu de volta sua liberdade e segurança, Ilse Wagner, a mãe e a avó foram presas. Não tivemos chance de nos despedir. Foi horrível quando Ilse foi embora – minha amiga acolhedora e sensata, minha companhia regular na sinagoga e no grupo de jovens. Não tinha sobrado ninguém do meu grupo de amigas próximas na escola. Logo, minha família e aquelas de uns poucos amigos que haviam restado seriam os últimos judeus vivendo ainda em suas próprias casas em Amsterdam.

Perguntei ao meu pai o que faríamos. Ele disse que eu precisava manter a esperança. Estávamos entre os que tinham sorte, ele disse. Mas então, um dia, papai perguntou se eu concordaria que nos escondêssemos. Isso significaria, ele me alertou, nos separarmos – eu, Gabi, meu pai e meus avós, cada um indo se esconder em um lugar diferente. Depois de perder mamãe, eu não podia suportar o pensamento de ser separada deles. "Precisamos ficar juntos", implorei ao meu pai. Ele soltou um longo suspiro e me olhou intensamente pelo que pareceu uma eternidade. Então disse que concordava.

Eu via meu pai escrevendo para o tio Hans, que tinha muitos recursos, todos os dias. Sabia que o tio Hans estava fazendo tudo que fosse possível para tentar nos tirar da Holanda. O que eu não sabia na época era que meu pai havia considerado brevemente a possibilidade de uma fuga ousada alguns meses antes. Seu primo caçula, Joachim Simon, conhecido como "Shushu", era um ativista sionista que também tinha fugido de Berlim para Amsterdam. Com a esposa, Adina, ele fez parte de um perigoso e corajoso plano para encontrar uma maneira de levar outros ativistas e judeus às escondidas para fora dos Países Baixos. Juntos, eles haviam cruzado a fronteira para a Bélgica no outono de 1942. Lá, investigaram e planejaram uma rota através da Bélgica e da França, e por fim cruzando a fronteira para a segurança na Suíça ou na Espanha. Eles conseguiram chegar à Suíça, onde Adina permaneceu enquanto Shushu voltava aos Países Baixos para ajudar outros a fugir. Ele abordou meu pai, dizendo que poderia tentar nos tirar de lá, mas meu pai decidiu que não. Minha mãe estava no final da gravidez e Gabi só tinha dois anos, então teria sido praticamente impossível fazer uma viagem tão fisicamente exigente.

Os planos de Shushu para resgatar outras pessoas chegaram ao fim quando ele foi pego com documentos de identidade falsificados e maços de notas cruzando a fronteira da Bélgica para os Países Baixos. Foi preso no dia de Natal de 1942. De alguma maneira ele conseguiu enviar uma mensagem para os amigos, dizendo "Fui pego. Contem para Adina com gentileza". Dois dias depois, foi encontrado morto na cela, aparentando ter cometido suicídio. Aquele foi considerado seu ato final de proteção aos amigos, pois ele devia saber que seria torturado em uma tentativa dos alemães de obter informações sobre eles.

As notícias sobre a ousadia de Shushu e sua morte me deixaram tanto inspirada quanto devastada. Eu me lembrava dele como meu primo mais velho bondoso e inteligente, com óculos de aro redondo e cabelo escuro e grosso, que às vezes vinha para o jantar do Shabat. Como era possível que alguém tão jovem, inteligente e corajoso agora estivesse morto? E eu senti muito por sua esposa, Adina – que estava em segurança, mas agora sozinha, uma jovem viúva na Suíça. Eles haviam trilhado juntos passagens montanhosas cobertas de neve, apoiado um ao outro nos momentos de fome, bolhas nos pés e medo. Eu estremeci ao pensar no fim que Shushu teve.

O início da primavera de 1943 felizmente trouxe enfim uma boa notícia. "Hans escreve que o chefe do escritório de Genebra da Agência Judaica para a Palestina disse que toda a família foi incluída em uma lista enviada ao Mandato Britânico da Palestina para aprovação", disse vovô, lendo a carta de Hans enquanto nos reuníamos ao seu redor na sala de estar.

Havia mais informações, ele ressaltou, continuando a leitura. "Hans também confirmou que a vovó e eu podemos obter passaportes hondurenhos, agora que a família Goslar [meu pai, Gabi e eu] tem passaportes paraguaios."

Tínhamos acabado de ficar sabendo que o tio Hans comprara para nós os passaportes paraguaios, e ficamos maravilhados ao ouvir que os hondurenhos seriam aprovados para meus avós. Não tínhamos certeza de qual era o significado prático desses passaportes além do fato de que serviam como mais uma camada de possível proteção. Eles não permitiriam que viajássemos para o Mandato Britânico da Palestina nem que migrássemos para a América do Sul. O que sabíamos era que judeus que tivessem passaportes de países neutros como aqueles poderiam estar a salvo das deportações. Ficamos tão aliviados, que quase saímos dançando ao redor da mesa da sala de jantar. Fiquei sabendo que esses passaportes tinham sido solicitados graças a um pequeno grupo de diplomatas poloneses e ativistas judeus trabalhando em conjunto na Suíça. Os documentos passaram a ser denominados "passaportes Ładoś", passaportes em branco que eram comprados pelo valor de cerca de quinhentos francos cada (aproximadamente 3.500 euros na moeda de hoje).

"Se você vai ser uma cidadã do Paraguai, precisa ser capaz de responder a algumas perguntas básicas sobre o país", meu pai me disse. Então estudei diligentemente um pouco da geografia do país e memorizei alguns fatos, inclusive o de que a capital se chamava Assunção.

Mais notícias esperançosas se seguiram. Em maio, ficamos sabendo que toda a família havia sido incluída em uma lista para o que se chamava de Certificados Palestinos. Isso significava que éramos elegíveis para ir à Palestina em troca de alguns prisioneiros de guerra alemães que estavam sendo mantidos lá pelos britânicos.

Ah, se conseguíssemos ser trocados... E logo!

8. Deportação

Na madrugada do dia 20 de junho de 1943, um domingo, a apenas duas ruas de distância, na casa dos Ledermann no número 37 da Noorder Amstellaan, a primeira luz da manhã caía sobre o piano da família na sala de estar. O apartamento estava silencioso; todos dormiam profundamente. Ficaram acordados até tarde na noite anterior porque havia grande empolgação na casa: Barbara, a irmã mais velha de Sanne, que vivia escondida havia meses, tinha aparecido de surpresa para uma visita. Foi uma coisa descuidada e perigosa – o namorado, Manfred, havia recomendado que ela não fizesse aquilo. Mas Barbara estava com muita saudade de casa. Tinha sentido tanto a falta deles! Houve lágrimas e felicidade naquela reunião agridoce. As brigas terríveis que Barbara e os pais haviam tido sobre os riscos de ela usar uma identidade falsa e se esconder foram postas de lado em meio ao extremo alívio de estarem juntos novamente. Toda a tensão e as recriminações se dissolveram durante o encontro, e a família foi dormir feliz, profundamente grata por estarem mais uma vez os quatro sob o mesmo teto.

Então, às seis da manhã, o sono foi interrompido. *Toc, toc, toc.* Era o som de batidas à porta. Abriram-na para uma mulher da resistência que era conhecida como Cassandra. Eu me pergunto se alguém fez a conexão, em meio ao choque e ainda meio grogues, de que, na mitologia grega, Cassandra era a princesa que fazia profecias em que ninguém acreditava...

"Acabei de ficar sabendo. Toda esta área está fechada", ela informou. "Todos os judeus vão ser levados. Não é uma pequena razia. É... todo mundo."

Do lado de fora ainda estava silencioso. Havia apenas o som dos passarinhos chilreando, o barulho ao longe dos vizinhos acordando; alguns deviam estar se levantando para ir à igreja. Do lado de dentro, o pânico encheu o cômodo.

O que nenhum de nós sabia nesse momento, além daqueles na residência dos Ledermann, era que, durante a noite, enquanto a cidade dormia, as polícias alemã e holandesa tinham lacrado partes de Amsterdam – desde Ringvaart, no leste, até a Linnaeusstraat, no oeste. Tanques alemães bloqueavam avenidas e soldados e policiais armados montavam guarda em todas as pontes, formando um anel militar ao redor dos bairros que compreendiam a maioria da área onde ainda viviam judeus na cidade, incluindo o nosso. Ninguém podia entrar nem sair. Não havia escapatória. Amsterdam, uma cidade de rios e canais atravessados por pontes, era um lugar fácil de cercar.

Um mapa chamado *Verspreiding van de Joden Over de Gemeente*, que significa "Distribuição dos judeus pelo município", criado dois anos antes por trabalhadores da cidade sob ordens de supervisores alemães, ajudava os oficiais a planejar e a localizar precisamente suas vítimas. Cada ponto preto representava dez judeus vivendo na cidade. Nosso bairro aparecia como um mar negro de círculos sobrepostos.

Essa razia era um plano nazista totalmente secreto. Diferentemente das outras, nada vazou com antecedência, então ela nos pegou completamente de surpresa – exceto por "Cassandra", que ficou sabendo dela apenas de última hora. Os judeus não tinham mais telefone nem rádio em casa, o que era parte da estratégia alemã deliberada de nos isolar do resto da cidade e do país – e do mundo. As notícias chegavam principalmente em sussurros ou boatos – isso quando chegavam. Dessa vez não houvera relatórios, nem avisos, nenhuma atualização por parte do Conselho Judaico.

No nosso apartamento, nos assustamos por brados repentinos de megafones ecoando de um lado ao outro da rua e por toda a vizinhança: "Judeus, preparem-se para a partida de hoje. Vocês vão se reunir na Daniel Willinkplein". As palavras frias ricocheteavam nas ruas de pedra e nas paredes de tijolo, reverberando no meu corpo. Meus avós vieram correndo, e meu pai decidiu que não precisávamos ir para a praça.

"Vamos ficar bem. Nós temos os speres", ele disse, referindo-se aos vangloriados carimbos. "Não precisamos ir. Se a Polícia Verde vir nossos documentos, vão nos deixar ir, assim como da outra vez, no teatro. Vamos ficar."

Fiquei nervosa, mas confiei que meu pai estivesse certo. Ajudei minha avó a fazer o café da manhã e tentei, como sempre, convencer Gabi a terminar sua porção de torrada. Às dez da manhã, no entanto, chegou a nossa vez. As temidas batidas à porta, um oficial alemão nos mandando abrir.

"Papai? Papai?", perguntei, com o estômago embrulhado. "Você vai atender?"

Meu pai fixou os olhos na porta e caminhou devagar até ela, repetindo as palavras que nos asseguravam que tudo seria esclarecido. Tínhamos um *spere*. Eu tinha começado a enxergar aqueles documentos de privilégio – os carimbos e nossos novos passaportes – como amuletos mágicos que nos ajudavam a barrar a ameaça nazista que nos rondava. Certamente eles bastariam, não?

O Policial Verde não se abalou ao ver nossos *spere*. Ele disse ao meu pai, em alemão, que todos os judeus precisavam se apresentar na praça: "Vocês têm vinte minutos para aprontar suas coisas". Vinte quilos no máximo, ele acrescentou.

Juntei apressada os cobertores que tínhamos deixado prontos para essa eventualidade e peguei a mala que havia preparado meses antes com a ajuda da sra. Ledermann, bem como de Sanne e Ilse. Ilse. Doía pensar nela. *Onde ela estaria agora?*, eu me perguntei. Já fazia seis meses que ela havia sido deportada em uma razia anterior, com a mãe e a avó. Todos os dias esperava que chegasse uma carta dela, mas não chegava nada. Eu me perguntei o que me diria para levar, agora que ela mesma havia sido enviada a um campo de trabalho. Sabíamos tão pouco sobre o que nos esperava... Só os rumores...

Era difícil entender que dessa vez podia realmente estar acontecendo. Depois de todo o medo e toda a incerteza. Depois do desaparecimento de meus amigos e vizinhos. Depois de mamãe. Agora não consigo nem lembrar se levei comida, como um pedaço de pão ou um pouco de queijo. Minha mãe é que teria sido a pessoa prática. Ela teria separado pacotes de frutas secas do armário e enfiado tudo que encontrasse que pudesse se provar útil em bolsas e bolsos. Meu pai, como ela costumava provocá-lo, às vezes flutuava um pouco acima do chão em vez de caminhar sobre ele. Ele não era tão bom em cuidar de assuntos práticos. Coloquei Gabi em cima da minha cama enquanto arrumava nossas coisas. Ela estava de olhos arregalados, confusa, enquanto observava meu pai e eu correndo de um lado para o outro. Dei um abraço rápido e apertado nela e disse que, se ela parasse de fazer perguntas, ganharia um biscoito. "Rápido, Hanneli", disse papai do outro quarto.

Uma onda de tristeza me atingiu quando prendi o fecho da minha mala. Será que voltaríamos em uma hora ou realmente estávamos sendo mandados para longe dessa vez? Olhei ao redor do meu quarto e fiz uma vistoria rápida – minha cama, minha escrivaninha, minhas coleções de cards de estrelas de Hollywood e famílias da realeza.

"Hanneli!", disse papai outra vez, mais alto.

"Tchau, casa", falei baixinho enquanto saía do meu quarto e caminhava pelo corredor. "Tchau, casa", disse Gabi, repetindo as minhas palavras. Empurrei minha mala pela porta da frente com uma mão enquanto segurava a mão de Gabi com a outra.

No pé da escada, nossa vizinha e amiga sra. Goudsmit, mãe do melhor amiguinho de Gabi, que tinha um carinho especial por ela, a menina que não tinha mãe, vinha correndo para tentar interceder por nós.

"O que vocês estão fazendo?", perguntou ao Policial Verde que supervisionava nossa expulsão. "Posso pelo menos ficar com a garotinha? Ela é tão nova! A mãe morreu recentemente. Por favor, deixe-a comigo. Eu cuidarei dela."

O policial rosnou: "A senhora, uma cristã alemã... quer uma criança judia? Não tem vergonha?".

"Não", respondeu ela. "Sou uma cristã alemã e não tenho vergonha."

Nenhum dos nossos outros vizinhos não judeus saiu de casa para ver como estávamos nem para perguntar por que estávamos sendo levados como se fôssemos criminosos, embora, quando deixamos nosso apartamento, tenhamos visto acima de nós alguns vizinhos olhando pela janela para assistir melhor ao espetáculo que se desenrolava, com o café fresquinho ao lado deles no parapeito. Também vi algumas pessoas nos telhados usando binóculos para nos ver, os judeus, sendo levados embora. Fervi de humilhação, mas também fiquei anestesiada pelo choque.

Conforme nossa pequena família caminhava pela rua, meus olhos se viraram por um momento para o número 31 da Merwedeplein. Pensei na porta da frente da casa de Anne, fechada e silenciosa. Quase exatamente um ano antes, eu tinha batido e batido, me perguntando por que ninguém vinha atender. *Anne, sorte sua*, pensei mais uma vez, como havia pensado tantas vezes desde aquele dia. *Você está a salvo na Suíça. Mas por que nunca me escreveu?*

Odiei ver meus avós tão dignos tendo de passar por aquilo. Meu avô usava bengala, e era difícil para ele caminhar longas distâncias. Minha avó havia recentemente se recuperado de uma queda da escada que a havia deixado com três vértebras quebradas. E ainda assim ali estavam eles, lutando para carregar suas malas e sacos de dormir. Eu não conseguia mais carregar Gabi e a mala, então a pus no chão e a incentivei a andar o mais rápido que pudesse.

Só levamos alguns minutos para chegar à Daniel Willinkplein, uma praça gramada cercada de árvores e arbustos na interseção de três ruas: a Amstellaan; nossa rua, a Zuider Amstellaan; e a Noorder Amstellaan, onde viviam os Ledermann. Acima de nós pairava o marco da região, o "arranha-céu" de doze andares. Absorvi a estranha visão: dezenas de outras pessoas, algumas das quais reconhecemos, se movendo sobre a grama, esperando o que quer que fosse acontecer em seguida, rostos arrasados marcados de terror e medo. Havia crianças e bebês, alguns chorando alto em meio à confusão, as mães e os pais tentando consolá-los. Reparei em uma mãe de gêmeos de quatro anos que vivia na nossa rua erguer as malas para bloquear o sol, montando um espaço improvisado para as crianças cochilarem enquanto a espera continuava.

Para me distrair, fiquei observando as pessoas na praça. Homens em elegantes chapéus fedora, com as bolsas transpassadas sobre casacos de lã sob medida pretos e azul-marinho, com as estrelas amarelas costuradas neles assinalando que eram judeus, conversavam entre si. A maioria das pessoas vestia ou carregava casacos de inverno ou sobretudos, apesar do clima de verão. Não sabíamos por quanto tempo ficaríamos longe, e sabíamos como podia ficar frio no inverno. Senti o suor escorrendo pelo meu pescoço e tirei o casaco. Algumas pessoas haviam amarrado seus cobertores enrolados com cordas, outras os carregavam nos braços. Havia meninas com meias até o joelho, mocassins e saias de prega, e mulheres segurando bolsinhas de couro. Mulheres mais velhas, como minha avó, encontravam lugares nos bancos e descansavam o rosto nas mãos. Havia pilhas de pertences espalhadas pela grama, pães e garrafas de leite alinhados próximos a elas. Uma garota de tranças estava sentada sobre um saco de dormir enrolado; menininhos de short e casaco carregavam bolsas que certamente pesavam mais que eles próprios. Mulheres de chapéus adornados com laços; broches de ouro presos às golas altas de seus vestidos de seda. Vi casacos de lã sob medida de duas abas, homens jovens usando suéteres com estampa de losangos. Era como se todos quisessem parecer o mais apresentável possível para os alemães, para lembrá-los de que também eram pessoas.

Filas de homens de macacão escuro com estrelas amarelas no peito chegaram para "assessorar" a Polícia Verde e a Polícia Preta. "Quem são?", perguntei ao papai.

"São os judeus que já estão em Westerbork, o campo de detenção", ele respondeu. "É para onde mandam todos os judeus holandeses antes de os mandarem para trabalhar no leste."

Pensei comigo mesma: É isso que vai acontecer conosco agora? Realmente não temos saída?

Por fim, fomos levados, sob escolta armada da polícia e com a ajuda da polícia judaica de Westerbork, para o bonde. Já fazia mais de um ano que eu não entrava em um. Caminhando para a escola na chuva, eu sonhara em ter o direito de entrar em um bonde outra vez. Mas agora estava simplesmente com medo. Parecia caótico, com crianças chorando em meio a tantos homens armados com rifles. Embora já estivéssemos sob ocupação havia três anos, eu não estava acostumada a ficar cercada por tantas armas. Também achei impressionante que os alemães nos considerassem tão perigosos, que precisassem de armas para nos expulsar.

"É para não resistirmos", papai explicou brevemente.

Eu me espremi dentro do bonde, segurando firme a mão de Gabi e apertada ao lado de meu pai e meus avós. Cruzamos o rio Amstel e olhei para minha cidade transformada: as lojas lacradas com tábuas, as casas onde outros judeus haviam morado fechadas. A desorientação e o medo que senti contrastavam com as pessoas que eu via aproveitando o dia perfeito de junho, as crianças brincando sob o céu azul, casais de jovens caminhando de braços dados pelas praças com chão de pedra.

Depois de uma meia hora, desembarcamos na estação de trem Muiderpoort, no leste de Amsterdam. Quando entramos, vi famílias saindo da cidade para fazer piqueniques ou colher cerejas. Era tão difícil conciliar a situação daquelas pessoas com a nossa... Eu me lembrei de mais cedo naquele dia, da despedida apressada da sra. Goudsmit, e de nossa casa, da sala de estar ensolarada e do quarto dos meus pais, onde os perfumes e cremes de mamãe ainda permaneciam, perto do guarda-roupa onde ainda estavam os vestidos dela. *Mamãe, onde você está agora?* Eu queria chorar.

A plataforma vibrava com gritos e comoção. A Polícia Verde e a Polícia Preta caminhavam ao nosso lado, mantendo-nos ao alcance.

"Este é o trem de vocês", um dos policiais anunciou quando chegamos ao fim de uma plataforma onde vagões de trem fechados por tábuas de madeira aguardavam. "Mas estes são para animais!", falou alguém no meio da multidão.

Por que estão nos colocando em trens para animais?, eu me perguntei.

"Tem lugar para sentar?", indaguei quando fomos enfiados em um dos vagões. Eu me apoiava em papai; Gabi se apoiava em mim. Meus avós se seguravam um no outro. Havia palha espalhada pelo chão. Cada família encontrou um lugar para se sentar. Ouvi um apito soar e senti a vibração do motor, e de repente fomos atirados para a frente, dezenas de nós esmagados uns nos outros. Estava tão quente, que eu sentia a roupa grudada no corpo. Não havia janelas, mas imaginei o céu aberto e os campos baixos que eu tanto amava passando por nós, a charneca, os bosques, os lagos e as cidadezinhas, enquanto o sol ardia sobre o nosso trem lotado.

Enfim chegamos a Westerbork, o campo de transição que ainda ficava em território holandês, a uns 160 quilômetros de Amsterdam. Havíamos sido os últimos judeus da cidade, e agora tínhamos sido despejados nessa paisagem pantanosa e ventosa no canto nordeste do país, próximo à fronteira alemã. Nosso grupo, um misto de classe trabalhadora com burgueses e intelectuais estudados e bem-vestidos – cerca de 2 mil pessoas por trem –, tinha até então sido o grupo sortudo; por força das conexões, da riqueza ou da sorte, todos havíamos sido poupados das deportações anteriores. Sabíamos que antes de nós haviam chegado jovens, como meu namorado, Alfred, e famílias pobres do bairro judaico, que viviam com pouco e não tinham os recursos para tentar evitar a deportação; bem como famílias de classe média, como a da minha amiga Ilse, que não tinha isenções, e os idosos e doentes recrutados em hospitais, corpos já em decadência, alguns cegos, alguns com deficiência. Depois da jornada escaldante de três horas, senti alívio por estar fora daquele trem nauseante e poder respirar ar fresco. Era a época do ano em que os tremoços-de-jardim floresciam, e vi montes deles em um campo do lado de fora da cerca de arame farpado, depois de fileiras de torres de guarda cheias de soldados equipados com rifles.

Mais tarde fiquei sabendo que cerca de 5.500 de nós chegaram naquela noite e no dia seguinte, o solstício de verão, o dia mais longo do ano. Saindo do trem, algumas pessoas se reuniram com amigos e familiares que haviam sido deportados em razias anteriores. Era estranho que, apesar da apreensão, também pudesse haver momentos de prazer, quando amigos e vizinhos se encontravam, correndo para se abraçar e se cumprimentar. Na emoção dos encontros, também tivemos um: achamos os Ledermann.

Mas eram só Sanne e os pais. Barbara não estava lá. Tinha ficado para trás. Naqueles momentos caóticos depois que eles receberam a mensagem de "Cassandra", foi decidido que Barbara tentaria fugir. A sra. Ledermann, que nunca havia sido contra os desejos do marido antes, disse: "Franz, *sie geht*" – Franz, ela vai. "Ela tem que ir embora, você sabe disso."

O sr. Ledermann olhou para Barbara. "Deus te abençoe", disse. "Vai."

9. Westerbork

"Hanneli, estão dizendo que você e Gabi vão ficar no orfanato." Papai disse isso com a voz tão baixa e gentil quanto possível, algo que ele costumava fazer quando estava tentando me dar más notícias.

"Mas eu quero ficar com vocês! Por que não podemos ficar com vocês?"

As lágrimas vieram, quentes e intensas. De repente me senti uma criança de 4 anos, não 14. Queria me jogar naquele chão arenoso e pantanoso e dar um belo escândalo. *Por favor! Por favor!* Não nos separem.

Meu pai estava fazendo o melhor que podia. "Mulheres e homens ficam em alojamentos separados aqui. Como vocês não têm uma mãe para acompanhá-las no alojamento feminino, vão para o orfanato. Mas eu conheço o sr. Birnbaum, que administra o local com a esposa, de Berlim. É um bom homem. Ele disse que a comida lá é de qualidade melhor e que vocês serão muito bem-cuidadas. Mas eu não vou estar longe, nem a Oma e o Opa. Não se preocupe, minha menina corajosa e doce, vamos poder nos ver. Por favor, Hanneli, por favor, não chore. Nós vamos conseguir fazer isso", ele nos motivou.

Papai apertou nós duas em um abraço. Então Opa e Oma fizeram o mesmo. Olhei para Gabi, agora com pouco mais de dois anos e meio. *Ela só deveria conhecer um mundo de conforto e amor*, pensei, assustada, mas também agitada. *Não este lugar*.

Eu conseguia ver a confusão nos olhos perdidos dela e lembrei que eu era a irmã mais velha. Então respirei fundo, tentei canalizar o pragmatismo de mamãe e disse: "Não se preocupe, Gigi, vou estar com você. Como sempre. E vamos ver todo mundo amanhã! É hora de irmos todos dormir". Esperei que ela não tivesse percebido que minha voz estava trêmula.

Durante todo aquele longo e terrível dia, eu vinha tentando intensamente não chorar. De pé na fila interminável para "registrar" nossa família naquele lugar sombrio e isolado, ficava pensando: Éramos livres esta manhã mesmo, hoje mesmo. Mas o que éramos agora? Detentos? Prisioneiros? Criminosos? Fileiras e fileiras de pessoas deportadas, aos milhares –

exaustas, com as roupas encharcadas de suor e os estômagos roncando –, esperavam, incapazes de fazer qualquer outra coisa a não ser esperar ali. Todos nós nos perguntávamos o que aconteceria em seguida enquanto aguardávamos nossa vez de dar nossos nomes e endereços nas mesas onde estavam os judeus que tinham sido presos e enviados para Westerbork antes de nós. Acima de nós, o céu de um azul profundo mantinha os últimos instantes de luz conforme nos aproximávamos da meia-noite.

"Bem-vindas, Hanneli e Gabi", disse Otto Birnbaum calorosamente. Ele tinha ido nos encontrar para nos levar até o orfanato. Não era muito mais alto que eu e tinha cabelo grosso e escuro e óculos redondos. Ficou sorrindo o tempo todo que conversamos, e comecei a relaxar um pouco. Ele parecia tão bondoso...

Ele nos direcionou a um grupo de cinco barracões de madeira, parecidos com as outras estruturas gastas de madeira que havia nas ruas do campo, explicando que quatro eram dormitórios e o outro era o refeitório do orfanato. Entramos naquele em que ficaríamos, de número 35. Olhei para as longas fileiras de treliches sob um teto inclinado de madeira. O piso rústico de madeira rangia conforme eu caminhava. *Então é isso*, pensei. Eu só esperava que não fôssemos ficar ali por muito tempo e que pudéssemos logo ir para casa ou ser trocados pelos prisioneiros de guerra.

A esposa do sr. Birnbaum, Hennie, assumiu dali, segurando minha mão na dela e dando um rápido abraço em Gabi. Baixinho, para não acordar as dezenas de crianças dormindo ao nosso redor, ela disse: "Vai ficar tudo bem. Amanhã contamos mais a vocês, mas hoje foi um longo dia, então vamos colocar vocês na cama".

Ela nos levou a um treliche vazio e me ajudou a estender o lençol que eu levara de casa sobre um fino colchão de juta cheio de palha e serragem. Eu estava cansada e triste demais para pensar muito. Gabi se encolheu ao meu lado e eu puxei sobre nós os dois cobertores de lã que havíamos levado. Foi estranho e um pouco amedrontador dormir em um cômodo com tanta gente. Fechei os olhos e me obriguei a dormir. Então comecei a sentir coceira nas pernas. Primeiro em uma, depois na outra. Pulgas, eu soube na hora, horrorizada. Eu me coçava, me revirava. *Mamãe, onde você está? Mamãe, estou com saudades*, pensava, com lágrimas escorrendo pelo rosto.

Na manhã seguinte, a sra. Birnbaum me ensinou como fazer a cama direito, conforme mandava o regulamento, com o cobertor alisado e as laterais enfiadas debaixo do colchão. Tentei me concentrar nas instruções dela, mas estava muito angustiada. Quando veríamos papai e meus avós?

Gabi e eu não éramos órfãs. Eu estava ressentida por precisarmos ficar ali. *Quem eram aquelas outras crianças*, eu me perguntava, *a maioria era mais nova que eu?* Eu senti muito por elas. Será que nenhuma tinha pais?

A sra. Birnbaum me explicou que eram crianças encontradas em esconderijos pelos alemães. As crianças e os pais normalmente ficavam escondidos em lugares diferentes, então havia uma boa chance de que os pais ainda estivessem a salvo em outros esconderijos. Será que eles sabiam que seus filhos tinham sido traídos e levados embora? Será que tinham alguma forma de se comunicar com eles ali? Meu coração ficou apertado ao ouvir que era isso que aquelas crianças eram.

Muitos pensamentos giravam na minha cabeça enquanto eu prendia o cabelo curto e sedoso de Gabi para trás com uma presilha pequenininha, para que não ficasse caindo nos olhos dela. Mas não havia tempo para me demorar naquilo, porque estávamos sendo apressadas para ir ao barracão do refeitório tomar café da manhã. Nossa primeira parada lá foi em uma mulher de macacão azul, o uniforme-padrão de trabalho dos internos de Westerbork. Ela deu uma tigela vermelho-escura esmaltada e um copo para mim e outro para Gabi.

"Vocês não podem perder isso. Entendeu?", a mulher disse, olhando diretamente para mim. "Não podem perder."

Aquilo realmente me assustou. O que aconteceria se os perdêssemos? Uma garota sentada no banco de uma das mesas longas e lotadas onde achamos um lugar respondeu à minha pergunta: "Se vocês perderem os utensílios, não terão com que comer ou beber".

O café da manhã naquele primeiro dia foi leite e pão. Gabi e eu engolimos tudo, famintas, embora tivéssemos preferido que houvesse manteiga e geleia para passar no pão. As únicas manteiga e geleia em Westerbork, descobrimos, vinham de pacotes de suprimentos enviados por amigos ou parentes.

Mais uma vez, meus pensamentos se voltaram para encontrar nossa família. "Precisamos descobrir onde o papai está dormindo", eu disse à Gabi. Ela concordou e começou a gritar: "Papai! Onde está o papai?".

Eu estava determinada a descobrir como poderia vê-lo, então comecei a perguntar onde ficavam os alojamentos masculinos. Quando descobri que ficavam perto do barracão do orfanato onde estavam os banheiros comunitários, tive uma ideia. Até as crianças da minha idade tinham trabalho em Westerbork, então resolvi me voluntariar para um trabalho que mais ninguém queria: limpar aqueles banheiros. O cheiro era completamente horroroso, e eles eram usados por duzentas crianças, mas achei que aquele trabalho poderia ser uma boa forma de ver meu pai mais facilmente. Valia a pena tentar.

Também fui designada para ajudar a limpar o grupo de crianças mais novas e cuidar delas, o que incluía Gabi. Se eu pudesse cuidar de Gabi e achar um jeito de ver papai, talvez ficasse tudo bem. Então eu só precisaria achar Opa e Oma, e papai certamente saberia onde eles estavam. Fiquei sabendo que havia professores em Westerbork que se voluntariavam para dar aulas durante a manhã para que nós, crianças, pudéssemos manter nossos estudos em dia. Quando ouvi isso fiquei mais animada. Eu realmente esperava voltar à escola em breve e não queria ficar para trás.

Mais tarde naquele mesmo dia, mais judeus chegaram de Amsterdam àquele posto arenoso e repleto de mosquitos e pulgas. Vi os caminhões que chegavam roncando com eles. Havia menos pessoas do que no nosso grupo, que chegara de trem. As notícias voavam em Westerbork, e ficamos sabendo que eram pessoas que tinham tentado escapar da razia do dia anterior se escondendo, muitas delas em suas próprias casas. Mas a polícia voltou e conduziu buscas casa por casa. Até empurraram baionetas através de paredes, para dentro de guarda-roupas e nas tábuas do piso, procurando pessoas. Fiquei aliviada que não tivéssemos tentado nos esconder no nosso apartamento. Era horrível demais para imaginar.

Fiquei sabendo que o sr. Birnbaum havia conhecido meu pai na comunidade ortodoxa em Berlim. Um ex-professor de escola, ele e a sra. Birnbaum tinham seis filhos de pouca idade, de quem cuidavam junto com as crianças do orfanato. Fiquei muito grata pela presença bondosa e competente deles. O sr. Birnbaum me disse que Westerbork havia sido estabelecido originalmente pelos holandeses antes da ocupação, como um centro de detenção para refugiados judeus da Alemanha que tivessem cruzado a fronteira para os Países Baixos sem permissão após a Noite dos Cristais. Era administrado pelos holandeses, mas o trabalho diário era supervisionado pelos judeu-alemães. Os alemães mantiveram o sistema mais ou menos como antes quando assumiram o controle do campo, em julho de 1942. Os Birnbaum eram uma das famílias judeu-alemãs originais detidas ali, e tinham assumido a administração do orfanato. Agora o campo de detenção era um lotado campo de deportação – o ponto a partir do qual os judeus holandeses eram enviados para campos de trabalho no leste, normalmente na Polônia. Com medo do que significavam esses "campos de trabalho", por terem ouvido todos aqueles rumores que vinham se espalhando nos últimos anos, os internos de Westerbork estavam desesperados para continuar em solo holandês. Muitos, como nós, pareciam ter tido a deportação adiada. Os outros lutavam para ficar de alguma maneira. Uma forma de conseguir isso era ser declarado um trabalhador essencial. Também havia rumores de que os adiamentos podiam ser comprados.

Quando entrei nos banheiros naquele primeiro dia de trabalho com um balde e um esfregão, enjoada até os ossos por causa do fedor e da sujeira, senti pena de mim mesma. Comecei a esfregar e me lembrei da mesma época no verão anterior. Mamãe ainda estava viva. Eu não fazia a menor ideia de como era o luto ou de que meus amigos podiam simplesmente desaparecer. O ano letivo estava terminando; Anne, Sanne, Ilse, Jacque e eu ainda estávamos no clube "A Ursa Menor Menos Duas"; ainda morávamos nas nossas casas, jogávamos pingue-pongue e tomávamos sorvete. As rivalidades e discussões bobas pareciam muito distantes. Mas as confidências trocadas e as piadas e a fofoca pareciam ainda tão próximas... Eu quase conseguia nos ouvir dando risadinhas sentadas nas escadas do prédio de Anne em frente à Merwedeplein.

Depois de mais ou menos uma hora, o cheiro que eu tentava arrancar dali passou a ser demais para suportar. Fiquei meio tonta e saí um pouco para fazer uma pausa. Olhei para fora na direção dos alojamentos masculinos e ouvi alguém chamar meu nome.

"Hanneli!" Era a voz do meu pai!

"Papai!", gritei, correndo na direção dele. Ele me disse que estava no barracão 62, um dos cerca de 150 homens que havia lá, espremidos em um quarto enorme com cinquenta treliches. Era barulhento e lotado.

"Mas não é tão ruim. Fiquei impressionado ao ver como os outros homens são bondosos", ele me contou. "Eles realmente se esforçam para serem corteses; é como se fosse a maneira deles de tornar esta situação terrível mais suportável."

Meus avós estavam bem, ele me disse, embora também estivessem em alojamentos separados. "Mas à noite poderemos visitar uns aos outros", acrescentou.

Ao ouvir isso e vê-lo foi como se um grande peso tivesse saído dos meus ombros. Eu tinha andado mais angustiada do que sequer percebia. Ele me assegurou que nossos passaportes paraguaios e nossos certificados da Palestina nos impediriam de ser enviados para o leste.

"Você vai ver, logo estaremos em uma daquelas trocas para *Eretz Yisrael*", ele comentou, usando as palavras para "Terra de Israel".

Eu achava difícil imaginar como era a *Eretz Yisrael*. Tinha uma vaga imagem dessa terra bíblica de prosperidade e abundância. A julgar pelos cartões-postais que tínhamos em casa, era um lugar de bosques de laranja, camelos atravessando um deserto arenoso e jovens judeus colhendo uvas e figos. Era um lugar, meu avô tinha me contado, onde não precisaríamos nos sentir como refugiados. Essa informação e a confiança dele eram como um bálsamo para mim. Papai era uma das pessoas mais inteligentes que eu conhecia; eu confiava em tudo que ele dizia. Aquilo era apenas temporário. Logo estaríamos todos reunidos novamente em Eretz Yisrael, ou talvez, pensei, se os Aliados ganhassem rápido, até em casa, na rua Zuider Amstellaan.

Papai também me disse que teríamos de nos apoiar nas únicas pessoas do lado de fora que conhecíamos que podiam nos enviar os suprimentos de que iríamos precisar enquanto estivéssemos em Westerbork. Havia o tio Hans na Suíça, embora os pacotes fossem demorar mais para chegar de Zurique do que de Amsterdam, então papai pensou que deveríamos tentar a sra. Goudsmit, nossa amável vizinha com cujo filho Gabi passava horas brincando em frente ao nosso prédio.

Quando tive um intervalo alguns dias depois, me sentei para escrever meu primeiro cartão-postal para a sra. Goudsmit. Achei esquisito escrever o endereço dela na nossa própria Zuider Amstellaan. De um jeito estranho, já parecia que o lugar não existia mais. Eu me sentia tão longe de casa... Comecei:

> *Minha irmãzinha e eu estamos bem acomodadas no orfanato. Tenho certeza de que ela vai se habituar em alguns dias e vai brincar bem com as outras crianças pequenas. Esperamos que o seu querido marido e o adorável Schorschi* [nosso apelido para Sjors] *estejam muito bem. Pensamos nele e em vocês o tempo todo e sempre conversamos sobre as brincadeirinhas de Schorschi... O dia de papai escrever é domingo, e então ele vai lhe enviar uma carta mais completa. Ficaríamos muito gratos por um pente fino e uma escova de cabelo para mim, além de um frasco de xampu para lavar o cabelo.*

Fiz uma pausa e encarei a distância, pensando em como assinar. Acrescentei:

> *Felicidades a vocês três,*
> *Da sua grata,*
> *Hanneli*

Percebi que estava me acostumando ao ritmo do orfanato. Era um lugar alegre, apesar da situação. Havia muitas pessoas conhecidas em Westerbork – atores, músicos, professores, autores –, e muitas delas, tanto as famosas como as menos famosas, vinham ajudar a distrair e ocupar as crianças. Clara Asscher-Pinkhof, uma das minhas autoras favoritas de livros infantis, uma mulher ortodoxa, vinha regularmente para a contação de histórias. Adorava ouvi-la narrar contos da vida judaica tradicional, parecidos com os livros que ela escrevia para crianças judias que eu tanto amava e que tinha na minha estante em casa.

Depois de semanas e meses de preocupação em relação a quando e se seríamos deportados, morrendo de medo de uma batida à porta, eu sentia uma sensação de alívio agora que tínhamos realmente sido mandados para lá – com minha família por perto e tantos amigos e conhecidos também. Queria que aquilo tudo acabasse, é claro, e minhas mãos estavam irritadas de limpar as privadas com produtos químicos agressivos. Mas havia momentos, especialmente quando estava com papai, Gabi e nossos avós à noite, em que eu quase conseguia fingir que tudo estava normal.

No começo da noite, eu e as outras garotas mais velhas ficávamos completamente ocupadas com as crianças. Servíamos a sopa, às vezes dando na boca quando elas bagunçavam. Eu lavava as roupas delas, inclusive as fraldas de pano. Também ajudávamos a dar banho. Eu adorava ouvir as risadinhas contagiantes quando jogava água nelas, especialmente a de Gabi. Eu a agasalhava com todo o amor que podia, abraçando-a, cantando músicas bobas com ela e as outras crianças, brincando de esconde-esconde. Uma das minhas coisas favoritas era alternar Gabi e seus novos amigos sentados no meu joelho e balançá-los ao som de uma canção infantil alemã que a maioria de nós conhecia de casa, sobre a longa queda excessivamente dramática de um cavaleiro de cima de seu cavalo:

Hoppe hoppe Reiter

"Upa, upa, lá vai o cavaleiro", eu começava, balançando-os e arrancando gargalhadas.

Wenn er fällt, dann schreit er

"Quando ele cai, ele grita."

Mais risadinhas na sequência, até que chegávamos ao *crescendo*, em que o cavaleiro cai no pântano, e eu inclinava a criança para a frente com as palavras que eles esperavam a cada rodada:

Macht der Reiter plumps!

"O cavaleiro faz TUM."

"De novo, de novo!", eles pediam, as vozes ecoando no piso dos barracões.

Papai e eu continuamos a escrever para a sra. Goudsmit solicitando ajuda, e também a outros amigos com quem ainda tínhamos contato, pedindo suprimentos. Ela nos mandou um pouco de ruibarbo e cenouras, que foram um alívio diante da monotonia da comida do campo. Papai a agradeceu pela bondade: "*Aqui, ficamos especialmente felizes com qualquer coisa fresca, assim como qualquer coisa que limpe a garganta, porque constantemente temos resfriados e sinusites*". Ele pediu duas canecas esmaltadas simples com alças para ele e uma pequena panela para mim, porque às vezes eu podia cozinhar ou esquentar alguma coisa no pequeno fogão do orfanato. Papai também perguntou se ela conseguiria mandar uma "tigela esmaltada consideravelmente funda", porque, contrariando o conselho que eu recebera na minha primeira manhã, ele abriu mão da sua, e agora só tinha um pequeno prato.

Entre as pessoas a quem éramos gratos na nossa nova situação também estavam os Birnbaum. Eu os via como verdadeiros anjos. No orfanato, estavam sempre por perto, ajudando, organizando, colocando mais uma criança para dormir. E, nos bastidores, o casal era consumido por tudo que poderia fazer para proteger suas crianças da ameaça que sempre rondava, de deportação para o leste. Depois fiquei sabendo que eles tinham diversas táticas, como solicitar falsificações de certificados de batismo ou às vezes até alegar que uma das crianças era o filho ou filha ilegítimos de um soldado alemão. Assim como outras pessoas "das antigas" em Westerbork, eles tinham a própria casinha de madeira. Como o sr. Birnbaum e meu pai eram amigos desde Berlim, eles às vezes nos convidavam para o jantar do Shabat. Eu fechava os olhos e cantava junto quando a sra. Birnbaum abençoava as velas do Shabat. "Sha-bat Sha-lom", vinha a voz cantada do sr. Birnbaum depois de recitar as bênçãos do ritual.

"Deus prevalecerá e nos protegerá nestes dias assim como Ele sempre fez", dizia o sr. Birnbaum.

Papai e Opa participavam citando passagens bíblicas e comentando sobre gerações anteriores perseverando diante de provações e dificuldades. Então, sentados ao redor da mesa aconchegante, cantando *nigunim*, canções religiosas que se cantam em grupos, aproveitávamos as formas magistrais da sra. Birnbaum de fazer com que os poucos alimentos fornecidos rendessem.

"Amei a sopa de legumes", exclamei uma noite, saboreando os temperos.

"É um pozinho que ela consegue", disse o marido com uma piscadela.

A sra. Birnbaum também transformava pedaços de pão e pequenas quantidades de açúcar em um tipo de bolo. No primeiro jantar de Shabat na casa deles, me senti acolhida e satisfeita. Por um instante, foi quase como estar de volta em casa.

No meio da noite, pouco depois de chegarmos a Westerbork, acordei na escuridão dos alojamentos ao som de choramingos e resmungos baixos. Eu me encolhi na cama e cobri a cabeça com o cobertor, tentando ignorar, na esperança de que fosse só uma das crianças tendo um pesadelo. Mas, meio dormindo, meio acordada, logo percebi que os sons vinham de Gabi. Desci correndo da minha cama para a dela, logo abaixo.

"Shh, shh, Gigi", murmurei. "Volte a dormir, estou aqui."

Mas ela se contorceu e começou a chorar. O choro não parava, não importava quanto eu tentasse acalmá-la. Fiquei preocupada que ela pudesse acordar as outras crianças. Pareceram horas até que ela finalmente cochilasse um pouco comigo ao pé da cama.

Quando a luz começou a aparecer no piso de madeira, Gabi já estava chorando de novo. Então vi que ela ficava com as mãos nas orelhas, puxando-as. E gritou diante da minha tentativa de me aproximar. Lembrando do procedimento de mamãe quando eu estava doente, toquei a testa dela. Estava pelando. *Ai, não, ela está com febre*, pensei. Corri imediatamente até uma das outras meninas mais velhas ali perto, que também estava acordando, e pedi que fosse buscar a sra. Birnbaum.

"Coitadinha", disse a sra. Birnbaum quando chegou, minutos depois, ajoelhando-se ao lado da cama de Gabi. "Vamos levá-la à enfermaria."

Ergui o corpinho de Gabi para fora dos cobertores e a coloquei sobre meu ombro. A sra. Birnbaum e eu a levamos apressadas para o barracão hospitalar, a uns dez minutos a pé dali. Assim que chegamos, fiquei sentada com Gabi enquanto uma enfermeira e um médico a examinavam. Meu pai e meus avós foram convocados, e logo estávamos todos reunidos ao redor da cama. Ela parecia tão fraca e pequena... Era como se a cama pudesse engoli-la. Não havia muito que pudéssemos fazer. Só precisávamos esperar e rezar para que a febre baixasse logo.

Papai escreveu para a sra. Goudsmit contando que Gigi tinha uma febre de 39 graus e estava se sentindo péssima.

> *Hoje a ratinha foi levada direto para o hospital, onde acabamos de visitá-la esta noite. Parece que é bronquite, e vamos ter que esperar e ver como evolui. De qualquer modo, agora estão cuidando direito dela, já que o orfanato não é nem um pouco equipado para cuidados médicos. Esperamos que ela logo volte ao normal. Ela está bastante desgastada e sem energia; não é mais a coisinha selvagem que a senhora conhece. Quando dissemos a ela: "Depois de melhorar, você vai poder brincar na areia", ela respondeu: "Na casa do Schorschi?".*

Quatro dias depois, a febre de Gigi não tinha baixado. E agora Oma também estava no hospital, com uma febre alta e o que parecia ser uma gripe. Fiquei desesperada. Como elas poderiam melhorar em um lugar como aquele?

Os médicos e enfermeiros também eram todos prisioneiros judeus. Em pouco tempo, um dos médicos, um renomado especialista em ouvido, nariz e garganta, diagnosticou Gabi com uma séria infecção de ouvido. A melhor esperança de recuperação para ela, ele nos disse, seria uma cirurgia. Papai me contou que Gabi precisaria ser operada ali no alojamento hospitalar.

"Aqui? Mas isso nem é um hospital de verdade!", protestei. "E se a operação não correr bem?"

Papai tentou me acalmar. "Hanneli, eu sei que é assustador, mas o médico é um especialista, e ele disse que é disso que Gabi precisa. A infecção é tão aguda, que apenas os remédios não conseguem tratá-la. Ele me disse que infecções de ouvido são comuns entre as crianças aqui por causa do clima frio e úmido. Ele já fez essa cirurgia muitas vezes antes. Ele vai fazer uma pequena incisão dentro do ouvido, no tímpano, e isso vai permitir que o excesso de secreção escorra. Sem a operação, as coisas vão ficar muito perigosas para Gigi. Vai levar tempo, mas nossa garotinha vai se recuperar", ele disse. "Você vai ver."

Ela parecia muito frágil quando os médicos e enfermeiros a levaram para trás de uma cortina para a cirurgia. Não acho que o procedimento deva ter demorado muito, mas pareceu uma eternidade até podermos vê-la de novo. Fiquei impressionada ao ver a cabeça dela quase completamente engolida por uma bandagem branca, presa ao redor das orelhas e dando a volta na cabeça toda. O pus ainda escorria através dela. Mas os médicos nos asseguraram que aquilo era parte do processo de recuperação. Ainda assim, eles nos alertaram que ela estava bem doente. A recuperação levaria tempo.

Quando acordou, Gabi nos encarou com seus grandes olhos castanhos. Estava pálida; a febre ainda estava alta. Fizemos compressas frias na testa dela e lhe cantamos canções de ninar. Tudo que eu queria fazer era abraçá-la e fazê-la se sentir melhor com beijos na testa.

Já tínhamos ouvido falar de mortes de bebês e crianças pequenas que haviam tido infecções de ouvido e outras doenças, como infecções respiratórias, em Westerbork. Muita gente ficava doente. Para todos nós no campo, a luta constante era permanecermos saudáveis. Sanne e o pai também estavam acamados com diferentes enfermidades na época. Não tínhamos escolha a não ser aceitar aquilo como parte da vida no campo de trabalho, assim como o sol escaldante, as tempestades de areia ou as fortes chuvas.

Todos os dias, papai, Opa e eu nos amontoávamos ao pé da cama de Gabi. Oma felizmente se recuperou da gripe e logo pôde se juntar a nós. Gabi não queria comer, embora precisasse desesperadamente recuperar a energia. Nós nos revezávamos tentando fazê-la beber um pouco de caldo e comer mingau. Não era fácil. Ela recebeu transfusões de sangue e melhorou um pouco com o passar do tempo, mas a recuperação total parecia distante. Tentávamos animá-la o máximo que podíamos, contando histórias, cantando canções e fazendo brincadeiras. Enquanto fazia cócegas nela, eu olhava para cima e encontrava o olhar do meu pai, melancólico, e sabia, sem que ele dissesse, que estava pensando em mamãe.

* * *

Em Westerbork havia muitos apelidos para as coisas. A *Joodse Ordedienst* era a polícia judaica de Westerbork, a OD, que ajudava os alemães, provavelmente sob a mira de armas, nas deportações. Eles eram odiados por nós do campo por fazerem aquele trabalho sujo, e os chamávamos de "a SS judaica". Uma colina gramada onde as pessoas costumavam se reunir em seu tempo livre era chamada, com pesada ironia, de "a praia de Westerbork". E a rua principal, que estava sempre cheia de areia ou, mais comumente, era uma passagem lamacenta, por causa das muito frequentes chuvas e tempestades naquela parte do país, era apelidada de *Boulevard des Misères*, o Boulevard da Miséria. Ela cruzava pelo centro de Westerbork e, às sete da manhã de uma terça-feira, parecia o espectro do Vale da Morte. Era quando os ODs iam de barracão em barracão recrutando as pessoas cujos nomes haviam sido chamados na noite anterior nos alojamentos masculinos e femininos, normalmente por um dos líderes judeus do campo, para o próximo transporte para o leste. Essas listas eram compiladas pela SS e conferidas pelo Conselho Judaico do campo. As segundas-feiras eram de agonia conforme corriam os boatos de quais nomes apareceriam na temida lista.

Como eu estava no orfanato, não ouvia os nomes sendo chamados. Tinha de esperar que alguém me contasse. Sanne e outros amigos descreviam os gritos que reverberavam e as mães em pânico que caíam de joelhos e se lamentavam ruidosamente. As crianças choravam; os rostos de adolescentes e homens congelavam de horror ao ouvir seus nomes. Aqueles que eram poupados às vezes irrompiam em lágrimas, de tão pesada que era a tensão;

outros saíam dançando, sabendo que, por mais uma semana, pelo menos, haviam sido poupados.

Nas manhãs de segunda-feira, víamos e ouvíamos a chegada dos trens, uma longa fila de vagões de madeira para gado, parados ali como predadores à espera. Meu pai me assegurava constantemente que ficaríamos bem por causa de nosso status protegido, como potenciais trocas por prisioneiros de guerra, e meu avô fazia parte do Conselho Judaico do campo, mas meu coração ainda ficava acelerado o dia inteiro às segundas-feiras.

Então, nas manhãs de terça, eu observava os ODs enfileirados no Boulevard des Misères, tentando manter longe aqueles que se aproximavam para ver mais de perto ou talvez para dizer "adeus" a alguém querido. Percebi que a configuração era quase sempre a mesma: os ODs guiando pessoas em marcha em fileiras de três. Cada prisioneiro levava uma bolsa para o pão sobre um ombro e um cobertor enrolado no outro. Eu estudava seus rostos com o coração partido por eles, em silêncio. Havia os estoicos, olhando firme à frente ou para baixo. Outros rostos pareciam tecido amassado, com lábios tremendo, lágrimas escorrendo em meio a soluços. Eu achava especialmente difícil ver as pessoas mais velhas bambeando sob o peso de suas bolsas conforme percorriam o chão acidentado e tentavam evitar pisar nas poças.

Assim que entravam no trem, aqueles que estavam sendo enviados para o leste eram contados. A Polícia Verde, a polícia nazista alemã, tinha de se certificar de que o número de pessoas embarcadas nos vagões de gado surrados era igual ao número nas listas. Quando alguém tentava recuar ou resistir de alguma forma, era empurrado, chutado ou espancado por um dos oficiais da Polícia Verde ou até pelos ODs. Então todos eram forçados a entrar no trem, os homens e as mulheres, com as crianças, os idosos, os fracos, os enfermos, os que tinham alguma deficiência. Que cruel... Que errado... Como aquelas crianças pequenas, os bebês, os idosos, as pessoas em cadeiras de rodas poderiam fazer atividades em um campo de trabalho? Ouvi dizer que, pouco antes de embarcarem, eram obrigados a entregar qualquer coisa de valor que ainda pudessem carregar – um relógio de prata que tivessem ganhado de um avô amado, ou dinheiro, talvez joias. *Tudo tirado deles*, pensei. Eu deveria estar esfregando privadas naquelas manhãs de terça-feira, como em todas as manhãs, mas, assim como os outros que apareciam, me sentia atraída até os trilhos do trem, para testemunhar, para dar um adeus silencioso.

Após as conferências finais e a subida de todas as pessoas, e bolsas, e sacos de dormir para o chão forrado de palha dos vagões, as portas eram fechadas – e depois parafusadas – por um dos Policiais Verdes. Por volta das onze da manhã, o apito do trem soava – o som agudo uma representação do nosso próprio horror. Os ventos úmidos e gélidos nos açoitavam, mas o frio real vinha de dentro. Um sentimento de vazio pairava no ar. Aqueles trens engoliam um total de mil pessoas toda terça-feira.

"Aqui todos vivemos uma semana por vez; começa na manhã de terça-feira e acaba na manhã de terça-feira: no minuto em que o trem sai", escreveu Jacques Presser depois da guerra em sua narrativa ficcional de Westerbork, em um livro chamado *The Night of the Girondists* (*A noite dos girondinos*, em tradução livre). Ele era o professor de história que tinha fugido da minha sala de aula na manhã em que a esposa foi presa.

Assim que chegamos, fiquei chocada com o papel dos ODs naquelas manhãs de terça-feira devastadoras. Perguntei ao papai o que ele achava.

"Os alemães nos colocaram, nós, judeus, em situações impossíveis, nos deram escolhas que nenhum humano jamais deveria ser obrigado a fazer", ele me respondeu. "Não cabe a nós julgar."

No orfanato, todos conhecíamos a história de um menino chamado Fred Speigel. Alguns meses antes de eu chegar com a minha família, ele havia sido colocado em um daqueles trens das manhãs de terça-feira. No meio da multidão e do barulho, entrou em pânico. "Não quero entrar nesse trem", ele berrava. Quando seu primo Alfred o ouviu, também começou a gritar. Um guarda da SS ouviu o alvoroço e perguntou a um policial holandês o que estava acontecendo. O policial respondeu: "As crianças estão com medo e não querem entrar no trem". O oficial da SS ordenou que os dois fossem retirados do trem, e o OD que minutos antes os tinha empurrado para dentro do vagão arrancou os dois meninos de lá.

Era a única história que eu tinha ouvido de alguém sendo resgatado do trem. Mas toda semana eu alimentava esperanças de ouvir mais.

As segundas e terças eram de uma brutalidade esmagadora, mas, no período entre as deportações, o sentimento de resiliência entre as pessoas de Westerbork era palpável. Meu pai dava aulas para os jovens sobre o sionismo e suas memórias de trabalhar ombro a ombro com Theodor Herzl. Um orador poderoso, ele os presenteava com histórias daqueles primeiros dias do movimento sionista e pintava imagens sedutoras da vida em *Eretz Yisrael*, a Terra de Israel. Descrevia um lugar onde jovens judeus aravam a terra de dia e dançavam ao redor de fogueiras à noite enquanto trabalhavam para construir uma sociedade utópica, uma que pudesse ser um porto seguro para judeus de todo o mundo.

Em algumas noites havia jogos de futebol. A "sinagoga", uma tenda ampla, ficava cheia de fiéis nas sextas à noite e nos sábados pela manhã para os serviços do Shabat, aos quais eu ia com meu pai e meus avós. Um *chazan* conhecido os conduzia, bem como os serviços do Rosh Hashaná e do Yom Kippur. Havia concertos e às vezes apresentações noturnas com alguns dos maiores nomes da noite alemã e holandesa. Os atores e cantores judeus ensaiavam intensamente e faziam apresentações cheias de cor e ostentação, com figurinos comprados especialmente para a ocasião e luzes brilhantes. Eles esperavam que a participação nessas apresentações os poupasse da deportação, mas por fim acabavam também sendo obrigados a embarcar nos trens. Os membros da SS se sentavam nas fileiras da frente, e os prisioneiros judeus, mais atrás.

Parecia haver muita gente que eu conhecia de Amsterdam em Westerbork; por volta de metade da minha turma da escola estava lá. A avó de Sanne, uma mulher alegre de quem todos gostávamos, tinha chegado algumas semanas antes de nós. A sra. Ledermann foi designada para trabalhar no barracão de mulheres grávidas, puérperas e recém-nascidos. Ela gostava do trabalho e nos dizia que o achava engrandecedor, apesar de difícil. Ela precisava limpar o chão, lavar toda a roupa, ajudar a dar banho nos bebês e acalmar as mulheres grávidas, que obviamente morriam de medo de dar à luz em Westerbork, tão longe de suas próprias casas e de um hospital de verdade.

O pai de Sanne, o sr. Ledermann, era obrigado a separar legumes oito horas por dia. Quando não estava trabalhando, decidiu estudar um novo tema: hebraico.

Barbara, que estava vivendo em Amsterdam com seus documentos falsos, enviava à família muitos pacotes sob nomes fictícios. Mesmo assim, simplesmente enviar qualquer pacote para Westerbork deve ter sido arriscado. Ela mandava coisas maravilhosas, como doces e bolos, pães, frutas e grãos, mas também outros suprimentos de que precisávamos, como curativos para picadas de mosquito infeccionadas e sapatos novos para Sanne, que estava no meio de um estirão e por isso os calçados ficaram pequenos alguns meses depois de ela ter chegado a Westerbork. Ficamos muito felizes quando Barbara mandou para Gabi um vestido de tricô. Ela o usava o tempo todo, embora ainda estivesse no alojamento hospitalar, e todo mundo o adorava.

Com o tempo aprendemos o que pedir para as nossas pessoas "do lado de fora": pão de centeio ou pão sueco, porque era menos provável que embolorasse, coadores de chá, bolos de especiarias, mel, geleias, roupas quentes – já precisávamos de mais roupas quentes e era apenas o início do outono – e até pastilhas de combustível para cozinhar ao ar livre. A sra. Goudsmit continuava enviando tanto o necessário quanto o agradável. Ela mandou um pacote com biscoitos e outros presentinhos no aniversário de Gabi em outubro, e fiquei muito empolgada quando me enviou uma biografia de Florence Nightingale, que li e reli muitas vezes, porque era o único livro que eu tinha.

Era maravilhoso quando recebíamos cartas. Sanne e eu relíamos as cartas recebidas – as dela, de Barbara, e as minhas, da sra. Goudsmit – várias e várias vezes. Ficávamos ávidas por notícias do mundo lá fora, e nenhum detalhe era bobo demais para nós. Sanne, que era uma amiga e irmã muito carinhosa, escrevia para Barbara com frequência, incluindo nas despedidas beijos "suficientes para durarem pelas próximas duas semanas".

Para as pessoas ao nosso redor, só podíamos oferecer nossa companhia, que era largamente apreciada. No dia 10 de outubro, Sanne fez 14 anos. Algumas das meninas se reuniram para celebrar com uma imitação de café[11] nas nossas canecas esmaltadas e um bolo que Barbara enviara por correio. Olhamos umas para as outras e desatamos a rir quando o pai dela lhe disse que o único presente que tinha para ela era um beijo.

11 Durante a Segunda Guerra Mundial, por conta da escassez de mantimentos, era comum que se usassem substitutos ou imitações de café, que eram bebidas de grãos ou cereais torrados (entre alguns ingredientes estavam o fruto do carvalho, a cevada, o centeio e a amêndoa). [N.T.]

10. Limbo

Quando novembro chegou, os ventos úmidos e cortantes que varriam os pântanos isolados de Westerbork haviam se intensificado, e as noites tinham se tornado especialmente frias. Minhas mãos pareciam pedras de gelo quando eu esfregava as privadas. Eu olhava para elas e ficava em choque ao ver como estavam ásperas e vermelhas. Às vezes eu ainda vomitava por causa do fedor. Mas não reclamava. Era grata pela tarefa contanto que ela continuasse a me permitir mais tempo para conversar com papai, o que por ora ela permitia. Eu sempre me sentia muito melhor na presença dele.

"Hanneli, minha querida", ele dizia. Como muitos dos pais dos meus amigos, ele não demonstrava muito sua afeição. Não havia muitos abraços nem declarações verbais floreadas do que eu significava para ele. Mas eu sempre senti seu amor. Era forte, sólido. Depois que minha mãe morreu, papai contava comigo para ajudá-lo com Gabi, e eu sei que apreciava minha ajuda. Acho que alguma coisa mudou naqueles meses. Sempre fomos próximos, mas agora éramos ambos sobreviventes da repentina e trágica perda de mamãe. E estávamos tentando nos localizar em meio ao vazio da ausência dela em um momento de muita incerteza e medo. Não falávamos disso em voz alta, mas eu sentia nossa parceria; eu contava com ele, mas ele também contava comigo. E nós dois dependíamos muito do amor e do apoio que dávamos a Oma e Opa e também do que recebíamos deles.

Apesar disso, eu sabia que papai estava preocupado com meu avô, e eu também estava. O coração de Opa o vinha incomodando havia algumas semanas. Ele tinha o que se chamava de "espasmos do coração", que às vezes o mantinham de cama por metade do dia. Isso não tinha nada a ver com o Opa ativo que eu conhecia. Ele brilhava na companhia das pessoas e era um bom amigo para muita gente. Tinha 67 anos, mas, apesar de precisar de uma bengala para caminhadas longas, sempre o achei bem saudável.

Embora fosse difícil para mim e papai nos adaptarmos a viver atrás de um arame farpado, naquele estranho estado de limbo, com aquela mistura sem sentido de apresentações e concertos noturnos, trabalho braçal, o terror de viver de uma terça à outra, a elevação de nossas vozes em oração a Deus enquanto comunidade, a falta de privacidade e os barracões que cheiravam a suor e mofo, comecei a pensar em como deveria ser pior para Oma e Opa. A maior parte da vida deles havia sido completamente diferente dessa realidade invertida. Opa lidou com casos importantes em tribunais por toda a Alemanha; eles viviam num círculo social rico em Berlim e aproveitaram o status de pilares da comunidade. A mudança abrupta e não planejada para Amsterdam foi difícil para os dois, mas a indignidade de serem deportados sob a ameaça de armas e enfiados em um vagão de gado para depois serem despejados nesse posto abandonado deve ter sido particularmente desorientadora – e deprimente – para os dois.

"Um dia os alemães vão voltar a si, eles têm de voltar", repetia Oma todos os dias quando estávamos sentadas ao pé da cama de Gabi no hospital. Já fazia meses, e os ouvidos dela ainda não tinham sarado. A frase era o mantra de Oma, e Opa sempre assentia em concordância, ainda a imagem de um advogado honrado em seu terno sob medida, mesmo que precisasse tirar o pó e a areia dele. Mas comecei a notar como ele às vezes parecia distante, uma expressão de mágoa no rosto. Sei que ele se sentia traído pela Alemanha que conhecera. Não acho que Opa ainda estivesse esperando que os alemães voltassem a si.

Eu sentia a frustração da passagem do tempo. Era junho quando chegamos. Eu realmente esperava que, de alguma forma, tudo isso já tivesse terminado àquela altura e que estaríamos de volta à escola para o novo ano letivo. Sanne e eu temíamos quão atrasadas estaríamos quando finalmente retomássemos os estudos. Nós duas tínhamos aulas com professores em pequenos grupos de oito a dez crianças da nossa idade algumas vezes por semana. Eram bons professores, e eu gostava de aprender, mas não era a escola.

Eu me afeiçoei às crianças do orfanato, mas tinha uma favorita: uma garotinha frágil de cabelo escuro e comprido, chamada Sarah Eva. Tinha 7 anos e estava lá com o irmão. Imaginei os pais dela colocando as crianças em um esconderijo em uma fazenda no interior da Holanda, pensando que ali eles estariam mais seguros, vivendo longe de vizinhos que pudessem tê-los percebido por conta de seus gritos ou do som de sua risada e os entregado às autoridades. Presumi que os pais deles ainda estivessem a salvo em algum esconderijo, porque não tinham passado por Westerbork. Eu gostava de imaginar Sarah Eva e o irmão reunidos com os pais quando aquela loucura terminasse. *Até lá*, pensei, *vou ajudar a cuidar deles*, especialmente Sarah Eva, que dormia no meu treliche. De manhã, eu trançava seu cabelo castanho-escuro. Colocava-a para dormir toda noite com um beijo. Durante o dia, quando eu estava no orfanato, ela me seguia para todo canto e puxava minha saia. Era nossa brincadeira, porque ela sabia que, quando fizesse isso, eu me viraria e tentaria agarrá-la. "Hanneli, estou aqui!", ela dizia rindo e se escondia atrás de uma cama. Eu adorava o som da risada dela. Era pura e límpida, como sinos badalando. Vê-la brincar me lembrava de Anne e eu quando tínhamos a idade dela, perseguindo nossos bambolês na Merwedeplein, livres e despreocupadas. Também aliviava um pouco a falta que eu sentia de Gabi enquanto as enfermeiras cuidavam dela.

O dia 10 de novembro foi uma quarta-feira. Ainda estávamos tentando esquecer a terrível tristeza após a partida de mais um trem no dia anterior. Para me distrair, comecei a brincar de esconde-esconde com Sarah Eva e algumas outras crianças. Não fazia muito tempo que tínhamos começado a brincadeira quando vi a sra. Birnbaum caminhando resoluta na minha direção. Percebi a diferença na linguagem corporal dela – aquele não era seu jeito de sempre, alegre e vívido.

"Hanneli, preciso falar com você", ela disse. Meu coração parou. Era Gabi? Gabi estava bem? "É seu avô", continuou ela. "Sentiu uma dor no peito. Está no alojamento hospitalar."

Corri por todo o caminho até lá. Oma e papai já estavam ao lado da cama. Oma segurava a mão dele. Ele estava branco. Os médicos tentavam ressuscitá-lo, mas ele parecia estar desacordado. Percebendo que eu, uma criança, assistia à cena, uma enfermeira me levou para fora. Ela me conduziu até uma cadeira no lado oposto do alojamento. Alguns minutos depois, papai veio até mim. Assim que vi seus olhos baixos, seus passos lentos e derrotados vindo na minha direção, soube que as notícias seriam ruins. Caí no choro.

"Ele te amava tanto, Hanneli", disse papai, passando o braço em volta de mim. "O coração dele estava fraco, a tensão foi demais."

Mais tarde, parada ao lado de Oma, que tinha dificuldade até para falar, eu estava em choque. Não pude deixar de notar como a nossa pequena família encolhia. Apenas um ano antes, éramos seis. Agora havia somente quatro de nós. E Gabi ainda estava no hospital.

O grupo de jovens sionistas a quem Opa dera aulas e com quem fizera amizade ficou tão triste com a morte dele, que insistiu em acompanhar o caixão ao crematório. De lá, as cinzas foram enviadas para o cemitério judeu onde minha mãe havia sido enterrada apenas treze meses antes. Uma cerimônia memorial foi organizada rapidamente para ele no prédio 84, onde Opa havia passado os últimos meses de vida. Fiquei entre Oma e papai enquanto os companheiros de alojamento e amigos do meu avô, incluindo importantes rabinos e intelectuais, prestavam-lhe suas homenagens. Entre eles estava o dr. Albert Lewkowitz, que um ano antes havia discursado na cerimônia da minha mãe. Várias preces foram cantadas, a mais frequente sendo "El Malei Rachamim" ("Deus é cheio de compaixão"), uma oração judaica pelos mortos que é tradicionalmente cantada em funerais. Mendel Rokach, o antigo *chazan* de Rotterdam, um homem de quase 40 anos com o cabelo já ficando grisalho e um cavanhaque, cantou a prece em sua voz opulenta e grave. O canto reverberou nos treliches e no piso de madeira, enchendo aquele espaço improvável com uma sensação de santidade. Apertei a mão de Oma. No lugar do próprio filho de Opa, tio Hans, que estava longe, na Suíça, meu pai interveio para recitar o Kaddish, a oração do luto. Saber que as cinzas de Opa haviam sido enviadas para Amsterdam para serem colocadas no cemitério onde minha mãe estava enterrada nos trouxe alguma paz.

Oma escreveu para Edith, a caridosa dentista e refugiada tcheca com quem tio Hans noivara recentemente, pedindo que ela repassasse a chocante notícia de que o pai dele havia falecido: "Peço que, com seu jeito sempre amoroso e sensível, prepare-o para a terrível notícia que preciso lhe dar".

Ao receber a notícia, tio Hans a repassou para tia Eugenie, em Leeds, por telegrama: "Nosso bom Alli faleceu após breve espasmo no coração 10 novembro à tarde, contou pobre Theschen". (Alli era o apelido de meu avô, Alfred, na família. Theschen era o apelido de Oma.)

Eugenie e seu marido escreveram em resposta: "Nossos pensamentos estão em Westerbork único conforto se possível Alli não mais sofrendo não será deportado abraço pobre e solitária Theschen crianças Hans".

Dois dias depois do memorial, enquanto ainda tentávamos digerir que Opa havia partido, chegou outra temida segunda-feira. O campo estava extremamente lotado, e ouvimos que mais 2.500 judeus seriam deportados no dia seguinte – mais que o dobro do que era comum. Mas, das cerca de 25 mil pessoas vivendo no campo naquele momento, a maioria tinha algum tipo de isenção. Albert Konrad Gemmeker, o comandante da SS em Westerbork, que tinha a reputação de ao menos parecer humano (pelos padrões de um campo de concentração), se sentiu pressionado a bater sua meta de deportações. Então tomou a decisão de cancelar todas as quarenta chamadas "listas da Palestina" – registros de pessoas como nós, que tinham certificados palestinos e por isso eram elegíveis para a troca por prisioneiros de guerra alemães na Grã-Bretanha –, exceto duas.

Meu pai, sabendo que eu ficaria preocupada com a nossa situação, foi à minha procura. Ele me assegurou que a nossa família estava em uma das duas listas da Palestina que não tinham sido canceladas. Nosso status de proteção continuava intacto.

"Mas e os Ledermann?", perguntei. Eles também estavam em uma lista.

"Simplesmente não sei", ele respondeu, parecendo menor e mais triste do que eu jamais o vira.

Dei um rápido abraço em meu pai e saí correndo.

Parecia que estaríamos a salvo por ora, mas ainda havia mais notícias terríveis a caminho. O sr. Birnbaum tinha feito tudo que podia para poupar as crianças do orfanato, conseguindo que elas fossem incluídas nas listas palestinas de troca. Até então havia funcionado, mas agora Gemmeker não mudaria de opinião; os órfãos teriam de ir. As súplicas frenéticas do sr. Birnbaum, mencionando a pouca idade das crianças – algumas das que seriam enviadas para o leste mal tinham aprendido a andar –, foram ignoradas.

Nos barracões do orfanato logo ficamos sabendo que a maioria dos órfãos seria colocada no trem na manhã seguinte. Eu mal conseguia absorver a notícia. Havíamos nos tornado uma grande família desde que eu chegara. Fiquei tonta; pensei até que fosse vomitar. Então me equilibrei me apoiando em um dos treliches. Como eles eram capazes de levar aquelas crianças inocentes? O que elas tinham feito para qualquer pessoa? Que tipo de atividade significativa elas sequer poderiam fazer em um campo de trabalho? Pensei em seus pobres e corajosos pais e mães, que haviam feito o sacrifício final de entregá-las para que outras pessoas cuidassem delas num esconderijo. Que decisão excruciante, que ato altruísta fora aquele. Só podia imaginar a agonia daquelas separações e de todos os momentos que eles haviam passado distantes desde então. Eu precisava encontrar Sarah Eva. Por sorte, ela parecia alheia às notícias que corriam por Westerbork, brincando de cartas com uma amiga. Eu as observei por um instante, preferindo não me intrometer naquele momento de inocência. Afastei as lágrimas que haviam começado a escorrer pelo meu rosto. Então vi a sra. Birnbaum se aproximar de mim. Dava para ver que ela também estava se esforçando para não chorar.

Em uma voz calma, mas inexpressiva, ela disse: "Hanneli, precisamos da sua ajuda para começar a fazer pacotes com sanduíches e agasalhos para as crianças levarem".

"Claro", respondi. Respirei fundo e me virei para acompanhá-la. Queríamos ao menos poder ajudar a manter as crianças aquecidas e alimentadas durante a jornada. Fiquei agradecida por ter alguma coisa prática para fazer.

Minha tarefa seguinte, com algumas outras jovens, foi fazer a mala de cada criança. Eu me sentia como que em transe, sentada no chão dobrando camisetas, calças, vestidos, meias minúsculas e às vezes uma fita de cabelo e colocando tudo em mochilas. As crianças sabiam que viajariam de trem na manhã seguinte; algumas estavam com medo e faziam perguntas. Outras subiam nas minhas costas enquanto eu arrumava suas malas e mexiam no meu cabelo. Uma ou duas das menores tentaram subir no meu colo. Os Birnbaum tinham criado uma atmosfera tão estável e calorosa... Agora elas iriam para o desconhecido. Tentei manter o foco em minha missão imediata.

Não pense. Só continue fazendo as malas, eu disse a mim mesma.

Mais tarde naquela noite, chovia sem parar. Após jantarmos juntos no refeitório, o sr. e a sra. Birnbaum pediram a todas as duzentas crianças do orfanato que se levantassem e se reunissem. Eles apresentaram o rabino Vorst, que estava lá para abençoá-las antes da viagem do dia seguinte. Observei enquanto as duzentas crianças se reuniam em um grande grupo diante do rabino, um homem de cerca de 40 anos, de barba. Por um momento, aquilo me lembrou das vezes que, na nossa sinagoga em Amsterdam, o rabino chamava as crianças ao púlpito para cantarem juntas uma das orações de fechamento do serviço. Observei os rostos – uma garotinha ruiva e sardenta segurando a mão de uma das meninas mais velhas, um garoto com covinhas que era conhecido como um dos melhores jogadores de futebol do orfanato. Procurei Sarah Eva. Não conseguia encontrá-la, ela era tão pequena... Até que ela me viu, sorriu e me deu um breve aceno com a mão.

O rabino Vorst perguntou se todos estavam prontos para uma bênção muito especial.

"É uma bênção de conforto, de paz, de conexão com Deus", ele disse às crianças. "Cheguem mais perto, cheguem mais perto."

Ele desenrolou seu xale de oração de lã com listras pretas e o esticou o mais amplamente possível, segurando-o sobre as cabeças das crianças que se amontoavam ali. Notei que a voz dele estava trêmula enquanto as abençoava, recitando em hebraico:

Que Deus as abençoe e guarde.
Que Deus derrame luz sobre vocês e lhes dê Sua graça.
Que Deus se volte a vocês e lhes conceda a paz.

Senti um arrepio percorrer minha espinha.

Na manhã seguinte, às sete horas, vários ODs com capas de lã escura apareceram no orfanato para levar as crianças ao trem, que aguardava. Eles pareciam terríveis e ameaçadores fazendo o trabalho sujo dos alemães. Acompanhando as crianças, havia professores que tinham corajosamente se oferecido para embarcar no trem com elas, para que não fossem sozinhas. Eu e as poucas outras crianças que não estavam sendo deportadas, incluindo os filhos dos Birnbaum, caminhamos até onde era permitido ir com os pequenos pelo Boulevard des Misères. A manhã estava fria; o trajeto, encharcado de lama da chuva da noite anterior. Eu levava um dos meninos menores nos braços e carregava a bolsa dele. Ouvi uma cantoria à nossa frente quando nos juntamos ao mar de gente caminhando em direção ao trem. Alguns cantavam canções patrióticas holandesas, outros, a *Shema*, a prece hebraica conhecida pela maioria dos judeus.

Será que Deus ouviria nossas preces? Eu caminhava como que em transe, mal notando as pessoas de pé do lado de fora dos alojamentos e nas laterais do caminho, olhando pela última vez para aquela marcha de desafortunados.

Um oficial da SS com um rifle me tirou do meu estupor quando nos aproximamos da plataforma, gritando: "Daqui para a frente, só passa quem for embarcar nos trens!".

Entreguei gentilmente o garotinho que eu carregava e sua bolsa para um dos professores que pegaria o transporte. Sarah Eva estava ao meu lado, as tranças escuras penduradas sob um gorro de lã. Abaixei para lhe dar um beijo na testa, assim como eu fizera todas as noites ao colocá-la para dormir.

"Que Deus cuide de você, doce menina", sussurrei.

Mantive os olhos nela enquanto ela caminhava em frente, até que Sarah foi engolida pela massa de pessoas sendo carregadas nos trens. Nossa jornada de Amsterdam até ali havia sido quente e desconfortável, mas só levara algumas horas. Chegar à Polônia podia levar dias, pensei. Fiquei ali por um tempo, os pés grudados na lama gelada. Mas, em algum momento, mais guardas chegaram e me empurraram para trás.

Muitos amigos e conhecidos também foram levados por aquele transporte. Mais tarde descobri que os pais de Sanne estavam entre eles. Nem tivemos a chance de dizer "adeus". Eu me pergunto o que sequer teríamos a dizer. Sanne era sempre tão alegre e ativa... Pensei em sua natureza doce, nas palavras bonitas que ela usava em seus poemas. Eu mal conseguia entender. E se ela tivesse ficado com Barbara e se escondido também?

A mãe delas conseguiu escrever um cartão-postal de despedida para Barbara e outros parentes. Assim como todos que eram enviados para o leste, foram encorajados a escrever para seus entes queridos pelos comandantes da SS no campo. Muito tempo depois pude ler as palavras que a sra. Ledermann escreveu em um cartão naquela manhã chuvosa de terça-feira, 16 de novembro de 1943:

Meus amados, estamos juntos... em nossa primeira viagem em muito tempo... Não fiquem muito tristes por nós, temos esperança, e vocês ficarem tristes só nos magoaria. Queremos ver vocês de novo...

Minha filha Barbel, cuide-se. Sua última encomenda ainda está deliciosa. Temos mingau conosco. E também o roupão de papai, a lã e tudo que você enviou para a vovó.

As pessoas são amáveis aqui. Todas ainda sem certificados. Vamos indo. Adeus, queridos.

Com todo o amor e os melhores desejos. Adeus.

Entrei nos barracões do orfanato, agora silenciosos e vazios. À distância, ouvi o barulho estridente do apito do trem. Desabei na minha cama. Exceto pelo dia em que perdemos mamãe, aquele era o dia mais triste da minha vida. Eu me sentia mais sozinha do que nunca. Meu coração doía. Todo o meu corpo doía conforme eu me balançava para a frente e para trás no silêncio esmagador. Aquele nunca havia sido um lugar silencioso. Mesmo à noite, sempre havia alguém se mexendo, se revirando na cama, tossindo ou resmungando durante o sono, chamando por mães e pais de quem sentiam saudades. Senti a ausência da doce Sarah Eva, de olhos arregalados, e das outras crianças. Como a ausência podia ter tanta presença? Senti a perda de Sanne e de sua família e os imaginei tentando encontrar um lugar no trem onde se sentar sem serem pisoteados. Estava frustrada pelo poder de um nome em uma lista datilografada, que era capaz de determinar quem ficava em solo holandês e quem era forçado a fazer aquela temida viagem.

Se os Ledermann estavam naquele trem, então a minha família e eu também poderíamos muito bem estar – poderíamos estar entre aqueles obrigados a subir em um dos vagões de gado abafados, atirados no desconhecido. Éramos todos muito diferentes, mas para os alemães éramos todos iguais, não importava se éramos ortodoxos, seculares, batizados, sionistas, socialistas, holandeses, ex-cidadãos alemães agora apátridas, vendedores de batatas, comerciantes de diamantes, médicos, professores, jogadores de futebol, arquitetos, donos de lojas, idosos, crianças mais velhas, crianças pequenas, recém-nascidos. Para Hitler e seus apoiadores, éramos o inimigo.

O inimigo judeu. Eu não conseguia entender por que aquilo estava acontecendo – o que nós, judeus, tínhamos feito? Por que estávamos sendo punidos? Até onde eu sabia, nosso único pecado era sermos judeus.

Ninguém sabia dizer o que exatamente acontecia naqueles campos de trabalho, mas tínhamos consciência de que não era nada de bom. Quando tentava imaginar que tipo de "trabalho" as pessoas poderiam fazer naquele lugar sombrio e distante, meu único ponto de referência era o que eu via em Westerbork, onde as pessoas eram designadas para todo tipo de tarefa, desde operar máquinas e costurar até fazer vassouras, trabalhar na cozinha e colher batatas. Talvez, eu pensava e tinha esperança, fosse apenas mais do mesmo por lá. Mas com que objetivo? Eu sabia que Hitler execrava os judeus, nos chamava de vermes e tinha declarado "guerra" contra nós, mas qual era o objetivo de todo aquele sofrimento? Como enviar famílias inteiras a campos de trabalho poderia alcançar algum fim?

Começava a fazer um frio cortante, e com o inverno se aproximando eu só podia imaginar quão gelada estaria a Polônia. Mesmo ali eu sentia que nunca conseguia me aquecer o suficiente, mas mais ao leste havia gelo e neve por meses. Como eles lidariam com aquele clima terrível? Eu esperava que Sanne e Sarah Eva, Ilse, Alfred e nossos amigos que já estavam lá havia tanto tempo tivessem encontrado uma maneira de se aquecer o suficiente. Esperava que eles estivessem saudáveis. Só de pensar neles comecei a tremer. Fiquei agradecida por pelo menos Anne estar aconchegada e em segurança na Suíça.

* * *

As semanas se passavam. O tempo parecia dar voltas terríveis. Eu via mais e mais trens de terça-feira partindo. Toda vez era excruciante. Testemunhar é torturante a seu próprio modo.

Eu ainda passava horas, com meu pai, tentando convencer Gabi a tomar um pouco de caldo, a comer um pouco de purê de batata. Qualquer coisa que conseguíssemos fazê-la engolir. Os ouvidos dela ainda estavam infeccionados. Reli várias vezes a biografia de Florence Nightingale que a sra. Goudsmit tinha me enviado, e logo eu sabia o texto de cor. Pensei em todo o esforço, a especialização e o cuidado necessários para ajudar alguém doente. Os cuidados escritos no livro e testemunhados no hospital eram impossíveis de conciliar com as cenas que eu via a cada semana das pessoas descendo o Boulevard des Misères.

Não havia muito que pudéssemos fazer, mas tentávamos nos manter saudáveis. Doenças como tuberculose, sarampo, difteria, febre amarela, coqueluche e escarlatina eram comuns em Westerbork. Era difícil evitar os piolhos. Doenças eram um medo constante, ainda que a quarentena fosse uma forma de alguns conseguirem atrasar a deportação. Também ouvi falar de tentativas de suicídio, que geralmente ocorriam às segundas à noite, por pessoas desesperadas cujos nomes estavam na lista de transporte. Eu sabia que havia uma ala psiquiátrica no barracão 3, para onde aqueles que tentavam o suicídio, mas não tinham sucesso, eram enviados a fim de se recuperar.

Rapidamente o orfanato foi se enchendo com novas crianças. Havia novos garotos e garotas para recepcionar e de quem cuidar, o que eu fazia. Mas não conseguia me esquecer de Sarah Eva e das outras, e a ausência delas me assombrava.

Os jovens do campo, no final da adolescência e início da vida adulta, faziam parte de grupos que tentavam cuidar de nós, crianças, todas ávidas por estrutura e distração. Eles organizaram um coral infantil, jogos de futebol e outros eventos esportivos, aulas sobre todo tipo de coisa, desde histórias bíblicas e feriados próximos até escritores famosos; nos lembravam de que não éramos os sub-humanos que os alemães nos pintavam; tínhamos uma herança rica para celebrar e explorar. Eles faziam isso tudo, embora suas próprias alas fossem constantemente consumidas pelas deportações.

Pouco antes do feriado de Chanuká, em dezembro, os jovens conselheiros fizeram pequenos presentes para as crianças mais novas e nos reuniram para contar a história do Chanuká. Os gregos sírios haviam sido liderados por um rei chamado Antíoco IV, eles explicaram à sua audiência jovem e ávida. Ele gostava de se chamar de Epifânio, que significa algo como "divindade manifestada". Alguns dos judeus da época o chamavam de "o louco". Ele estava determinado a destruir o judaísmo como parte de seu plano maior para impor a cultura grega. Proibiu a prática do Shabat, o estudo religioso, a obediência às leis alimentares judaicas e a circuncisão. Os judeus que resistiam eram mortos. Tropas sírias ergueram estátuas de seus deuses em Jerusalém e quebraram as portas do templo com machados; derramaram sangue de porco sobre os textos sagrados e atearam fogo neles. O milagre do Chanuká, quando, no templo de Jerusalém, o óleo para um dia durou oito dias e oito noites, ajudando nosso povo a rededicar o templo sagrado em Jerusalém após sua profanação. É uma parte fundamental da história dos nossos antepassados, eles nos contaram, cujo pequeno e poderoso bando de soldados chamados macabeus conseguiu derrotar os gregos sírios em batalha, contrariando todas as probabilidades. Chanuká significa "dedicação" em hebraico.

"Vocês sabem como lembramos de nos rededicar à nossa comunidade e à nossa própria força?", um dos conselheiros perguntou.

"Acendendo a menorá!", gritou uma das crianças mais novas em resposta.

"E o que dizemos?"

"Um grande milagre aconteceu lá!", as crianças gritaram de volta, repetindo o que haviam aprendido.

Na sétima noite do Chanuká, houve uma festa. Para a ocasião, Clara Asscher-Pinkhof, a autora de livros infantis que eu tanto amava, escreveu uma canção, que foi cantada por Susanne, a filha de 13 anos de idade de Hans Kreig, um respeitado compositor que dirigia o coral das crianças e ensinava música e canto em Westerbork. Ele era conhecido por carregar seu violão por toda parte e cantar para ajudar a levantar o moral. Uma peça de Schiller também foi adaptada e encenada para nós. Naquela noite, todas as crianças se reuniram perto da menorá, algumas de nós de gorro e casaco com a estrela amarela judaica visível, enquanto um rapaz chamado Leo Blumensohn, um dos conselheiros, acendia as velas, uma por uma.

Assim como as outras crianças, fiquei encantada pelo fogo, a luz na escuridão, tanto no sentido físico quanto como uma mensagem espiritual. Também foi a primeira vez que eu me lembro de ter celebrado o Chanuká fora de nosso apartamento em Amsterdam. Em casa, colocávamos a menorá na janela saliente da sala, para que outras pessoas pudessem ver seu brilho. Assim como em casa, entoamos juntos as preces depois que a menorá foi acesa: "Acendemos estas luzes sagradas em virtude das redenções, dos milagres e dos feitos maravilhosos que realizaste".

Falar sobre milagres nos fazia ansiar pelo nosso próprio milagre.

* * *

No mês seguinte, janeiro, papai me disse que tinha boas notícias: "Logo seremos enviados para Bergen-Belsen, na Alemanha. É um 'campo ideal', com boas condições".

"Um campo ideal?", questionei. "O que isso quer dizer?"

Papai disse que os oficiais de Westerbork haviam contado a ele e a outras pessoas que lá seríamos bem tratados e teríamos boa comida e bons alojamentos. Isso não era o mesmo que ser "mandado para o leste" para um campo de trabalho; era um bom lugar para esperar o tempo que fosse preciso até sermos trocados pelos prisioneiros. "Eles vão nos transportar em trens adequados, trens de verdade, não se preocupe", ele disse, tentando me tranquilizar. "É um campo para prisioneiros de guerra, onde vamos ficar até sermos trocados pelos prisioneiros de guerra britânicos."

Já estávamos em Westerbork fazia sete meses. Embora eu estivesse pronta para deixar aquele lugar para trás, estava muito apreensiva por deixar a Holanda. Tinha visto as pessoas fazerem o impossível para tentar evitar as deportações de terça-feira. Mas o alívio e a empolgação audíveis de papai me acalmaram. Tínhamos uma direção. Iríamos para um "campo ideal". Gabi ainda estava no hospital, mas papai tinha esperança de que, em melhores condições, ela se recuperaria.

Era segunda-feira, 14 de fevereiro de 1944, quando ouvi nossos nomes sendo chamados. Hans Goslar, Hannah Elisabeth Goslar, Rachel Gabrielle Ida Goslar, Therese Klee. Embora eu estivesse esperando por isso, fiquei enjoada quando o policial judeu do campo disse nossos nomes, ao ler a lista de quem seria mandado para o leste pela manhã. Apesar das palavras tranquilizadoras de meu pai, eu estava aterrorizada. Aquele monstro do trem das terças de manhã estaria esperando por nós dessa vez.

11. Bergen-Belsen

Acordei antes do nascer do sol, ansiosa demais para continuar dormindo. Havia chegado o nosso dia de caminhar pelo Boulevard des Misères, o vento gelado batendo no meu rosto, minha mão segurando a mala cor de vinho, um dos últimos vestígios materiais que eu tinha de casa. Pensei em como eu atravessaria em breve as cercas de arame farpado que nos rondavam, passando pelas torres e pelos faróis, pelo fosso cheio d'água. Westerbork havia sido nosso "lar", se é que se pode chamar assim, por oito meses, e senti um aperto não exatamente de nostalgia, mas de saudade da camaradagem e da relativa segurança que eu tinha lá, com nossos pés ainda na Holanda, não no imprevisível "leste". Mas não tínhamos escolha. Tudo que eu podia fazer era esperar que fôssemos para um lugar bem-conservado onde teríamos comida e pudéssemos nos manter saudáveis até a data da nossa troca.

Quando meu pai foi buscar Gabi no alojamento hospitalar, olhei consternada para as bandagens manchadas de pus ao redor das orelhas dela. As enfermeiras tinham feito o possível para mantê-las limpas, ainda que os suprimentos médicos fossem escassos. Elas exalavam um leve odor de doença. A caminhada através do campo pareceu longa. Mas, assim que alcançamos o trem, fomos rapidamente mergulhados nas cenas de comoção que eu já havia testemunhado, só que de longe. A polícia alemã e a polícia judaica gritando e nos agrupando, pais abraçando crianças que choravam, pessoas equilibrando sacos de dormir e malas. Subimos em um dos vagões da terceira classe (o fato de não serem vagões de gado foi visto como um bom sinal) e vi as fileiras de assentos de madeira, as venezianas puxadas para baixo para bloquear nossa visão. Estava quase tão frio dentro do trem quanto do lado de fora, e eu me aconcheguei perto de Gabi, grata pelo calor do corpo dela. Não me lembro de haver muita conversa entre nós ou entre outras pessoas no trem. Embora estivesse lotado, o vagão estava coberto por um silêncio ansioso.

Cada um de nós naquele trem estava a caminho do que entendíamos que seria um "campo de troca privilegiado", porque tínhamos os documentos certos, quer nós estivéssemos na lista da Palestina, ou tivéssemos passaportes sul-americanos, ou quaisquer outros passaportes estrangeiros, ou alguma conexão com outro país, como o chamado "Grupo Diamante" – trabalhadores da indústria de diamantes e suas famílias. Entre nós também havia aqueles que tinham algum tipo de herança mista judaica e não judaica. Gabi e eu estávamos listadas no passaporte paraguaio do meu pai; na parte de baixo do documento havia três fotos, uma de cada um de nós. Nosso certificado da Palestina era um documento da Cruz Vermelha Internacional de Genebra e atestava: "O sr. Hans Goslar e sua família foram registrados na lista de veteranos sionistas para imigração para a Palestina e intercâmbio". Aqueles finos pedaços de burocracia haviam adiado nossa deportação de Amsterdam e nos ajudado a ficar em Westerbork por mais tempo que muitos outros. Agora eles pareciam nos dar passagem a um lugar onde teoricamente seríamos bem tratados. Mas quando nos devolveriam nossa liberdade?

Patrulhando o trem havia guardas da SS que não estávamos acostumados a ver em Westerbork. Pareciam assustadores para mim, com seus rostos jovens, mas hostis. Um deles gritou: "Se algum de vocês jogar alguma coisa pela janela, eu atiro!". Eu conseguia ouvir meu coração disparado. Olhei para meu pai, que tentou tranquilizar Oma, Gabi e eu com os olhos, sem falar, até que o soldado foi para uma parte diferente do vagão. Depois que ele saiu, papai explicou que ele estava tentando impedir as pessoas de jogar bilhetes para fora do trem na esperança de que um bom holandês ou alemão encontrasse suas súplicas por ajuda nos trilhos do trem, ou de mandar recados a entes queridos, escapando da censura pela qual nossa correspondência passava em Westerbork.

Minhas esperanças foram abaladas mais uma vez quando os alemães confiscaram a geleia e as salsichas que a administração judaica havia embalado para nós em Westerbork, deixando-nos apenas o pão – e nem era muito pão. No fim, sobrevivemos à base de algumas fatias de pão durante o trajeto, que levou três dias, o trem sacolejando e parando em vários pontos, inclusive com duas paradas noturnas.

"Estou com sede", Gabi resmungou bem no início, mas praticamente não tínhamos água disponível. Em pouco tempo estávamos todos com sede.

"Papai, quanto privilégio será que vamos ter em Bergen-Belsen se nem no trem a caminho de lá eles nos dão comida ou água suficientes?", perguntei. Ele tentou me tranquilizar. "Vai ficar tudo bem; os alemães precisam de nós em boas condições para a troca de prisioneiros. Precisam responder a outros países a nosso respeito."

Pensei naquilo enquanto olhava furtivamente para a paisagem lá fora. A neve caía conforme rodávamos por campos e florestas, o trem cruzando lentamente o noroeste alemão. O cheiro azedo do pus escorrendo pelas bandagens de Gabi me deixava zonza. Eu estava com frio demais e agitada demais para dormir.

* * *

Eu me sentia exausta quando o trem chegou à estação de Bergen-Belsen, por volta do meio-dia, três dias depois que partimos. Estávamos apenas 65 quilômetros ao norte de Hannover, onde meu pai nasceu. Quando descemos à plataforma, vi guardas da SS armados com baionetas gritando com as pessoas que não andavam rápido o suficiente. Com eles havia pastores-alemães latindo e rosnando. Eu sempre tive medo de cachorros, por isso me agarrei ao braço do meu pai e segurei Gabi com força. Oma estava sempre ao nosso lado.

A estação de trem era apenas uma plataforma no meio do nada, não uma estação no campo. O campo ficava a uns oito quilômetros dali, e os adolescentes e adultos sem deficiências, carregando seus pertences, levariam pelo menos duas horas para chegar lá a pé. Como Gabi era pequena e estava doente, fui colocada em um caminhão com ela, junto com mães e seus filhos pequenos. Dava para ouvir os guardas da SS gritando com aqueles que haviam começado o trajeto, mas não caminhavam rápido o suficiente para o gosto deles. Cuspiam xingamentos e os chamavam de fracos.

"Vamos nos encontrar lá", disse papai, tentando soar animado quando nos separamos em meio à gritaria e ao caos. Imaginei Oma e ele desaparecendo atrás de nós enquanto sacolejávamos por uma estrada de terra cruzando uma vila rural. Como eu os encontraria no campo? Havia tanta gente...

"Hanneli, aonde a gente vai?", Gabi me perguntou pelo que pareceu a centésima vez. Eu vinha dizendo a ela que estávamos a caminho de um lugar bom: um lugar bom e novo onde ficaríamos juntos e teríamos camas confortáveis e sopa quente. Eu acreditava nas palavras de papai, e esperava que ela acreditasse nas minhas.

A primeira coisa que vi quando nos aproximamos do campo foram prédios cinza cercados de pinheiros e com grandes gramados na frente. Talvez fôssemos ficar ali, pensei esperançosa. Mas então vi uma placa dizendo que eram para o regimento Totenkopf da SS. O nome significava "Regimento da Caveira". Então era ali que a SS ficava. Chegamos a uma barreira vermelha e branca com guardas da SS armados com metralhadoras, a característica insígnia de caveira e ossos cruzados no lado direito do colarinho. Assim que atravessamos a barreira, saímos do caminhão sob um céu nublado e cinzento. A primeira coisa em que reparei foi que havia mais cercas de arame farpado. Para todo lugar que eu olhava, havia torres de vigia com faróis. Eu não podia imaginar como alguém conseguiria escapar dali. Além do arame farpado, viam-se altos abetos verdes. E, além das árvores, campos cobertos de neve. O mundo natural era tão calmo, que parecia manchado pelo horizonte ermo de enormes barracões de madeira.

Estamos na Alemanha agora, pensei, sentindo a dor aguda do que talvez fosse a sensação de ser esquecida pelo resto do mundo, agora longe da aparente segurança da Holanda.

O grupo de mulheres e crianças em que estávamos foi conduzido a um cômodo amplo e frio com chuveiros e chão de cimento.

"Tirem a roupa aqui", disse um guarda da SS. Ele e outros guardas continuaram parados ali, deixando claro que iriam assistir enquanto nos despíamos. Hesitei, mas outra mulher me cutucou. "Só faça o que eles mandam. Finja que não estão aqui."

Mas eu não conseguia fingir, sentia os olhos deles nos encarando. Ao mesmo tempo em que eu estava desesperada para me lavar daquela viagem, pensei que talvez derretesse de tanta vergonha. Foquei em Gabi, instruindo-a a tentar manter a cabeça fora do chuveiro, porque estava preocupada que as ataduras ficassem encharcadas.

Fiquei aliviada porque a água naquele dia estava morna. Mas logo eu estava tremendo de novo, em uma sala muito mais fria e úmida. Tudo que tínhamos para cobrir o corpo era uma pequena toalha enquanto ficávamos de pé, em fila, para o médico examinar nossas cabeças em busca de piolhos.

Então fomos levados ao Campo Sternlager, o Campo de Estrelas, assim chamado por causa das estrelas que usávamos por sermos prisioneiros judeus. Era o tal campo privilegiado de "troca", um dos muitos que havia no complexo. Bergen-Belsen foi sendo improvisado ao longo do tempo, mas era dividido em três seções principais quando chegamos. Havia um campo de prisioneiros de guerra, onde milhares de soldados inimigos capturados ficavam detidos, muitos dos quais soviéticos; um "campo de residência", que continha vários subcampos para "judeus para troca", incluindo o nosso; e um campo menor de "prisioneiros", designado a prisioneiros não judeus de toda a Europa.

Os alemães nos consideravam "Schutzjuden", ou "judeus protegidos", e nos mantinham afastados dos outros prisioneiros porque, com nossos passaportes de outros países, éramos candidatos a sermos trocados por militares alemães capturados pelos Aliados. Cada complexo no campo tinha sua própria população, de prisioneiros políticos a judeus poloneses, de criminosos a prisioneiros de guerra russos. O nosso era dividido em três alas: uma para homens, uma para mulheres, onde também ficavam as crianças, e a terceira para o hospital. Uma via principal, apelidada de High Street, cortava o complexo no meio, ligando as diversas áreas. O Campo de Estrelas tinha cerca de 3 mil pessoas, espalhadas por dezoito barracões. Perguntei quando eu veria meu pai e minha avó, e me disseram que Gabi e eu ficaríamos num barracão feminino, mas que eu poderia vê-los mais tarde.

Apesar de sermos supostamente "valiosos" para os alemães, ficava cada vez mais claro para mim que não seríamos tratados como se fôssemos. Quando entrei no dormitório, eu tremia de frio; estava quase tão congelante quanto lá fora. Eu odiava passar frio, e ali era claramente mais frio do que Westerbork costumava ser. Mais uma vez fiquei grata pelos casacos de lã que a sra. Ledermann havia insistido que eu levasse para mim e Gabi. Os barracões cheiravam a uma mistura de desinfetante e repolho. A maior parte do espaço estava entulhada com fileiras de treliches, parecidos com aqueles em que dormíamos em Westerbork. A distância entre as camas era tão mínima, que eu precisava me esgueirar de lado para transitar no local. No total, cerca de 170 mulheres e crianças ficavam alojadas ali. Na frente, havia uma longa mesa com cadeiras para as refeições. Havia um forno. Tentei me aquecer e aquecer Gabi perto dele, mas havia outras mulheres se apertando ao redor também, e ficávamos sendo empurradas para o lado.

Encontrei duas camas lado a lado, na parte de baixo dos treliches, para Gabi e eu. *Os colchões de palha estão sujos e são mais finos que os que usávamos em Westerbork*, pensei enquanto me sentava no que seria minha nova cama, dura e fina. O ar estava pesado e espesso. Vi uma ratazana correndo pelo chão. Logo eu descobriria que pulgas transmissoras de doenças eram abundantes ali.

"Cadê o papai? Cadê a Oma?", perguntou Gabi enquanto eu a colocava para dormir.

"Tenho certeza de que vamos vê-los amanhã", respondi.

Ambas estávamos mais que exaustas a essa altura, funcionando à base de apenas algumas horas de sono desde que saímos de Westerbork. Acho que adormeci assim que deitei a cabeça; meu corpo todo ansiava por um pouco de sono. Mas, quando acordei ao nascer do sol, com a primeira luz da manhã visível no chão de madeira arranhada do barracão, estava suando, apesar do frio. De início, fiquei confusa. *Como posso estar com tanto calor quando praticamente consigo ver minha respiração no ar?*, me questionei. Eu me sentei e imediatamente senti ânsia de vômito. Então meu corpo se curvou para a frente; me inclinei para fora da cama e vomitei. Fui tomada pelo medo: Como eu poderia estar doente?

Uma mulher mais velha que reconheci da nossa vizinhança em Amsterdam se aproximou de mim e disse: "Eu sei que você não consegue ver, porque não temos espelho aqui, mas, garota, sua pele está amarela. Você deve estar com icterícia".

"Icterícia?", perguntei. "E o que eu faço?"

"Os alemães morrem de medo de doenças. E, quando você tem icterícia, quer dizer que deve estar com algo contagioso. Vai ter que ficar em quarentena", ela respondeu.

"Eu não posso ficar doente! Preciso cuidar da minha irmã!", disparei. Eu mal sabia onde estávamos naquela nova prisão úmida e congelante que até então não parecia nem um pouco "ideal". Não sabia onde papai e Oma estavam nem como encontrá-los. Senti o suor escorrendo pelo meu pescoço de tamanho nervoso e de febre. Minha náusea era constante. Desejei que estivéssemos em qualquer outro lugar, mas não ali. Olhei para Gabi, com aquelas bandagens enormes em volta das orelhas. Eu nem sabia como trocá-las. *O que é que eu faço com a Gabi?*

Nossa ex-vizinha logo voltou com uma mulher que apresentou como sua sobrinha. As primeiras coisas em que reparei foram como ela era alta e que devia ser muito ortodoxa, pela maneira como o cabelo estava coberto por um lenço amarrado atrás do pescoço.

"Sou a sra. Abrahams, vou cuidar da sua irmã. Não se preocupe, ela vai ficar bem comigo. Minha filha mais nova, uma garotinha chamada Lily, tem a mesma idade que ela, então elas podem brincar juntas. Eu tenho mais seis filhos, inclusive uma da sua idade." Ela pôs a mão fria na minha testa, que ardia. "Mas você precisa ir ao alojamento hospitalar."

No começo, eu mal consegui entender as palavras dela – estava mesmo se oferecendo para tomar conta daquela menininha ainda convalescendo? Protestei dizendo que era pedir demais. Mas ela me disse que tinha ouvido falar de toda a caridade que meu pai tinha feito a tantas pessoas e que ficaria honrada de fazer o mesmo pela nossa família agora. "Vou cuidar bem da Gabi", ela me disse. "O seu trabalho é ficar boa. Agora, vá."

Eu nunca tinha sentido tamanho alívio e gratidão.

* * *

O hospital, incluindo os barracões de quarentena, somava cinco quarteirões. Ficávamos separados do restante do campo por arame farpado. Os médicos e as enfermeiras também eram prisioneiros judeus. Eles cuidavam dos pacientes com grande dedicação e consideração, ainda que normalmente não tivessem os remédios ou os equipamentos necessários para ajudar muito. Fui colocada em um alojamento de pedra gelado e ventoso que já havia sido um estábulo. Eu dormia em uma cama no alto, e durante as primeiras semanas ainda me sentia péssima, mas aos poucos minha febre foi diminuindo, assim como a náusea e a dor de cabeça. Para passar o tempo, eu ouvia a chuva caindo e tentava ignorar o frio penetrante enquanto lia e relia outra vez a biografia de Florence Nightingale que a sra. Goudsmit havia me enviado. Tínhamos o bastante para comer – diziam que recebíamos mais do que as pessoas que estavam nos alojamentos normais. Mas tudo era bem sem gosto, limitando-se a imitação de café (sem leite ou açúcar) de manhã e no começo da noite, e uma refeição principal ao meio-dia – sopa com pedaços de couve-nabo e uma fatia de pão. Duas vezes por semana, também recebíamos um pouco de margarina ou geleia para o pão.

Papai e Oma logo descobriram que eu estava em quarentena e, depois de algum tempo, receberam autorização para me visitar. A sra. Abrahams também me visitava. Eu adorava ouvir as histórias que ela contava sobre como Gabi estava melhor. Os ouvidos estavam melhorando, o pus estava diminuindo e ela e Lily eram boas amigas e brincavam juntas. Anos depois, um médico me contou que o clima relativamente mais seco de Bergen-Belsen deve ter ajudado na recuperação dos ouvidos.

Ouvi aviões voando acima de nós quando voltei caminhando, com as pernas ainda fracas e levemente trêmulas, para os alojamentos, um mês depois de ter saído de lá. Eu me perguntava o que estaria acontecendo no mundo fora daquele lugar. Se ao menos pudéssemos receber cartas ou ler jornais... Eu me perguntava se eram bombardeiros britânicos a caminho de

Berlim ou alguma outra cidade para atacar. Era desorientador ficar tão isolada assim, mas pelo menos eu estaria com Gabi de novo. Mal podia esperar para vê-la. Ela não tinha sido autorizada a me visitar enquanto eu me recuperava, e eu senti muita falta dela e me preocupei muito com ela, apesar das atualizações positivas da minha família e da sra. Abrahams.

"Hanneli!", ela gritou ao me ver quando entrei no alojamento. Era uma das crianças menores e mais novas que viviam ali, mas tinha a voz potente, e eu a ouvi imediatamente. Corremos uma em direção à outra e ela me cobriu de beijos e abraços.

A sra. Abrahams veio me cumprimentar e me guiou até a área dos barracões onde, com sua irmã, a sra. Emanuel, haviam montado um lar improvisado para elas e as crianças, inclusive com uma cama para Gabi. Fiquei triste quando percebi que não havia cama livre para mim, mas a sra. Abrahams pediu à mulher em uma cama próxima que saísse para que eu pudesse dormir lá. Aliviada, baixei a mochila e comecei a tirar minhas coisas. Minha mala ainda estava lá com nossos pertences. Por causa de nosso potencial valor de troca para nossos captores, tínhamos recebido privilégios que outros prisioneiros de Bergen-Belsen não tinham, como poder manter nossos pertences e vestir nossas próprias roupas, e nosso cabelo não foi raspado. Fiquei chocada quando vi prisioneiros de outras partes de Bergen-Belsen com a cabeça raspada e usando uniformes de prisão listrados de cinza e azul.

A sra. Abrahams me apresentou suas cinco filhas, inclusive Lily, a amiguinha de Gabi, e a mais velha, Helena, que tinha 15 anos, como eu.

"Fique conosco e vamos viver aqui como uma família, juntas", ela disse.

Senti um calor dentro de mim. Mais uma vez me impressionei com minha sorte por conhecer alguém tão profundamente bom como a sra. Abrahams. Pensei em uma história judaica que papai tinha me contado – o conto dos *lamedvovniks*, que seriam 36 pessoas corretas, basicamente santos humanos, que existiam no mundo sem que ninguém mais percebesse, por causa de sua humildade, mas em quem vivia o destino do mundo. Eu me perguntava se a sra. Abrahams poderia ser uma dessas pessoas. Ela parecia um milagre.

Imediatamente comecei a aprender tudo sobre a vida cotidiana fora dos alojamentos hospitalares de Bergen-Belsen. O chão, que era muito gelado sob os nossos pés com meias; os cobertores azuis e cinza de crina de cavalo que éramos obrigados a usar em vez dos macios e familiares que havíamos levado de casa – até aquele pequeno prazer nos foi tirado em nome da sede dos alemães por uniformidade. As luzes ficavam acesas das cinco da manhã às nove da noite.

Naquela primeira manhã, levei Gabi às latrinas do lado de fora, onde sofríamos a indignidade de nos sentar em buracos recortados em longas placas de madeira. Tentei não vomitar por causa do cheiro. Rezei em silêncio, agradecendo por Gabi ter aprendido a usar o penico em Amsterdam. No começo, fiquei preocupada com a possibilidade de ela cair no buraco no abismo pútrido abaixo de nós, mas ela já havia aprendido como se sentar na borda em segurança. Quando voltamos ao alojamento, joguei água fria no meu rosto e no de Gabi, tomei uma xícara amarga da imitação de café e voltei à minha cama, onde a sra. Abrahams me ensinou como realizar minha missão mais essencial de toda manhã: fazer a cama conforme as instruções oficiais. Isso significava guardar meu pijama e o de Gabi na minha mala, apoiar a mala e a mochila sobre meu colchão fino e cobrir ambas com um cobertor, alisando as bordas e a parte de cima até que o cobertor parecesse tão liso e esticado quanto possível. O desafio era alisar, ou melhor, disfarçar qualquer calombo. Só após nossas camas estarem feitas com esse nível rigoroso de perfeição – e aprovadas por um oficial da SS – a chamada podia começar. A sra. Abrahams me disse que, se uma cama não estivesse arrumada ao gosto de um oficial, ele às vezes jogava a roupa de cama e as malas no chão.

A chamada começava sempre às seis da manhã. Em alemão, o nome era *Appellplatz*, ou apenas *Appell*, uma palavra que aprendi lá pela primeira vez. Era o principal – e mais temido – regime diário.

"Rápido, Hanneli, não podemos nos atrasar", disse a sra. Abrahams enquanto me apressava para terminar a tempo. "Qualquer pessoa que se atrase pode ser punida."

"*Raus! Raus!*" (Saiam!), gritou um guarda que entrou com tudo pela porta justamente quando corríamos para fora.

Segui a sra. Abrahams e parei em uma fileira com os outros membros do nosso alojamento para a contagem dos oficiais. Essas contagens aconteciam por todo o campo, cada uma em frente a uma área aberta ao lado dos barracões. Precisávamos ficar em posição de sentido em fileiras de cinco pessoas. Isso queria dizer ficar ereto e olhando para a frente. A pequena Gabi ficou ao meu lado, agora uma veterana, depois de já ter feito isso durante todo o mês anterior sem mim. O que minha mãe pensaria vendo-a ali, em posição de sentido como uma criança-soldado? Ou, na verdade, como uma criança prisioneira?

Começou a cair uma garoa gelada, que se transformou em uma chuva mais pesada. Gabi não chorou nem choramingou; aparentemente havia aprendido a não fazer isso. O frio era de gelar os ossos e fazia meus dentes baterem. Observei enquanto os oficiais da SS passavam por nós a cavalo ou às vezes a pé. Fiquei intrigada e intimidada pelo uniforme deles: botas pretas, chapéus com viseira, longos casacos de lã. Alguns tinham chicotes ou bastões nas mãos, que às vezes usavam em quem fosse considerado "culpado" de alguma coisa, de postura ruim a roupas sujas ou manchadas.

"Oitenta, oitenta e um, oitenta e dois...", ouvi meus colegas prisioneiros contarem. Quando chegou a minha vez, me ouvi gritar em voz alta e clara, em alemão, "Oitenta e nove!". E, apontando para Gabi, dei o número dela naquela manhã: "Noventa!". É claro que ninguém pedia nossos nomes. Para eles, éramos apenas números, não seres humanos.

Todas as manhãs eram iguais. Sob chuva, neve, granizo ou vento forte, ficávamos lá até que os números chegassem ao que os nossos senhores achavam que deveriam chegar. Se não chegassem, recomeçávamos a contagem. A provação podia acabar em cerca de uma hora e meia ou se estender por até oito horas. A punição por uma contagem que não batesse podia ser ficar sem comida por um dia ou apanhar. Se você precisasse ir ao banheiro, faria nas calças mesmo.

Tínhamos de ficar em completo silêncio durante a chamada, mas às vezes, quando os guardas estavam fazendo a contagem do outro lado do espaço, as mulheres cochichavam entre si, trocando "notícias". É claro que não tínhamos como saber se eram notícias reais ou apenas rumores, ou algum tipo de mistura dos dois. Adorei descobrir que havia até um apelido para esse tipo de informação: AII (Associação Israelita de Imprensa).

A ideia das *Appells* era teoricamente confirmar que todos haviam sido contabilizados, mas até Gabi conseguia ver que o objetivo estava mais para nos intimidar e humilhar. Não tínhamos escolha a não ser aguentar o sofrimento até que a contagem fosse divulgada como "correta". Era de conhecimento geral que alguns homens e mulheres da SS cometiam erros de contagem para prolongar nosso sofrimento. Para as crianças pequenas, os idosos e os doentes, essas contagens eram especialmente cruéis.

Não sei quem cogitaria fugir, já que isso poderia – provavelmente iria – significar tomar um tiro. Para onde seria possível fugir, mesmo que de alguma forma a pessoa conseguisse passar despercebida por aqueles portões altos encimados de arame farpado e pelas armas? Aonde eu iria e como seria capaz de arriscar a vida de Gabi se tentasse fugir com ela? Eu só podia imaginar a expressão de um fazendeiro alemão ao ver duas garotas esfarrapadas com o cabelo emaranhado e uma estrela amarela costurada nos casacos que claramente já estavam pequenos demais.

Quando a *Appell* finalmente terminava, os adultos e adolescentes da minha idade e acima partiam para começar suas jornadas de onze horas. No começo, eu trabalhava fazendo sacolas de folhas de celofane. Por horas, ficava de pé numa oficina com outras mulheres. Nossa tarefa era torcer o celofane em tranças que depois eram transformadas em sacolas. Trabalhávamos sem pausa até o começo da tarde, quando duas mulheres nos levavam um barril de sopa fervente com a clássica couve-nabo boiando e algumas preciosas batatas no fundo, se tivéssemos sorte. Sempre tentávamos garantir que a pessoa que nos servia pegasse a sopa do fundo para nós. Depois de algumas semanas, porque eu tinha só 15 anos e uma irmã de quem cuidar, fui poupada do trabalho e passei a gastar meus dias nos alojamentos e ao redor deles, cuidando de Gabi e ajudando a cuidar de outras crianças da idade dela.

Havia muitos tipos de trabalho diferentes. Os que lidavam com a administração do campo, incluindo o trabalho nas cozinhas, embora árduos, eram os mais desejados, porque significavam o acesso ocasional a mais comida. Os chamados "comandos de trabalho" eram os mais fisicamente extenuantes: as tarefas incluíam construir estradas, carregar carvão e o *Stubenkommando*, que significava escavar e remover árvores do solo congelado. Era um trabalho perigoso, com risco de morte. Espancamentos eram comuns, mas parecia que aqueles que trabalhavam na construção, grupo que incluía um número desproporcional de idosos e fracos, apanhavam mais que qualquer outro. Os guardas da SS supervisionavam todos os trabalhadores, sempre armados com paus e bastões. Ouvi falar de pessoas que apanharam tanto, que ficaram gravemente feridas e foram deixadas à beira da morte. Também havia um grupo de trabalhadores que tinha de limpar as casas dos oficiais da SS. Esse era considerado um trabalho melhor, porque havia muita comida lá que era possível tentar pegar, mas, se a pessoa ousasse fazer isso e fosse pega, podia ser morta.

Meu pai tinha um trabalho difícil. Ele fazia parte do que era chamado de "comando dos sapatos". Trabalhava em uma fábrica onde botas militares usadas dos alemães se acumulavam. Essas botas tinham sido usadas em serviço e costumavam chegar incrustadas e endurecidas com barro, sujeira e até sangue. Meu pai me contou como ele e os colegas precisavam desmontar os calçados e depois juntar os pedaços bons de couro, que ainda fossem úteis, para reciclá-los e fazer novas botas. As metas da quantidade de botas que eles precisavam produzir eram irrealisticamente altas, o que tornava o trabalho, de acordo com ele, extremamente estressante. Grossas camadas de pó e sujeira do trabalho enchiam o ar e os pulmões dos trabalhadores. Meu pai começou a voltar ao alojamento à noite com uma forte tosse seca. Eu ficava grata por podermos visitar um ao outro brevemente, e Oma também, à noite, mas fiquei preocupada ao vê-lo visivelmente mais pálido e fraco.

"Não se preocupe, Hanneli", ele dizia. "Vou descansar e me sentir melhor. Isso tudo é temporário. Só precisamos suportar esse tempo até podermos ser transferidos."

Era quase primavera; os dias começavam a ficar mais quentes. Havia um aroma terroso no ar, e com ele nós nos sentimos mais esperançosos. Todos achavam que seríamos transferidos até o verão.

Papai estava se tornando conhecido em seu alojamento por reunir garotos para aulas sobre o pensamento judaico e histórias da Torá, especialmente no Shabat e nos feriados. Ele tentava conduzi-los a um lugar espiritual, longe das realidades do nosso dia a dia. Conforme as condições no campo começaram a piorar, com ainda menos comida, mais fome e doenças se espalhando, ele se sentava na cama, a mais alta do treliche, e dava suas palestras lá de cima. No Shabat, elas normalmente eram sobre o poder e o sagrado que vinham do descanso quando se respeitava o Shabat. Um adolescente, só um pouco mais velho que eu, me contou: "Seu pai ajuda a nos tirar do nosso desespero".

No judaísmo, aprendemos que há esperança de redenção e de ver a luz de Deus, não importa quão sombrio pareça o momento atual. Papai encontrou um jeito, mesmo quando sua própria saúde começou a fraquejar, de ser essa luz.

* * *

A maioria das quase 4 mil pessoas no Campo Sternlager, assim como nós, tinha sido deportada dos Países Baixos. Mas também havia um pequeno grupo de judeos-gregos, e eles tinham sido colocados em cargos de liderança. Nos alojamentos masculinos, papai se reconectou com um judeu-alemão chamado Zvi Koretz, que ele conhecera em Berlim. Embora não fosse grego, havia servido como rabino-chefe da cidade portuária de Tessalônica, no norte da Grécia, que tinha a maior população judaica do país. A cidade tinha tantos judeus, que o porto fechava no Shabat. Os alemães ocupavam a cidade desde abril de 1941.

O rabino Koretz zelava pelo meu pai: tornou-o seu braço direito e o encarregou do alojamento dos homens idosos e com deficiências. Papai se mudou para esse alojamento, o que trouxe um benefício particular: não precisar ficar em posição de sentido para as *Appells* diárias. Isso foi especialmente bom, porque papai parecia estar se tornando mais lento ultimamente.

Crianças com menos de três anos recebiam dois copos de leite por semana além das porções de comida. Gabi agora tinha três anos e meio, então não recebia nenhum. Mas ela estava fraca, e ficando cada vez mais fraca. A esposa do rabino Koretz, Gita, que eu conhecia como *rebbetzin* Koretz, era encarregada de distribuir o leite e insistia em dar a porção de leite a Gabi também. Ela ouvira do marido sobre papai e sua caridade. Eu realmente acredito que o leite tenha feito a diferença entre a vida e a morte para Gabi. Ela pareceu ficar mais forte por causa disso. Para mim, dois milagres aconteceram conosco em Bergen-Belsen: conhecer a sra. Abrahams, nossa própria santa humana, e o leite que salvou a saúde de Gabi.

Eu não tinha palavras para descrever isso, mas estávamos todos engajados em uma luta por sobrevivência. Não era uma luta apenas pela sobrevivência física, mas pela sobrevivência da alma também – para permanecermos humanos naquelas condições terríveis, inumanas. Vi isso acontecer de diferentes maneiras, por exemplo, nas aulas sobre pensamento judaico e religião que meu pai dava, ou nos desenhos e até nas pinturas que as pessoas faziam e escondiam sob o colchão, e nos poemas e nos diários que elas ainda escreviam. As almas também eram nutridas em discussões mantidas sobre arte e música. E também havia os professores que ensinavam as crianças. Uma das atividades favoritas de Gabi era uma "aula de arte" conduzida por uma das mães nos alojamentos. Ela dava a cada criança um graveto e mostrava a elas como desenhar borboletas e flores na terra. Eu não pensava mais tanto na escola, mas me lembrava dela quando ouvia prisioneiros lecionando aulas de francês, inglês ou física uns com os outros.

As rações de alimentos estavam cada vez menores, e tínhamos fome o tempo todo. As mulheres no meu alojamento bolavam planos detalhados de jantares com diversos pratos, recontando de memória as receitas de suas sopas, molhos e bolos de chocolate de sete camadas favoritos. Eu não sabia cozinhar nada, mas ouvia aqueles devaneios com atenção. Minha própria fantasia com comida era bem simples: torrada com manteiga e ovo cozido com gema mole. Eu me imaginava comendo isso de café da manhã na cama, me refestelando em um colchão macio e quente, aconchegada sob lençóis limpos e cobertores confortáveis. E então um bom banho quente, sozinha.

Os guardas alemães, sempre imaginativos quando se tratava de oportunidades para mais crueldade, desenvolveram o hábito de preparar para eles uma porção de goulash com um cheiro delicioso, sabendo que o aroma nos atormentaria. Ouvi dizer que às vezes eles abriam a porta e deixavam os judeus implorarem pela comida, e então, depois de lhes dar um pouco, soltavam um pastor-alemão atrás deles. Quando eu ouvia histórias como essa, tremia de fúria e nojo. Eu estava desesperada para ir para casa.

Também era terrível suportar os insultos disparados contra nós, especialmente pelas supervisoras da SS conhecidas como *Aufseherinnen* e pelos criminosos ucranianos presos em Bergen-Belsen. Eles gritavam "judia suja" ou "porca imunda" e coisas do tipo. Os *kapos* ucranianos pareciam se deleitar especialmente com o trabalho de exercer poder sobre nós, um povo que eles ouviam que era "inferior" a eles.

Mas os aspectos da vida no campo que eu mais detestava talvez fossem as latrinas e ter de tomar banho sob o olhar dos guardas da SS. Ambas eram experiências humilhantes que me faziam sentir exposta e envergonhada, justamente como era a intenção. Nunca me acostumei. Homens e mulheres usavam as mesmas latrinas – apenas fileiras de longas tábuas de madeira com buracos recortados nelas. Nenhuma privacidade, nenhuma tela. O cheiro era opressivo – uma mistura de desinfetante e excremento corporal. Eu tentava prender a respiração, mas o cheiro rançoso me fazia querer vomitar. Ficava triste por Gabi não ter nenhuma lembrança de se sentar no frio silencioso de nosso banheiro limpo e azulejado de casa. Não recebíamos nenhum tipo de papel higiênico. Não podíamos sair dos alojamentos após as nove da noite, e isso incluía não podermos usar as latrinas externas. Então, no barracão, eu tinha um penico para usarmos no caso de precisarmos do banheiro durante a noite. Eu não menstruava enquanto estava em Bergen-Belsen, provavelmente porque estava desnutrida, mas as mulheres que menstruavam não recebiam nenhum material sanitário. Às vezes, elas usavam tiras de retalhos que haviam guardado com esse objetivo de suas jornadas de trabalho. Mas isso era considerado "ilegal" por nossos guardas desumanizadores, e eu me lembro de uma história de guardas da SS ordenando que mulheres pescassem esses trapos do fundo das latrinas.

Ficávamos desesperadas para nos manter limpas, por nossa própria dignidade e para nos proteger de piolhos, pulgas e outros insetos. A única água quente que tínhamos era a da imitação aguada de café feita de chicória ou do fruto do carvalho, então uma vez por semana lavávamos o cabelo usando aquela água. Nosso tempo de banho era cada vez mais curto. Só podíamos lavar nossas roupas com água fria. Meus dedos ficavam azuis de tanto tempo que passavam sob a água congelante esfregando as roupas de Gabi e as minhas.

Mas, apesar de tudo, eu tinha consciência de que as coisas poderiam ter sido ainda piores para nós. Prisioneiros em campos diferentes não podiam se misturar nem se comunicar. Era proibido falar uns com os outros, uma ação punível com a morte. Mas eu podia vê-los através do arame farpado e, mesmo à distância, estava claro que as condições deles eram ainda piores que as nossas. Durante as *Appells* deles, os doentes, fracos e idosos não podiam ficar do lado de dentro se estivessem se sentindo mal, como os do nosso lado podiam. Em vez disso, aquelas pobres mulheres eram contadas enquanto ficavam deitadas na terra.

* * *

A chuva continuava a cair, e qualquer caminhada do lado de fora parecia um trajeto feito por um mar de lama. Mas ainda assim eu estava grata pelas temperaturas amenas, e pelo ronco dos aviões americanos voando acima de nós, normalmente bem baixo. Eles deviam saber que estavam sobrevoando um campo de concentração, já que chegavam tão perto. No começo, era incômodo ouvir o barulho trovejante que os bombardeiros faziam – aquilo me lembrava do dia em que os alemães invadiram os Países Baixos. Mas, é claro, eles representavam a nossa esperança. No domingo de Páscoa de 1944, um dia ensolarado, ouvimos aviões chegando mais perto do que nunca, e eles alvejaram o campo de balas. Eu me joguei no chão, como vi outras pessoas fazendo. Ouvi dizer que, em algumas partes do campo, guardas da SS e judeus se protegeram deitados lado a lado na mesma sarjeta. Então, perto do fim de abril, nossas esperanças aumentaram quando as sirenes de ataque aéreo começaram a disparar regularmente. As pessoas falavam sobre o que aquilo poderia significar, e a Associação Israelita de Imprensa se agitou com rumores e boatos. O consenso era que aquele era um sinal de que os britânicos estavam fazendo progresso em seus ataques à Alemanha.

Uma noite, em maio, quando Gabi e eu fomos visitar papai e Oma, me assustei. Fazia alguns dias que eu não via papai e, de repente, me atingiu a percepção de quanto a saúde dele havia piorado. Ele tinha falta de ar o tempo todo e uma tosse seca e forte. Dizia que a causa era o ar pesado, cheio de nuvens de pó e terra, que aspirava o dia todo na sala do comando dos calçados. Assim como os outros, ele precisava se virar para desmontar sua cota de quarenta pares de botas por dia.

"Quando eu respiro, tusso ou espirro, meu peito dói", ele nos contou. "Também sinto uma dor que parece piorar quando eu mexo qualquer parte superior do meu corpo, especialmente os ombros e as costas."

Oma insistiu que ele fosse ver um médico no alojamento hospitalar. Mas papai tinha receio de que isso fosse tornar mais difícil nos ver, se precisasse ficar lá. O que, ao olhar para ele, percebi que definitivamente precisaria. Mas, quando chegou o fim do mês, ele não teve escolha. Foi diagnosticado com pleurite. Ele me explicou que isso significava que as finas camadas de tecido que separavam o pulmão dele da parede do peito estavam inflamadas. Era o que estava causando a dor.

Fiquei com muito medo e passava o tempo todo preocupada com ele, mas, apesar do receio inicial do meu pai, acabei sendo autorizada a visitá-lo no alojamento hospitalar quase todo dia. Havia até certa privacidade durante as visitas, porque ele podia puxar uma cortina ao redor da cama e se sentar e conversar. Parecia tão pequeno, praticamente engolido pelo pijama enquanto estava deitado na cama... Ele adorava ver Gabi; adorava o ânimo dela. Ela gostava de cantar, claramente musical como mamãe. Cantava pequenas canções para nós e às vezes descrevia o que quer que estivesse fazendo ou pensando de modo cantado, em vez de falar.

"Ver e ficar com vocês é meu melhor remédio", ele nos dizia.

Mas semanas se passaram e ele ainda não tinha sido liberado.

Papai me disse para manter as esperanças de que logo todos nós seríamos transferidos. Também éramos encorajados pelas notícias da AII que vazavam, embora nunca tivéssemos certeza do que era real e do que eram rumores. No fim de junho, houve boatos dos Aliados pousando nas praias do noroeste da França. Talvez a guerra estivesse caminhando para o fim, afinal? No meio-tempo, nosso estranho limbo continuava – uma mistura de tédio, trabalho duro, catar piolhos e lêndeas das cabeças umas das outras e da gola das roupas e nos agachar nas latrinas nos surtos de diarreia enquanto nossas vizinhas de latrina passavam pela mesma coisa.

Em julho, recebemos a boa notícia de que haveria uma transferência das pessoas com certificados palestinos para *Eretz Yisrael*, nossa terra imaginada de prosperidade e abundância, que parecia ser nosso porto seguro. Será que nossa família estaria na lista?

Finalmente ficamos sabendo – minha avó estava na lista, mas nós três não estávamos. Presumimos que fosse porque meu pai estava no hospital, talvez considerado incapaz de viajar, então havíamos sido tirados da lista. Era uma notícia boa e ruim ao mesmo tempo, dolorosa de muitas maneiras. Havíamos esperado muito por aquele momento e ele finalmente chegara, tão perto, mas não iríamos juntos como uma família. Era um baque permanecer naquele exílio quando víamos outras pessoas se prepararem para a liberdade. O contraste era enorme – presos atrás do arame farpado ou navegando em direção à Terra de Israel.

"Oma, estamos muito animados por você!", eu disse a ela. E eu estava mesmo, embora também estivesse com medo de ficar lá sem minha avó. Não a via muito, mas, quando a via, ela era um toque de conforto, representando nossa casa, mamãe e o amor. Ela estivera vivendo no alojamento de mulheres idosas, mas teve de ser transferida para um alojamento de quarentena em preparação para a transferência, então não a veríamos de novo antes da hora da partida.

"Vou esperar por vocês em *Eretz Yisrael*, pronta para recebê-las quando chegarem", ela disse. "Imaginem só, mantenham essa imagem em mente." Gabi e eu a abraçamos por um longo momento. Ela beijou nossa testa em despedida. Pensamos que aquilo fosse o fim – tudo que podíamos fazer era rezar para que nos reuníssemos novamente em Jerusalém.

Mas, duas semanas depois, ficamos chocados quando Oma foi removida da quarentena e levada de volta ao nosso lado do campo. Ela havia abordado um oficial da SS – algo corajoso de fazer, porque falar diretamente com a SS era estritamente proibido, e ela poderia ter sido punida por isso. Ela contou a ele sobre seu genro convalescente no hospital e disse que tinha duas netas que não poderia deixar para trás sozinhas. Então, pediu para ser removida da lista de transferências.

"Mas, Oma", choraminguei, "você estava quase livre!"

Ela olhou para mim e sorriu. "Era a coisa certa a fazer. Agora estou por aqui de novo, perto de você e de Gigi."

* * *

No final do verão, as condições estavam ficando ainda piores. Novos grupos chegavam constantemente, deixando os barracões mais lotados do que nunca. Desde o início do verão de 1944, judeus haviam começado a chegar em números cada vez maiores, de trem ou a pé, de outros campos da Polônia. Nós os víamos vestidos com listras pretas e brancas e, às vezes, um cobertor, as cabeças raspadas, os corpos fracos e esqueléticos. Eu tinha que desviar o olhar, porque a visão era horrível. Começaram a circular boatos de que os alemães os mandavam para lá porque o exército russo estava se aproximando, e a intenção deles era afastar o maior número possível de judeus da chance de libertação.

"Libertação". Era uma palavra nova que eu ruminava devagar. Ficava presa na minha cabeça, ainda que parecesse um sonho ilícito até mesmo de cogitar.

A cerca entre o campo dos homens e das mulheres foi derrubada quando alguns dos alojamentos passaram a ser necessários para os recém-chegados. Os "judeus de troca" foram apertados em um número menor de alojamentos, forçados a dormir dois em cada cama. Por sorte, consegui ficar com Gabi. Dormíamos pertinho toda noite.

Um pequeno grupo de judeus de Bengazi, na Líbia, foi colocado na nossa área do campo. Eles só falavam italiano e árabe, então era difícil nos comunicarmos. Não tinham roupas quentes para o clima frio que parecia se aproximar rápido demais conforme o verão terminava. Eu senti muito por eles naquelas roupas finas. Ficava observando um deles – um homem jovem e muito religioso, um professor que vivia num alojamento masculino próximo – reunir um grupo de garotos, todos sentados de pernas cruzadas em um círculo do lado de fora, e ensiná-los hebraico.

Eu ficava ouvindo as aulas. "*Einayim*" significa "olhos". "*Reglayim*" significa "pernas".

O comandante Kramer, oficial da SS recentemente nomeado como responsável por Bergen-Belsen, que, ouvimos dizer, tinha vindo de um campo chamado Auschwitz, declarou que qualquer pessoa pega sem permissão na "High Street", a rua principal do nosso complexo, seria recebida com tiros. Tínhamos um apelido para ele, por causa da sua inclinação a espancar e torturar as pessoas presas em Bergen-Belsen – inclusive, eu tinha ouvido, soltando cachorros atrás delas. Nós o chamávamos de "a besta de Belsen".

Os alemães estavam sempre procurando maneiras de nos atormentar ainda mais, usando até os feriados judaicos contra nós. Eles tiveram sucesso mais uma vez no Yom Kippur, que caiu no fim de setembro naquele ano. É o dia mais sagrado do ano para nós; até judeus não praticantes tendem a reverenciar o Yom Kippur. É a culminação de dez dias de arrependimento durante os quais os judeus pedem que Deus os perdoe por seus pecados. A pessoa deve existir como um anjo, sem necessidade de comer ou se lavar.

O foco está na vida do espírito, para que esteja totalmente aberto à oração e ao sagrado. Judeus praticantes não tomam banho no Yom Kippur, então, é claro, os guardas alemães nos mandaram para os chuveiros justamente nesse dia.

Eu e as outras no meu alojamento ficamos extremamente irritadas por eles nos obrigarem a tomar banho naquele dia, entre tantos outros dias, ainda que sempre estivéssemos desesperadas para nos lavar. Tirei a roupa e entrei na sala dos chuveiros com Gabi ao meu lado. Como sempre, senti a humilhação de ser observada pelos guardas da SS, mas com um nível a mais de nojo e raiva, porque era o Yom Kippur.

Logo chegou a primeira geada. Nós nos mantivemos firmes durante o frio cada vez mais ártico das intermináveis *Appells*. Ao nosso redor, mais gente ficava doente. Havia cada vez menos comida. A ração de pão foi reduzida a um cubinho de quatro centímetros, cortado com um fio e dividido enquanto aguardávamos em uma longa fila. Meu estômago roncava com tanta frequência, que já era um som ambiente para mim. Gabi aprendeu a parar de pedir mais comida, porque não havia mais comida para receber. No dia 12 de novembro de 1944, fiz dezesseis anos. Nada foi feito para celebrar o dia para mim, exceto por um pedacinho a mais de pão. No Natal, dava para achar alguns pedacinhos de carne flutuando na nossa sopa aguada. Ninguém perguntou que tipo de carne era. Ser kasher não importava àquela altura; qualquer porção extra de proteína era mais importante. Mas eu me lembro que o jovem professor líbio recusou a carne. Ele era devoto.

Minhas visitas diárias a papai continuavam. Eu estava preocupada, porque ele parecia estar piorando, não melhorando. Gabi, Oma e eu falávamos durante as visitas, enquanto ele principalmente ouvia e assentia. Ele não sabia, mas eu tinha economizado minhas porções de pão para comprar cerca de uma dúzia de pílulas de penicilina de um homem que as havia trazido de Westerbork. Os médicos deram o remédio para ele. Eu esperava que as pílulas pudessem curá-lo, mas ele ainda tossia, ainda tinha febre e continuava fraco.

"A guerra vai acabar logo", eu disse a ele, repetindo os relatórios da AII que tinha ouvido. "Você vai melhorar e nós vamos ficar livres."

12. Anne

O fluxo de novas chegadas não diminuiu conforme nos aproximávamos de mais um inverno congelante. Parecia que dezenas de milhares de pessoas tinham chegado a Bergen-Belsen nas últimas semanas. Algumas iam de trem, mas outras, pelo que entendemos, tinham sido obrigadas a ir a pé. Os alemães evacuaram os campos de concentração onde elas estavam antes e as obrigaram a marchar para o oeste, para longe das forças aliadas. Algumas seriam forçadas a trabalhar como mão de obra escrava em fábricas. Eu não tinha ideia de como alguém poderia ter aguentado caminhar sob granizo e neve com aquelas roupas finas. Sem abrigo, com pouco para comer. Elas vinham acompanhadas de guardas armados. Ouvimos pela AII que os guardas atiravam nelas caso tropeçassem e caíssem – ou se tentassem fugir. Quantas teriam partido, mas não chegado?

Entre os recém-chegados havia mulheres e crianças, esmagadas em tendas no campo bem ao lado do nosso. Podíamos vê-las através da cerca de arame farpado. Assim como as outras, elas vinham do leste, de um campo chamado Auschwitz. As mulheres no nosso campo se referiam a elas como *Zeltfrauen*, as "mulheres das tendas". Durante uma tempestade com fortes ventos e chuva pesada, algumas das tendas saíram voando. As mulheres que as habitavam ficaram desabrigadas do lado de fora, encharcadas até os ossos pela chuva e pelo frio. Eu me senti péssima ao vê-las. Mais uma vez pensei em como era grata pelas mínimas condições que tínhamos. A Cruz Vermelha havia acabado de mandar aos prisioneiros de Sternlager pequenas caixas de alimentos. Cada uma de nós recebeu uma caixa do tamanho de um livro contendo torradas e frutas secas. A distribuição delas no nosso alojamento gerou uma pequena celebração – as provisões eram uma tábua de salvação lançada de um mundo onde as pessoas, nós pensamos, devem ter ficado sabendo de nosso sofrimento. Foi encorajador nos sentirmos menos invisíveis, mas nos perguntávamos: Por que só havíamos recebido uma caixa de provisões por pessoa? Certamente a Cruz Vermelha teria mandado mais, então por que não estávamos recebendo mais? Achávamos que os alemães provavelmente as estavam retendo.

Era difícil continuar grata pelo pouco que tínhamos. Onde antes havia seis grandes barracões para nos lavarmos, no inverno havia apenas dois, para todos os homens, mulheres e crianças do Campo Sternlager. Imagine só: doze torneiras para quase 4 mil pessoas. Nosso campo agora também tinha algumas centenas de judeus da Albânia e da Iugoslávia, além dos holandeses, gregos e líbios. As latrinas estavam lotadas e sobreutilizadas, então algumas pessoas pararam de usá-las. Eu acordava de manhã e via – e cheirava – pilhas de excrementos, o que me fazia querer vomitar.

Os dias começaram a ficar mais e mais insuportáveis, e não só por causa da miséria. Nossa vida cotidiana era cheia de injustiças difíceis de testemunhar: uma mãe punida e recebendo apenas pão e água por três dias porque havia tentado cozinhar um pouco de comida leve para o bebê em um pequeno fogareiro; um prisioneiro sangrando depois que um guarda soltou seu pastor-alemão em cima dele por não trabalhar rápido o suficiente. Uma punição especialmente cruel e estranha foi dada a um homem idoso que trabalhava no comando dos calçados: ele tinha cochilado sobre uma bota que estava desmontando e foi obrigado a ficar de pé, sem se mexer, sob um teto com uma goteira, os pingos d'água caindo no mesmo ponto de seu pescoço. A maldade em Bergen-Belsen era arbitrária e terrível. Minha única esperança era me tornar tão pequena e invisível quanto possível, de modo que nenhum oficial da SS tivesse motivo para prestar atenção em mim, e assim eu e Gabi poderíamos continuar a salvo.

Agora também precisávamos sobreviver sem nenhuma liderança judaica no campo, porque o grupo foi dissolvido no fim de 1944. Eles haviam sido responsáveis por ajudar a manter a ordem; ouviam nossas angústias e aflições e faziam tudo que podiam para facilitar nossas vidas.

Com tantos doentes ou fracos demais para trabalhar e o número de mortos aumentando cada vez mais, a maior parte dos comandos de trabalho acabou. Tenho certeza de que a SS se perguntava o que fazer conosco. Passávamos a maior parte do nosso tempo nos alojamentos agora. As pessoas mais gravemente doentes ao meu redor olhavam para o nada deitadas em suas camas, aparentemente já não se importando mais se viviam ou morriam. Era assustador o olhar apático de pessoas que costumavam ser animadas até poucas semanas antes.

Era fevereiro de 1945. Um ano inteiro havia se passado desde que havíamos deixado Westerbork e o solo holandês, e já fazia quase dois anos que tínhamos sido deportados de Amsterdam. Nunca teria sonhado que a guerra duraria tanto ou que eu chegaria a viver em condições como aquelas. Amsterdam agora parecia ser outro planeta, mas um que eu frequentemente visitava quando sonhava acordada, desejando estar de volta lá com Anne, Sanne, Ilse e nossos outros amigos. Eu tentava entreter Gabi com histórias da nossa vida em Amsterdam. Descrevia o quarto que dividíamos, e como mamãe brincava com ela de blocos de empilhar e nos levava para passear no parque. Eu queria que ela se lembrasse de quem mamãe era e de quanto a amava. Gabi disse que ainda se lembrava de Sjors e de quando se divertiam na caixa de areia. Eu disse a ela que, depois que estivéssemos livres, brincaríamos na maior caixa de areia que encontrássemos, e que depois disso iríamos à praia e brincaríamos no mar.

* * *

Um dia, reparei que a cerca que nos separava do campo onde ficavam as tendas estava preenchida com palha. Fiquei confusa, mas me disseram que era para que não pudéssemos ver uns aos outros. Mas estávamos todos sedentos de informação, e as pessoas se arriscavam a ir até as cercas, desafiando a ordem direta de não se comunicar com ninguém em campos vizinhos, em uma mistura de solidariedade e curiosidade. Novos transportados chegavam a todo momento, e às vezes traziam informações frescas.

"Há mulheres holandesas entre as recém-chegadas", anunciou uma mulher em nosso alojamento em certo dia de fevereiro. "Ouvi pessoas falando holandês."

Isso nos deixou agitadas. Todas queríamos saber se havia parentes ou amigos do outro lado da cerca – pessoas que tínhamos visto pela última vez em Westerbork ou em nossas cidades natais. Mulheres do nosso lado do campo começaram a se aproximar da cerca cheia de palha, chamando em holandês e trocando informações rápidas. Em pouco tempo, uma mulher que conhecera minha família em Amsterdam veio me procurar. Eu jamais teria sonhado em ouvir o que ela me contou. Anne Frank estava entre as mulheres e meninas holandesas do outro lado da cerca.

"A Anne está aqui?", perguntei, repetindo as palavras que ela dissera, mas nem de longe as compreendendo naquele momento. "A Anne está a apenas poucos metros de distância? Aqui? Aqui em Bergen-Belsen?"

Minha mente tentou processar a informação. Parecia impossível. Anne estava na Suíça, a salvo, aquecida, vivendo em uma casa quente, indo à escola, sem dúvida partindo o coração de algum garoto e aproveitando a vida com a família, a avó e os primos. Anne havia sido poupada desse tormento. Era nisso que eu havia acreditado desde o dia em que fui à casa dela e a encontrei vazia, exceto pela querida Moortje e pelo agitado inquilino, naquele dia quente inacreditavelmente distante, em julho de 1942. Agora era fevereiro de 1945. Como era possível que Anne tivesse ido parar ali? E, se ela estava no grupo dos recém-chegados, aquilo significava que antes ela estava em um campo de concentração na Polônia. Nada daquilo fazia sentido para mim.

Mas, se Anne realmente estivesse a apenas metros de mim, como eu poderia não ir atrás dela, ainda que pudesse ser punida por tentar? Havia tanto para perguntar e tanto para contar... Fiquei tão empolgada por pensar que talvez pudesse vê-la, que meu coração disparou. Então imediatamente senti meu choque se transformar em algo completamente diferente – uma tristeza sombria e profunda. Minha amiga, minha Anne esperta e vivaz. Se ela estava ali, não estava livre. Tinha sido um bálsamo pensar que ela estava na Suíça. Era realmente a única amiga com a qual eu não precisava me preocupar, além de Jacque, em Amsterdam. Eu pensava em todas as outras pessoas judias que conhecia – amigos, parentes, professores, vizinhos – e me preocupava com o destino delas.

Eu precisava tentar vê-la. Normalmente, eu nunca me arriscava. A minha segurança e a de Gabi eram a coisa mais importante. Mas como eu poderia não tentar? Então decidi escapar do alojamento antes do toque de recolher das nove horas naquela noite. A sra. Abrahams e minhas outras amigas no alojamento ficaram em choque.

"É perigoso demais", alertou a sra. Abrahams.

"Você poderia tomar um tiro", disse outra pessoa.

"E Gabi?", perguntou outra. "E se alguma coisa acontecer com você lá fora?"

Eu contei a elas sobre Anne, sobre seu brilho, seu deslumbramento e sua personalidade divertida, e sobre como havíamos crescido juntas em Amsterdam; nossas vidas e as vidas de nossas famílias entrelaçadas. Expliquei que eu achava que ela e a família haviam fugido para a Suíça, restando esse mistério em relação a como ela teria ido parar ali.

"Vou tomar cuidado. Não se preocupem", eu disse, embora soubesse que não estava convencendo ninguém. "A Anne é como uma irmã para mim. Preciso ir procurá-la."

Antes de sair, acomodei Gabi na cama apertada que dividíamos e cantei no seu ouvido a oração que fazia para ela toda noite: a *Shema*. Rezei por ela naquela noite, mas também por minha própria segurança. Contei a ela sobre Anne; lembrei-lhe como Anne e sua irmã Margot a amavam e a tratavam como se fosse uma boneca quando ela era bebê.

"Nós empurrávamos você no carrinho e brigávamos para ver quem podia te carregar", contei a ela. Ela riu. Eu amava a risada de Gabi! Era como o som de sininhos.

Fiz carinho em suas costas por alguns minutos, até que ela começasse a adormecer. Lancei-lhe um último olhar e respirei fundo. Coloquei o casaco enquanto atravessava as palavras e os alertas da sra. Abrahams e das outras mulheres. Abri a porta para uma noite gelada e ventosa. Minhas bochechas ardiam com a chuva que acabava de começar. Apertei o casaco de lã gasto mais perto do corpo. As mangas já estavam curtas, e meus pulsos ossudos ficavam de fora. Nos quase dois anos desde que o colocara na mala, eu tinha ficado mais alta, embora emagrecesse continuamente. Tenho certeza de que eu parecia tão esquelética quanto todas as outras pessoas nos alojamentos.

A rua enlameada estava escorregadia, e me concentrei em não cair. Conforme caminhava cuidadosa em direção à cerca, ainda tentava digerir que eu talvez visse Anne em breve. Ainda estava preenchida com descrença; era difícil deixar de lado minhas românticas imagens de Anne na Suíça, tão longe da doença e da morte que eu via ali.

Eu estava bastante ciente das torres de vigia onde ficavam os guardas armados da SS e de que eles também patrulhavam, com seus pastores-alemães em guias, os dois lados da cerca. As cercas nos envolviam e dividiam. Eu não tinha esquecido que a punição por falar com prisioneiros do outro lado daquelas cercas podia ser a morte. Tremia de frio e medo. Mas também pensava em Anne, e meus pés continuaram me levando em frente pelos cinco minutos que levei para chegar lá.

Dava para sentir o cheiro da palha fresca enfiada na cerca e, conforme me aproximei, me empertiguei, correndo as mãos por ela. *Não tenho tempo a perder*, eu disse a mim mesma.

"Olá? Olá?", chamei em voz baixa. "Tem alguém aí?"

Uma voz me respondeu, também em holandês.

"Sim?"

Pareceu familiar.

"Meu nome é Auguste van Pels", eu a ouvi dizer.

A sra. van Pels! Ela, o marido e o filho deles, Peter, às vezes visitavam a família Frank. Eles moravam na nossa rua, e eu sabia que o marido dela trabalhava com o sr. Frank.

"É Hannah. Hannah Goslar aqui", respondi.

Ela respondeu imediatamente: "Você deve querer falar com a Anne. Vou buscá-la. Margot está aqui também. Mas está doente demais para vir".

Fiquei animada por ter achado alguém para levar Anne até mim tão rápido. Mas Margot... Margot estava ali também? E doente? Olhei ao redor nervosa, me agachando quando as luzes das torres de vigia passaram pelo campo. Meu coração batia tão forte, que quase me surpreendi por ter conseguido ouvir a vozinha baixa que chamou: "Hanneli? Hanneli, é mesmo você?".

"Sim, sim, Anne, sou eu!", respondi.

Nós duas caímos imediatamente no choro, a mesma chuva fria sobre nós duas dos dois lados daquela cerca amaldiçoada. Não tínhamos muito tempo, então, entre as lágrimas, consegui perguntar: "Como você veio parar aqui? Por que não está com a sua avó na Suíça?".

Ela me contou que eles nunca foram para a Suíça. Aquela história foi só um subterfúgio. Percebi que a voz dela estava mais baixa, mais fraca. Não era mais o som agudo forte e confiante que eu conhecia. Anne explicou rapidamente onde eles estavam. "Estávamos escondidos no escritório do meu pai, no andar de cima, em salas que ficavam atrás de uma porta secreta. Ficamos lá por mais de dois anos. Dois anos em que nunca pisei do outro lado da porta", ela contou, as palavras agora jorrando para fora. Minha mente voltou às nossas tardes de domingo no número 263 da Prinsengracht, brincando com os telefones e espirrando água nos pedestres que passavam na calçada logo abaixo. No esconderijo, ela me contou, eles tinham ficado a salvo dos nazistas, da deportação e dos campos. Mas em agosto alguém os traiu. Foi um choque terrível. Eles foram presos e enviados primeiro para Westerbork e depois para Auschwitz.

"Levaram meu cabelo", Anne disse, a voz ainda incrédula. Senti a dor da indignação dela. O cabelo escuro e sedoso, que ela ficava o tempo todo escovando, testando formas de cachear; era a parte do corpo de que mais gostava. E ela contou que estava congelando, vestindo só uns trapos. Eu tremi ao pensar nela completamente exposta ao vento gelado e à chuva ao nosso redor. Margot estava com tifo, doente demais para sair da cama. Ela me deu também a terrível notícia de que os pais tinham morrido. Certamente mortos por gás, ela disse.

Mais palavras que não faziam sentido para mim. Por gás? O que aquilo queria dizer? Eu tinha visto pessoas morrerem de fome e doença em Bergen-Belsen, e nós sabíamos que tentar fugir – ou talvez até falar com outra pessoa daquele jeito – podia nos levar a sermos alvejados, mas morte por gás? Eu tinha ouvido outros prisioneiros comentando sobre rumores de assassinatos em outros campos, mas a matança organizada de pessoas, usando gás?

Era demais para compreender. A voz de Anne pertencia a um mundo longe dali, à nossa própria Merwedeplein, onde passávamos as tardes perdidas no mundo das brincadeiras e de nossa imaginação, onde nunca passávamos fome e onde dormíamos em camas quentes, acalentadas por pais amorosos. Mas, naquela voz que eu conhecia tão bem, ela estava me dizendo que as pessoas em Auschwitz eram mortas por gás, inclusive os próprios pais dela. Como era possível?

Era o que acontecia, Anne insistiu. Especialmente para qualquer pessoa acima dos cinquenta anos, como o pai dela. Ela vira os aros de fumaça do crematório. Era isso que acontecia com os entes queridos das pessoas. Fiquei chocada, ainda que eu também tivesse visto coisas que nunca poderia ter imaginado quando ainda estávamos em Amsterdam. Pessoas espancadas e chutadas aleatoriamente, chicoteadas e levando coronhadas. Crueldades horríveis. E, mais recentemente, mais e mais mortes. Os corpos começavam a se empilhar. A primeira vez que vi pilhas de corpos, virei o rosto, e nunca mais olhei de novo.

Havia muito mais que eu queria perguntar, mas sabia que era perigoso me demorar ali. Um guarda poderia nos ver a qualquer momento. Em vez disso, continuamos a trocar notícias sobre os mortos e os vivos em sussurros apressados. Minha voz falhou quando contei a ela que minha mãe morrera no parto. Ela só tinha ficado sabendo que meu irmãozinho morrera; não tinha ouvido falar da minha mãe. Contei que papai estava extremamente doente, mas não tive tempo de contar quão assustada eu estava por causa dele. Contei que meu avô tinha morrido de ataque cardíaco quando ainda estávamos em Westerbork.

"Mas Gabi está bem. E minha avó está aqui também", contei.

"Eu não tenho ninguém", Anne disse, palavras que me cortaram como uma faca.

Nós duas estávamos soluçando agora. Duas garotas aterrorizadas sob um céu noturno encharcado, separadas por essa barreira de palha e arame farpado. Como tínhamos chegado àquele ponto?

"Estou morrendo de fome. Você tem comida? Pode me trazer alguma coisa?", Anne perguntou.

"Sim, vou tentar", eu disse, me perguntando, assim que abri a boca, como conseguiria fazer aquilo.

"Eu volto daqui a duas noites. Espere por mim", eu a instruí.

Ela disse que esperaria. Então nos despedimos apressadas. Olhei em volta, escaneando cuidadosamente os arredores da cerca em busca de guardas antes de voltar na direção dos barracões. Parecia que meu corpo todo vibrava com a emoção de ter reencontrado Anne. Mas meu coração também estava despedaçado. Ela agora era uma figura quebrada, uma sombra da Anne que eu conhecera.

"Hanneli, graças aos céus você voltou", disse a sra. Abrahams, correndo na minha direção assim que me esgueirei para dentro do alojamento.

"É a Anne, é mesmo a Anne", contei a ela e a um pequeno grupo de mulheres que se reuniram para ouvir mais. "Mas ela está congelando, sem nada para usar além do uniforme gasto de prisioneira, e mais faminta que qualquer uma de nós aqui no Campo Sternlager."

Contei a elas mais sobre Anne, como ela era a pessoa mais dinâmica e confiante que eu conhecia. Minhas amigas do alojamento riram quando expliquei como minha mãe costumava brincar: "Deus sabe tudo, mas Anne sabe mais". Mas agora ela estava tão diminuída, tão completamente mudada, contei. Percebi como elas olhavam para mim – com tanta empatia e tristeza no olhar. Imaginei que talvez estivessem pensando em suas próprias melhores amigas perdidas na mistura daquela guerra terrível, se perguntando onde poderiam estar.

Expliquei que eu precisava voltar à cerca, à Anne, com alguma comida. Mas como eu conseguiria levar alguma coisa para ela?

"Não se preocupe, vamos garantir que você consiga levar alguma coisa", disse uma mulher. E então outras se voluntariaram para ajudar também. Elas tinham tão pouco... e nem sequer conheciam Anne. Fiquei maravilhada pela bondade delas. Nos dias seguintes, elas vinham à minha cama com suas doações. As mulheres contribuíram com um pouco do que tinham guardado das nossas pequenas porções da Cruz Vermelha. Ali, um pão era dividido em pedaços de quatro centímetros, compartilhado entre várias famílias, e tinha que durar dois dias. Mas ainda assim aquelas mulheres deram o que podiam. Às vezes, isso queria dizer uma meia ou uma luva.

No dia seguinte, saí para visitar papai no alojamento hospitalar. Eu precisava contar que tinha encontrado Anne – ele ficaria chocado ao ouvir que ela e Margot estavam lá. Além disso, precisava perguntar se ele tinha ouvido alguma coisa sobre as câmaras de gás que Anne havia mencionado existirem em Auschwitz. Ele ficava sempre dizendo a mim e Gabi que mantivéssemos as esperanças, que seríamos transferidos afinal, para sermos pacientes, para aguentarmos firme, para esperarmos – será que ele sabia que os alemães não estavam apenas passivamente deixando os judeus morrerem, como acontecia ali em Bergen-Belsen, mas ativamente nos assassinando? Pensei no pessimismo inato dele. E ainda assim tinha sido o sr. Frank, o sempre otimista, que, no fim das contas, havia se planejado para o pior e organizado um lugar para se esconder.

Quando caminhava em direção à área do hospital, senti o cheiro de algo azedo, como cola fervendo. Vinha do lugar que tinham me dito que era o crematório fora de Bergen-Belsen, onde todos os corpos daqueles que haviam desabado e morrido de fome, doença, exaustão ou os três juntos eram levados para ser incinerados. Ver Anne me lembrou de que eu era uma garota de 16 anos. Eu deveria estar na escola aprendendo minhas matérias favoritas, como história e geografia, e rindo com Anne e minhas outras amigas de alguma coisa boba que uma de nós tivesse dito. Mas, em vez disso, ali estava eu, andando por um campo de concentração para ver meu pai doente e perguntar a ele se os judeus realmente estavam sendo mortos com gás.

Ele estava da cor de um céu cinza quando o encontrei, deitado encolhido na cama. Parecia cada vez mais frágil, entrando e saindo do sono. Na maior parte do tempo seus olhos azuis-acinzentados estavam abertos, e eu sentia que ele estava olhando para mim e realmente me vendo e me entendendo. Mas em outros momentos ele parecia ausente, morrendo. Hoje os olhos dele estavam fechados, o que me deixou desapontada. Mas ainda assim fechei as cortinas ao redor da cama dele e me sentei ao seu lado. De uma vez, sem parar para puxar o ar, tudo escorreu de mim – ter encontrado Anne, como os Frank não tinham ido para a Suíça afinal, como eles estavam escondidos com a família van Pels e um amigo dentista em um sótão atrás do escritório do sr. Frank até serem traídos e enviados para o leste, a um campo chamado Auschwitz. Contei a ele como Anne parecia terrivelmente acabada, tão diferente da Anne de que eu me lembrava. Respirei fundo e apertei sua mão para perguntar: "É verdade? Os judeus chegam lá e são enviados para salas com chuveiros onde são mortos com gás?". Nesse momento os olhos dele estavam abertos e ele parecia ouvir, mas não deu nenhuma resposta. Ele não falava. Não conseguia falar? Sua respiração estava pesada. Amaldiçoei o trabalho exaustivo e sem sentido no comando dos calçados que havia roubado a saúde do meu pai.

"Ah, papai, aguente firme", eu disse a ele, usando palavras que ele mesmo teria usado comigo. "Você e eu e Gabi e Oma seremos transferidos em breve. Só precisamos ter paciência. Está bem?"

* * *

Eu disse às mulheres do alojamento que, de acordo com Anne, usavam gás em Auschwitz para matar pessoas. Algumas delas tinham ouvido a mesma coisa. Mas nenhuma de nós acreditava. Achávamos que as pessoas que tinham vindo de Auschwitz deviam ter enlouquecido por causa das terríveis marchas e jornadas de trem até lá. Tinham comido pouquíssimo, sendo deixadas para congelar e morrer de fome ou para ser alvejadas de balas se não andassem rápido o suficiente. Deviam estar muito debilitadas para acreditar em uma história como essa e espalhá-la. Até os alemães, psicóticos como eram em seu aparente prazer em nos fazer sofrer, nem eles fariam uma coisa dessas.

Quando chegou a tarde do dia seguinte, o dia em que havia combinado de me encontrar com Anne novamente, eu tinha conseguido uma variedade de frutas secas, pedaços de torrada e alguns pedaços de biscoitos reunidos das valiosas mas magras caixas da Cruz Vermelha. Enfiei a preciosa coleção, junto com a luva, dentro da meia. Tudo embrulhado dessa maneira era praticamente do tamanho de uma bola pequena.

Repeti minha rotina de colocar Gabi para dormir na nossa cama e então me enfiar no meu casaco. Puxei o gorro o mais baixo possível sobre as orelhas – era outra noite fria lá fora, mas pelo menos não estava chovendo. Mais uma vez, caminhei com cuidado e devagar, atenta para o caso de aparecer algum guarda. Na cerca, chamei Anne pelo nome. Também usei o assobio da nossa infância, as primeiras notas do hino nacional holandês. Ouvi passos.

"Hanneli, estou aqui", ela respondeu.

Dessa vez, não arriscamos uma conversa.

"Trouxe comida para você", eu disse. "Preste atenção, vou jogar para você agora."

"Ok, estou pronta", ela respondeu.

Atirei a bola para o céu e a observei passar por cima do arame farpado. Senti uma onda de adrenalina.

Mas então vieram gritos terríveis. Era Anne gritando do outro lado. Ouvi uma breve discussão e então passos de alguém fugindo.

"Anne, o que foi? O que aconteceu?"

"Uma mulher pegou e não quer me entregar", Anne gritou. Ela estava soluçando.

"Anne, eu vou voltar aqui de novo. Vou ver o que mais consigo encontrar", eu disse. Os gritos dela eram tão altos, que eu sabia que ela estava convulsionando com as lágrimas. Eu me senti em pânico e só queria fazer alguma coisa, qualquer coisa para consolá-la. "Prometo. Vou voltar com mais comida. Vai ficar tudo bem."

Mas como eu conseguiria reunir comida novamente? Enquanto voltava para meu barracão, senti a ansiedade aumentar. Como eu conseguiria fazer aquilo? A cada dia parecia haver menos para comer enquanto o número de prisioneiros aumentava; era como se toda a estrutura do campo estivesse se desmantelando. Agora só recebíamos uma tigela de sopa rala por dia, além dos quatro centímetros de pão em dias alternados. A sopa chegava em momentos aleatórios. Às vezes era entregue às oito da manhã, às vezes às sete da noite.

"Como foi?", me perguntaram assim que entrei de volta no alojamento. "A Anne gostou do pacote que mandamos?"

Achei que cairia no choro como Anne. Descrevi o que havia acontecido, como Anne ficara arrasada quando a comida foi roubada dela. Todas ficaram muito desapontadas. Fiquei chocada quando disseram que ajudariam outra vez. E, uns dois dias depois, eu tinha mais dois pedaços de pão torrado e mais algumas frutas secas, tudo enfiado em um par de meias, pronto para a entrega. Quando voltei à cerca, estava focada e determinada a entregar o pacote a ela.

"Anne, Anne...", chamei. "Olá? Anne?"

Para o meu alívio, ela me ouviu e veio logo.

"Trouxe outro pacote para você. Fale "olá" de novo para eu ouvir exatamente onde você está", instruí.

"Olá, olá", ela respondeu.

"Ok, fique preparada para agarrar e eu jogo."

"Pronta", ouvi do outro lado da cerca.

Eu nunca fui atlética, e estava mais fraca e mais faminta do que nunca, mas reuni toda a minha força e, me guiando pela voz dela, visualizei onde ela estava. Joguei o pacote por sobre a cerca na direção dela, assistindo enquanto ele sobrevoava a palha e o arame farpado.

Ouvi o pacote cair com um "tum" no chão frio.

"Peguei!", ela gritou, a voz mais parecida com a da antiga Anne.

Soltei o ar.

"Preciso ir", falei, sabendo que qualquer tempo gasto ali na cerca era arriscado. "Mas, Anne, eu volto logo." Então me esgueirei de volta para o barracão na noite clara e fria, meu coração disparado durante todo o caminho de volta. Que alívio, que emoção saber que ela conseguiu pegar a comida. Ela conseguiu! Olhei para cima e vi estrelas brilhando. Pensei no nosso clube "A Ursa Menor Menos Duas" e sorri.

Gabi já estava dormindo profundamente quando voltei. Eu me deitei com cuidado na nossa cama. Fiquei maravilhada com o fato de ela conseguir dormir em meio a tanto barulho. Os barracões estavam muito cheios agora, com centenas de pessoas, e as vozes ecoavam nas vigas. Era uma barulheira. As longas mesas de madeira para as reuniões e refeições já haviam sido removidas fazia tempo para abrir espaço para mais camas – e com elas só chegara mais sofrimento.

Havia tantas mulheres doentes... Algumas gemiam de suas camas imundas, outras gritavam por causa do que devia ser uma dor horrível nos braços e pernas inchados com vários edemas. Algumas ficavam largadas, incapazes de se mover de suas camas, exaustas pela diarreia. Ouvi dizer que o crematório não era grande o suficiente para o número de corpos que precisava incinerar. Às vezes, uma mulher do nosso alojamento morria à noite e seu corpo ficava lá até a manhã seguinte. Houve uma garotinha, com o corpo todo arranhado por causa dos piolhos, que foi buscar a sopa certa noite para levar para a mãe doente. Mas, quando voltou à cama, a mãe havia morrido.

Doenças eram abundantes não apenas porque estávamos morrendo de fome, mas porque tinha se tornado muito difícil continuarmos limpas. Havia pouca água disponível. Tínhamos água corrente apenas uma vez por dia a essa altura, mas eu ainda me assegurava de conseguir um jeito de continuar esfregando Gabi e a mim mesma todos os dias. Eu também catava os piolhos ou as lêndeas do cabelo e das roupas dela e tentava fazer o mesmo comigo. À noite, com as cabeças juntas, cantávamos a *Shema* em uníssono. A voz de Gabi estava se tornando uma doce soprano. As palavras em hebraico que eu cantara toda noite com mamãe soavam como um bálsamo.

* * *

Certa manhã, depois da chamada, um oficial da SS ficou no batente da porta do barracão gritando nomes. A lista incluía meu nome e o de Gabi. Demorei um momento para entender que isso significava que estávamos na lista para sermos trocadas por prisioneiros alemães que estavam com os Aliados. Mas quando?

Amanhã! Amanhã? O oficial disse que precisávamos nos apresentar imediatamente na enfermaria do campo a fim de sermos examinadas por um médico para confirmar que estávamos mesmo sadias o suficiente para sermos trocadas. Eu mal podia conter minha alegria e surpresa. Papai estava certo! Seríamos trocados afinal! Eu não conseguia parar de sorrir. Mas também estava desconfortável; tantas de nossas amigas ficariam para trás, embora elas – entre as quais a sra. Abrahams e a sra. Emanuel – estivessem agora nos cercando e parabenizando. E agora eu sabia que Anne estava ali, e Margot também. Elas estavam morrendo de fome e doentes, e eu não podia fazer nada a respeito disso. Alívio e dor se misturavam no meu coração.

Segurei a mão de Gabi enquanto andávamos com Oma até o hospital para sermos examinadas por um médico alto e de ombros largos da SS. Foi bem rápido, e em seguida nós três nos agrupamos perto da cama de papai com o médico. Percebi que a pele de papai estava ainda mais cinza e pálida do que no dia anterior e, para minha frustração, ele estava de olhos fechados. Ele nem sequer respondia quando chamávamos seu nome. Mas sua respiração estava estável. Não havia a tosse nem o engasgo usuais. Isso me deu esperança. Fixei o olhar nas mãos do médico que ouvia o coração de papai com um estetoscópio. Era óbvio, até mesmo para mim, que de jeito nenhum ele estava saudável o suficiente para ser aprovado para uma transferência. Quando o médico da SS olhou para mim, não me atrevi a perguntar com palavras, que eram proibidas. Em vez disso, implorei com meus olhos, rezando para que ele entendesse o que eu suplicava em silêncio: "Deixe o meu pai vir conosco".

Ele olhou para mim, diretamente nos meus olhos, dizendo com a expressão que entendia exatamente o que estava em jogo. O ar ao nosso redor parou e silenciou. "Hans Goslar, aprovado", o homem anunciou, e riscou o nome dele da lista em sua prancheta.

Um médico da SS, um oficial, havia nos demonstrado um momento de humanidade, um momento de bondade. Eu não conseguia acreditar. Recitei silenciosamente a *Al Ha'Nissim*, uma oração hebraica para milagres.

Naquela noite, as bondosas enfermeira e médica judias que cuidavam de papai trocaram seu pijama por seu terno cinza sob medida, em preparação para a jornada de trem agendada para cedo na manhã seguinte.

No dia seguinte, 25 de fevereiro, Oma, Gabi e eu chegamos ao hospital com nossas malas prontas, mas a cama de papai estava vazia. "Cadê o papai? Cadê o papai?", questionou Gabi.

Ao ouvi-la, a médica se aproximou para nos informar em uma voz baixa e gentil que papai tinha falecido durante a noite.

"Mas nós finalmente vamos – vamos ser transferidos. Finalmente transferidos. Finalmente, finalmente, finalmente. Vamos para *Eretz Yisrael*, a Terra de Israel, como ele sempre quis", eu disse desesperada à pobre médica, que tinha lágrimas nos olhos. Eu estava chocada demais para me mexer. As palavras da médica pairavam no ar, congeladas e impossíveis. Ao mesmo tempo, pude sentir que papai tinha ido embora.

"*Meine lieben Mädchen*", disse Oma, "minhas queridas meninas". Ela envolveu Gabi e eu em um abraço com seus braços agora magros e ossudos. Oma tentou explicar a situação à Gabi, que estava confusa com nossas lágrimas e se esforçando para acompanhar o que estava acontecendo. Mas ela pareceu entender que papai não estava mais lá e chorou conosco. Caminhamos de volta para o ar gelado da manhã com as cabeças juntas. Apenas um pensamento me consolava: papai morreu pensando que ele e suas filhas e Oma ficariam livres, seriam transferidos e teriam autorização para entrar em *Eretz Yisrael*. Seu sonho de longa data – ele iria se realizar. Senti muito que papai não fosse mais fazer parte dessa realidade.

Tentamos cobrir a boca quando passamos pelo fedor dos corpos que se acumulavam nas laterais dos caminhos gelados e nevados, coletados por prisioneiros que empurravam carrinhos de mão. Afastei os olhos. Eu tinha visto como braços e pernas ficavam pendurados para fora daqueles carrinhos de mão e não queria ver o corpo de papai sem querer. Instintivamente me protegi dessa imagem de pesadelo.

Nosso triste trio caminhou aos tropeços, carregando malas e mochilas, em direção ao edifício administrativo para se apresentar para a transferência. Quando chegamos, vimos que uma longa fila havia se formado do lado de fora do prédio, com outras pessoas da lista. Achamos o fim da fila e esperamos. Gabi reclamou que suas mãos estavam geladas. Minhas mãos e meus pés pareciam blocos de gelo. Batíamos os pés e as mãos para tentar nos aquecer e esperávamos. Ficamos de pé por quase quatro horas naquela temperatura ártica. O frio anestesiante pelo menos era uma distração do choque e do luto que eu sentia por ter perdido papai.

De repente, um oficial da SS saiu lá de dentro. Imediatamente nos viramos para ele, esperando boas notícias. Mas, em vez disso, ele, as-

“Agora voltem aos seus alojamentos”, rosnou.

Em um estupor, de alguma forma conseguimos nos recompor e voltar aos barracões: Oma para o dela, Gabi e eu para o nosso. Meu estômago estava embrulhado quando empurrei a porta do alojamento e vi um lugar e pessoas de quem eu me despedira apenas algumas horas antes. Voltar foi pior do que aguentar todo o ano anterior ali. Vi que outra mulher estava deitada na nossa cama. A sra. Abrahams, ao ver nossos rostos, intuiu nosso sentimento de derrota e luto. Eu me ouvi dizendo a ela palavras que de alguma forma consegui compor, mas que estava apenas começando a absorver: “Meu pai morreu e a troca foi cancelada”.

Ela sussurrou alguma coisa para a mulher que já havia levado suas coisas para a nossa cama, e ela saiu de lá. Gabi e eu nos deitamos e fechamos os olhos.

Nos campos, não havia tempo nem espaço para ficarmos de luto por nossos mortos, para fazermos os tradicionais sete dias judaicos de shiva. Mas, pelo menos, à exceção da tortura diária das *Appells*, eu podia ficar no alojamento, na cama, fazendo a minha própria versão de shiva. Agora havíamos parado até de falar sobre a possibilidade de libertação. Em vez disso, falávamos sobre a esperança de receber mais comida, a esperança de aguentar mais um dia. Para mim, não havia tempo para contemplar não sobreviver. Como sempre, eu precisava manter Gabi viva.

Alguns dias depois da morte de papai, decidi voltar à cerca para procurar Anne mais uma vez. Eu queria falar com ela, contar sobre papai, queria que consolássemos uma à outra. Eu me aproximei da cerca, mas pude ver, através de novos buracos na palha, que as tendas do lado de lá tinham sido esvaziadas. Anne, Margot, a sra. van Pels, todas tinham ido embora. Desaparecido. Foi como se elas nunca tivessem estado lá.

13.
O trem perdido

Normalmente, quando pessoas no nosso alojamento morriam, deixavam para trás reminiscências de quem haviam sido. Assisti a um lenço amarelo de seda com um monograma descer flutuando da cama de uma jovem conforme suas posses eram recolhidas depois que ela faleceu durante a noite. Ela havia sido conhecida por sua beleza. Eu me lembro que havia um livro de equações sob o travesseiro de uma mulher, que foi física. Às vezes, a lembrança era uma pessoa: uma irmã, um filhinho ou filhinha ou melhor amiga deixados para trás na terra dos que ainda viviam, se é que se podia chamar isso de viver.

As formas nuas dos mortos de nosso campo eram envolvidas em cobertores e então levadas ao crematório. Mas, nas partes do campo que abrigavam aqueles prisioneiros que, como Anne e Margot, vinham de campos de concentração na Polônia, os corpos eram levados para fora, uma corda era amarrada em suas pernas e eles eram arrastados para uma das pilhas que cresciam dia após dia entre os barracões e em frente a eles. Aparentemente não havia espaço suficiente para enterrar os corpos nem capacidade para incinerá-los. Então eles ficavam ali, um pesadelo revoltante que nem a mais doente das mentes teria sido capaz de conjurar. Ainda tentava evitar olhar para eles, manter Gabi e eu do lado de dentro, para que não precisássemos vê-los, mas havia pilhas e pilhas de corpos, e eu era assombrada por imagens que não podia apagar nem quando estava sob meu cobertor à noite, tentando não pensar nelas.

A essa altura, eu mal podia me lembrar de um tempo em que não sentia fome. Parecia que mais e mais tempo se passava entre uma pequena porção de pão seco ou uma mísera concha de sopa. Roubar comida era punível com a morte, mas, conforme as pessoas ficavam cada vez mais desesperadas, ouvi histórias de gente que via couve-nabo nascendo além dos limites da cerca do nosso campo e arriscava a vida para alcançá-la. Às vezes elas conseguiam voltar, às vezes não. Agora havia pouca ou nenhuma água, então estávamos quase sempre com sede. Quando Gabi me levava a caneca esmaltada e pedia: "Água?", eu precisava balançar a cabeça e dizer: "Agora não, espero que em breve". Eu ansiava por água e comida, mas também ansiava por alguma – *qualquer* – gota de solidão. Àquela altura devia haver cerca de mil mulheres e crianças dividindo um espaço pensado para cerca de 150 pessoas – no máximo 300. Era sempre barulhento; os sons do nosso sofrimento nunca silenciavam. Então eu ansiava por silêncio, ao menos um momento de quietude.

Oma ainda podia nos visitar, pelo menos, e às vezes íamos onde ela vivia com as outras mulheres na casa dos sessenta anos e mais velhas. Oma tinha 67 anos. Eu via seu rosto, antes redondo, ficar cada vez mais macilento, a pele seca e enrugada – outro sinal da fome – direto sobre os ossos. Ela não era exceção; todos os nossos corpos haviam sido reduzidos a isso, mas me magoava ver um rosto que eu conhecia tão bem transformado em algo tão de outro mundo. Quando Gabi e eu fomos vê-la um dia, perto do fim de março, ela, cujo maior prazer na vida tinha sido uma xícara de café forte com bolo em um dos cafés favoritos dela e do meu avô, não tinha comido nada por dias além de alguns cubos de pão. Nós nos sentamos ao pé da cama e, juntas, ela e Gabi praticaram os numerais, e falamos sobre o chocolate que comeríamos juntas no litoral em *Eretz Yisrael*.

Alguns dias depois, uma das amigas de Oma foi até Gabi e eu no nosso alojamento.

"Tenho notícias muito tristes", ela me disse.

Eu entendi imediatamente.

"Sua linda Oma faleceu durante a noite. Ela amava tanto vocês duas... Sempre contava histórias sobre vocês. Ao menos agora o sofrimento dela acabou", ela continuou. Então colocou um anel de ouro, o anel de noivado de Oma, na palma da minha mão. "É seu agora. Que a memória da sua avó seja uma bênção."

Mamãe, Opa, papai e agora Oma. Mamãe, Opa, papai, Oma. Eu repetia isso como um cântico. *Minha família está morta*. Era dia 25 de março de 1945, exatamente um mês depois da morte de papai. Eu estava muito magra, mas ainda assim meu corpo de repente parecia tão pesado... Queria fechar os olhos, chorar, mas tudo que conseguia fazer era sentir esse peso de chumbo. Era como se eu tivesse afundado até as partes mais profundas do núcleo da Terra. Agora éramos apenas Gabi e eu. Finalmente senti as lágrimas correndo pelas minhas bochechas, mornas e salgadas. Elas chegaram à minha língua. Fiquei olhando para o nada, apática.

Quando a sra. Abrahams recebeu a notícia, ela e a irmã, a sra. Emanuel, correram ao nosso encontro. Sentaram-se conosco e acariciaram nosso cabelo. Juntas, choramos a morte de Oma. A sra. Abrahams nos lembrou de que éramos como família para ela antes e continuaríamos sendo. Pensei em uma das minhas histórias bíblicas favoritas, a de Ruth. Depois que o jovem marido de Ruth morreu, ela disse à Naomi, sua sogra israelita: "O seu povo agora será o meu povo".

A sra. Abrahams apertou a minha mão.

* * *

Em abril, chovia muito. Quando o céu finalmente clareou, o menor indício do cheiro fresco da primavera penetrou através do cheiro nauseante dos corpos e da fumaça que vinha do crematório. De repente comecei a ter febre. Meu coração ficou apertado. Era o que eu temia. *Não posso pegar tifo*, disse a mim mesma, repetindo as palavras como se fossem um cântico mágico. Mas a doença estava por toda parte, varrendo nosso campo e todos os campos no complexo de Bergen-Belsen. Nós tínhamos aprendido que havia duas variedades de tifo. O tifo em si, o mais mortal, era transmitido pelas pulgas, e a febre tifoide era no estômago. Eu sentia náusea e tinha terríveis dores de estômago, então a sra. Abrahams disse que achava que eu tinha o segundo tipo. Rezei para que fosse o caso. Eu precisava ficar bem o suficiente para cuidar de Gabi.

"Coitadinha, eu sei que você deve estar se sentindo arrasada", disse a sra. Abrahams, colocando uma mão fria na minha testa.

Sair da cama era um grande esforço. Eu só me levantava para usar a latrina, e com dificuldade. Gabi brincava no chão sujo ali perto e cantava canções com Lily Abrahams, a filhinha da sra. Abrahams. Não havia mais quarentena a essa altura, nenhum lugar onde mantê-la a salvo de ser infectada por mim ou qualquer outra pessoa. Durante o dia, o barulho ininterrupto vibrando nos barracões cavernosos fazia minha cabeça latejar.

Parte do som era o luto. Mães de luto por suas crianças. Uma irmã de luto pelo irmão mais velho. Crianças que tinham acabado de ficar órfãs depois que um pai morreu em uma semana e a mãe poucas semanas depois, ou até apenas dias depois. Como eu tivera de fazer, eles estavam começando a entender que a morte significava uma perda para sempre. Para uma criança, isso quer dizer que o sentido mais primitivo, mais básico de segurança é roubado – o chão sob nossos pés não é mais estável.

Sobrecarregada e fraca como me sentia, eu estava ansiosa para acompanhar as notícias da AII de que os soldados britânicos e americanos estavam se aproximando. Eu me deixei sentir um lampejo de esperança. Mas será que eles conseguiriam chegar até nós a tempo, de modo que houvesse mais de nós vivos do que mortos? Qual seria a estratégia da SS conforme o inimigo se aproximava das cercas? E eu estava preocupada com Anne, Margot e os outros dos campos poloneses, que estavam em arredores mais perigosos que o nosso. Queria saber o que tinha acontecido com eles, mas estava doente demais para tentar descobrir, e não havia muito que eu pudesse fazer. Eu podia apenas mantê-los em meu coração e rezar por eles.

Logo, por todo o campo começaram a surgir notícias de trens. Aquela era, aparentemente, a resposta à nossa pergunta sobre o que viria em seguida. Nosso campo seria evacuado. "Arrumem suas coisas", eles nos ordenaram. "Vocês serão transferidas. Trens estarão à sua espera." O transporte era o que mais nos aterrorizava. A situação em que estávamos era horrenda, mas certamente só poderíamos ser levadas para um lugar ainda pior. A maioria de nós temia que subir a bordo de um trem só pudesse significar a morte, especialmente se o boato das câmaras de gás fosse verdadeiro. Olhei para Gabi, que, como sempre, estava brincando ali perto com Lily. Seu cabelo cor de mel tinha se tornado fraco e grudento por falta de lavagens; as roupas dela estavam desbotadas e cobertas de sujeira.

Ninguém nos disse mais nada, mas circulava o rumor de que eles queriam nos levar para Theresienstadt, um campo de concentração na Tchecoslováquia, onde, então, nos levariam à câmara de gás. Perguntei a opinião da sra. Abrahams. Havia alguma maneira de ficarmos? Será que seria mais seguro tentar evitar entrar no trem, na esperança de que os britânicos e os americanos nos alcançassem em poucos dias? Em pouco tempo, no entanto, ficou claro que não tínhamos escolha. As ordens eram para todos nós, sem exceção, a não ser os mais fracos e aqueles com os casos mais graves de febre tifoide, tifo, tuberculose e disenteria, que, obviamente, teriam de ficar para trás.

Eles nos disseram que teríamos de andar até a plataforma do trem, a oito quilômetros de distância. Mas como? A maioria de nós mal conseguia aguentar uma fração disso. No fim, alguns foram levados aos trens de caminhão. O primeiro grupo saiu no dia 8 de abril de 1945. Vi pessoas que eu passara a conhecer e por quem tinha carinho serem forçadas a se separar. Crianças que não tinham escolha a não ser deixar pais doentes para trás, enquanto pais que queriam ficar com crianças extremamente doentes eram forçados, ameaçados com armas, a, em vez disso, se encaminharem para o trem.

Dois dias depois, foi a vez do meu grupo de partir. A sra. Abrahams ajudou Gabi e eu a fazer nossas malas. Mais uma vez, enchi a mala cor de vinho que tinha montado pela primeira vez com a sra. Ledermann dois anos antes. Gabi e eu já estávamos grandes demais para nossas roupas a essa altura, mas elas eram tudo que tínhamos. Guardei também nossas tigelas e nossas canecas esmaltadas, uma para cada, e alisei a capa amassada do meu livro de Florence Nightingale, uma lembrança da sra. Goudsmit e do mundo lá fora. Eu só tinha um cobertor fino para nós duas.

Foi difícil para mim carregar a nossa mala, mas todo mundo à minha volta também estava fraco e com dificuldades para carregar os próprios pertences. Eu estava preocupada que pudesse desabar, e então o que Gabi faria? A sra. Abrahams estava ocupada com seus sete filhos, todos reunidos, agora que os dois meninos estavam com ela, além do marido. Fiquei aliviada quando nós e nossas malas fomos erguidas para a parte de trás de um caminhão. Encontramos assentos vagos em meio aos demais, principalmente crianças. Olhando para trás na direção do Campo Sternlager, pensei que esse era o lugar onde eu tinha visto papai e Oma pela última vez. Agora seguiríamos viagem sem eles. Gabi e eu tínhamos primeiro perdido nossa mãe, depois nossa casa, depois, um por um, o restante da nossa família. Gabi tinha apenas 2 anos, era praticamente um bebê, quando fomos deportadas, e tinha passado quase metade da vida nos campos. Tentei afastar esses pensamentos e focar, em vez disso, em chegar ao trem. Eu já estava exausta o suficiente.

Os portões do nosso campo se abriram; a barreira preta e vermelha se ergueu. Eu conseguia ver os barracões e os terrenos organizados dos oficiais da SS, inclusive o campo de futebol deles. Um sol quente de primavera nos abraçou. Reparei que os oficiais da SS haviam trocado de uniforme para um mais leve, de verão. Sacolejamos pela mesma estrada irregular que tinha nos levado a Bergen-Belsen. Espalhados pelo caminho havia flashes de preto e branco dos uniformes em cadáveres esqueléticos. Eu me encolhi no meu assento e fixei o olhar nos abetos verdes logo além da estrada ou no céu aberto e claro acima de nós.

Deixadas na plataforma do trem, esperamos por horas enquanto outras cargas de caminhões e aqueles que vinham a pé chegavam. Ninguém parecia ter muita energia para falar. Recebemos um pedacinho de pão e margarina para o trajeto. Alguns receberam também algumas beterrabas e nabos crus. Procurei Anne em meio à multidão que aumentava, me perguntando se ela e Margot poderiam ter sido colocadas no trem. Eu tinha apenas ouvido a voz dela quando nos encontramos na cerca. *Será que sequer a reconheceria na multidão*, me perguntei, *privada do lindo cabelo e tão doente e malnutrida quanto o restante de nós?*

Na plataforma, um dos soldados alemães que tinha sido enviado para nos escoltar sorriu quando viu Gabi. Eles lutavam com as tropas, não faziam a guarda em campos de concentração.

"Você quer um biscoito?", ele perguntou a ela.

"O que é um biscoito?", ela perguntou em resposta.

Naquele momento, vi o rosto dele se contorcer. Alguma coisa me disse que só ali ele compreendeu quão desumanizados nós tínhamos sido por seu povo. A expressão dele parecia dizer: "O que foi que nós fizemos?".

Gabi comeu o biscoito – até a última migalha.

Enquanto esperávamos, o sol desapareceu e o céu ficou escuro. As pessoas se deitaram e dormiram. Eu, ainda febril, coloquei a cabeça de Gabi no meu colo. Perto da meia-noite, fomos guiados para dentro dos vagões de gado para esperar – havia por volta de 45 no total. Enquanto os soldados nos conduziam para dentro dos trens, perdi de vista a sra. Abrahams, a sra. Emanuel e as famílias delas. Gabi e eu encontramos um lugar no chão coberto de palha e nos sentamos perto da porta de correr. Havia uma fresta na porta, e pensei que o ar fresco seria bom para nós duas. Mas, assim que o trem começou a se mover pelos trilhos, o vento foi gelado e punitivo. Estremeci e puxei para mais perto o cobertor fino. Eu me deitei e me enrosquei em Gabi. Mal tinha forças para ficar sentada. O trem estava escuro; luz não era permitida, por medo de que pudesse tornar o trem um alvo mais visível para bombardeios. Eu me deitei de costas e tentei ignorar os gemidos dos outros passageiros. Não havia "instalações". As pessoas não tinham opção a não ser urinar nas roupas íntimas. Ao menos fiquei aliviada com o fato de a brisa vinda da porta deixar os odores menos avassaladores.

Outros prisioneiros me contaram que viajaríamos entre duas frentes: os americanos e britânicos teoricamente estavam ao norte de nós, e os russos mais ao sul. Com certeza, podíamos ouvir os sons de batalha se aproximando. Através da fresta na porta, eu também conseguia ver o brilho de fogo do que eu imaginava que fosse o resultado de bombardeios e armas antiaéreas que ouvíamos ao nosso redor. Em certo momento, nosso trem parou abruptamente ao som de uma sirene antibomba. Algum tempo depois, o barulho parou, mas não nos movemos. A luz da lua caía no nosso lado do vagão, agora finalmente silencioso. Ainda mais tarde, fomos todos acordados com o susto pelo som do estouro de uma explosão próxima. O céu ia ficando vermelho. Alguns pensaram que fosse uma cidade próxima incendiada pelas bombas.

Ao nascer do sol que se seguiu, algumas pessoas se esgueiraram para fora do trem. Estávamos todos incrivelmente sedentos, e alguns saíram para procurar água quando perceberam que os soldados alemães designados para guardar nosso grupo arrasado não estavam atirando em ninguém que fizesse isso. Só algumas pessoas tinham forças para caminhar em uma missão como essa, e eu definitivamente não era uma delas. E, mesmo que fosse, decidi que não podia arriscar ser separada de Gabi.

Alguém ajudou Gabi e eu a sairmos do trem quando ficou claro que iríamos permanecer ali por um tempo. Olhei ao redor da estranha cena. Alguns dos meus colegas prisioneiros haviam acendido pequenas fogueiras, onde assavam suas beterrabas. Outros estavam deitados na grama, dormindo profundamente. Respirei fundo: primavera. Havíamos parado em um campo, com flores em botão e uma terra rica e escura.

"Gabi, olhe. Um pássaro! Está vendo o pássaro?", perguntei a ela. Eu não conseguia me lembrar de ver ou ouvir pássaros em Bergen-Belsen.

"Pássaro!", ela gritou. Foi tão bom vê-la sorrir. Sacudi nosso cobertor imundo e, com a ajuda de uma das mulheres, tirei nossos casacos de inverno da mala. Tentei fazer um pequeno ninho para descansarmos. Nós nos deitamos de costas, eu fechei os olhos e senti a maravilha do brilho do sol no meu rosto. Acima de nós havia um céu profundamente azul.

"De volta para o trem!", veio a ordem. Meus olhos se abriram de repente. Ao meu redor, vi soldados alemães pisando nas pequenas fogueiras, derrubando as tigelas com beterrabas cozinhando. As pessoas se atrapalharam para reunir seus pertences e correr ou cambalear até o trem. Não sei como, mas encontrei forças para juntar nossas coisas e me dirigir ao nosso vagão o mais rápido que pude, tudo isso enquanto segurava firme a mãozinha de Gabi. De volta ao trem, de volta ao nosso lugar à porta, o sofrimento recomeçou. Ainda estávamos em Bergen-Belsen, pensei, só que era uma versão móvel daquele inferno.

Aquela primeira parada e a ordem frenética para voltar a bordo sinalizaram o que viria em seguida. Viagem e parada. Viagem e parada – às vezes parávamos por uma hora, às vezes por um dia inteiro. Às vezes as paradas eram em plataformas de estações onde formávamos uma fila para usar as torneiras de água. Nem sempre eu tinha a sorte de conseguir água para encher nossas canecas antes que fôssemos chamados para voltar ao trem. Minha garganta estava seca e sedenta; na minha imaginação, ela parecia um deserto rachado de sol.

Em uma das paradas, assisti enquanto os soldados alemães amarravam lençóis e bandeiras brancos às portas e ao teto do trem. Eles queriam que os britânicos e americanos que bombardeavam a área pensassem que era um trem civil, não um alvo militar. Quando o bombardeio chegava perto demais, o trem parava e nos mandavam sair novamente. Será que isso nunca terminaria? Aonde estávamos indo?

"No chão! No chão!", os soldados gritaram para nós.

Foi uma mudança desorientadora, do movimento monótono para a frente do trem, do corpo vibrando, dos olhos fechados, me perguntando quando toda a tosse e os gemidos ao meu redor chegariam a um misericordioso fim, para de repente me ver sendo expulsa do trem.

"Corram para os campos, afastem-se do trem", um soldado segurando uma submetralhadora gritou para mim. "Afastem-se do trem, rápido!"

Foi assim que me vi deitada na terra, meu corpo sobre o de Gabi, as bombas soando como trovões que se aproximavam. Ouvimos os bombardeiros voando acima de nós. Sons terríveis de explosões ecoavam ao nosso redor. Também havia fogo de artilharia e algumas pessoas gritavam. Eu me senti completamente exposta, com apenas minhas orações a Deus para afastar o terror que sentia. Orava por segurança, para que as bombas parassem, embora eu soubesse que elas significavam que os "mocinhos" estavam tentando nos salvar.

"Ok, tudo limpo. Voltem aos trens agora", gritavam os soldados quando achavam que um bombardeio, que podia durar até uma hora e meia, tinha finalmente acabado.

Todos os dias, eu via pessoas morrerem no meu vagão. Tentávamos enterrar as figuras encolhidas nas laterais dos trilhos. Eram enterros apressados, mas, se houvesse tempo, um dos parentes homens, ou mesmo um estranho, caso necessário, ficava de pé acima do túmulo para recitar a *Kaddish*, a oração judaica aos mortos.

Os soldados que nos vigiavam eram relativamente passivos, muitos deles mais velhos, e todos com rostos marcados e exaustos. Alguns até falavam abertamente que a guerra já tinha acabado e eles só queriam ir para casa. Era torturante ver que eles tinham provisões quando, a essa altura, nenhum de nós tinha mais nenhuma comida. Gabi me pediu algo para comer, mas não havia nada para dar a ela. Tudo que tínhamos eram dores de estômago corrosivas por causa da fome enquanto o vento passava por nós a partir da rachadura na porta, uma torrente de ar gelado ininterrupta, sem misericórdia por nossos dentes batendo e nossos corpos tremendo.

Os soldados não nos alertaram para não fugirmos. Na verdade, quando o trem fazia uma parada longa, nos diziam que podíamos procurar comida na floresta ou caminhar até um dos vilarejos para pedir comida a fazendeiros. Para a maioria de nós, isso nem teria sido possível. Esqueléticos, com estrelas amarelas em nossas roupas esfarrapadas, com piolhos rastejando pelo nosso cabelo e sobrancelhas e sem forças suficientes para escapar de qualquer perigo. Aonde é que iríamos? Eu não poderia arriscar deixar Gabi, mesmo se não estivesse mais doente. Então permanecemos prisioneiras sem a força, as roupas, o dinheiro ou os documentos para sequer sonhar em fugir para a liberdade.

Uma das famílias no nosso vagão eram os Finkel, que tinham sete filhos. Em determinado momento, quando já estávamos parados em algum lugar do interior fazia um tempo, ouvi Ida Finkel dizer ao filho mais velho que fosse em busca de comida em uma das casas de fazenda que conseguíamos ver à distância.

"Jackie, você precisa conseguir comida. Este é o fim. Estamos a caminho da liberdade."

Assisti enquanto Jackie e o pai saltavam do vagão e se encaminhavam para uma das casas de fazenda para pedir um pouco de pão, batatas, qualquer coisa. O sr. Finkel voltou com algumas batatas, mas Jackie ainda estava no caminho de volta quando os soldados fecharam a pesada porta do trem. Podíamos vê-lo correndo através de um campo.

"Parem! Esperem!", a sra. Finkel gritou para os guardas. "Meu filho ainda está lá fora; abram a porta para ele! Vocês têm que abrir a porta para ele!"

Observei enquanto ela esmurrava a porta do trem, gritando. Senti por ela e por toda a família. Tudo que podíamos fazer era assistir à agonia deles. O marido tentava consolar a esposa: "Ele vai alcançar o trem em breve, na próxima parada. Você vai ver".

Mas o trem continuou acelerando em frente, dessa vez não parando durante todo o dia, até o cair da noite. A pobre sra. Finkel ficou deitada no chão do vagão, gemendo: "Onde está o Jackie? O que aconteceu com o meu Jackie?".

Eu não sabia o que dizer. Rezei em silêncio para que Deus o protegesse.

* * *

Estava escuro quando o nosso trem parou onde nos disseram que era Berlim. Berlim! O lugar onde nasci, a cidade que minha mãe e meu pai amavam e da qual sentiam tanta falta. Mas, agora, podíamos ver, conforme nos aproximávamos de seus arredores, que estava parcialmente em ruínas. Pensei no prédio elegante da minha família em frente ao Tiergarten e me perguntei se ainda estaria de pé. Eu me levantei do meu lugar no chão duro e imundo de madeira e tentei espiar lá fora. Vi edifícios esmagados; um prédio queimado de uma ponta a outra, a rua visível do outro lado. Pelo que vi, havia poucas pessoas caminhando, e a maioria delas era de soldados ou bombeiros fazendo buscas nos escombros. Era uma cidade tão grande, mas tão completamente destruída, pensei. Senti algo desconhecido crescer dentro de mim: vingança. Percebi que estava feliz com o fato de a cidade ter sofrido.

O trem atravessou Berlim, estação por estação, até que estivéssemos novamente no interior. Estava ficando cada vez mais difícil dar alguns passos ou mesmo me sentar ereta conforme os dias passavam. Àquela altura eu não conseguia mais acompanhar. Será que estávamos vivendo naquele trem ameaçador havia uma semana? Mais que isso? Por que estava demorando tanto para chegarmos a algum lugar?

Ao meu redor, vi que as pessoas haviam começado a trocar o que quer que tivessem por comida – a jaqueta de couro de um pai amado, agora morto, ou joias, relógios, até pedaços de ouro. Em uma das paradas, procurei bem no fundo da minha bolsa, onde tinha escondido o anel de noivado de Oma. Eu o encontrei e o ergui para examiná-lo bem – admirando o aro liso, de um dourado profundo, com o diamante brilhante no centro. Opa o tinha colocado no dedo dela na mesma Berlim bombardeada e queimada pela qual tínhamos acabado de passar.

Na parada seguinte, juntei o anel com outros anéis de mulheres no meu vagão. Fui até um soldado alemão e disse: "Trocamos isso por comida".

Ele voltou com um coelho recém-caçado. A troca foram seis anéis de ouro por um coelho. Uma das mulheres rapidamente fez um pequeno fogo sobre um círculo de pedras e assou nosso prêmio. Nós nos reunimos em volta do fogo e dividimos os duros mas valorizados pedaços de carne. Fui cortando pequenos pedaços e os dando à Gabi. Era importante que nós duas comêssemos toda a parte que nos cabia.

"Coma, Gigi. Pode ser que leve um tempo até conseguirmos mais alguma coisa", eu disse. Ela não estava seletiva naquele dia, então comeu tudo.

De volta ao trem, as pessoas só ficavam cada vez mais doentes. Mais pessoas adormeciam e não acordavam, corpos eram removidos para funerais rápidos nas laterais dos trilhos de forma quase que rotineira. O cheiro do vagão era tão repulsivo quanto os sons do sofrimento: um coro de gemidos, vozes chamando "mamãe" e orações. Apesar de eu mesma estar muito doente, sabia que precisava sobreviver por causa de Gabi. Conforme os dias e as noites ficavam cada vez mais borrados, isso significava me forçar a conseguir sobreviver até o dia seguinte. Eu não queria ser uma *Muselmann* – a palavra que usávamos em Bergen-Belsen para descrever alguém que tivesse sido reduzido a um monte faminto e desesperançado –, vazia de qualquer faísca de vida ou desejo de sobreviver.

Conforme seguíamos nosso caminho devagar, a terra continuava a tremer com os sons da guerra, aviões barulhentos, o ratatá dos atiradores e as explosões das bombas. *Por que eles estão nos torturando?*, eu me perguntava. *Se querem nos matar, por que ainda estamos vivos?*

Um homem húngaro de óculos, talvez de uns trinta e poucos anos, estava sentado perto de Gabi e eu. Dava para ver que ele estava doente ao extremo, provavelmente com disenteria, talvez também com tifo. Tinha diarreia e usava uma tigela para se aliviar. Enquanto o trem avançava, o homem cambaleou até a rachadura aberta na porta bem acima de nós para jogar o conteúdo da tigela lá fora. Mas errou, e os dejetos caíram direto sobre o nosso cobertor enquanto estávamos ali sentadas juntas no chão. Também espirrou em nós. Frágil como eu estava, gritei. Chorei. Berrei com uma fúria e um volume que assustaram todos ao nosso redor. Fiquei histérica, e por um tempo simplesmente não conseguia me acalmar. "Como é que vamos ficar limpas algum dia?", eu lamentava.

Eu tinha tentado tanto manter o nosso único cobertor tão limpo quanto possível, sacudindo-o em todas as paradas, dando o meu melhor para mantê-lo sem sujeira e sem piolhos. O fedor pútrido agora se agarrava ao cobertor, às nossas roupas. No trem não havia sequer água para beber, que dirá para nos lavarmos e lavarmos nossos pertences.

* * *

Acordei no que eu viria a descobrir que era nosso décimo terceiro dia de estrada. O trem havia parado outra vez. Olhei ao redor e vi que o vagão estava vazio. "Gigi, o que aconteceu?", perguntei, mas ela só balançou a cabeça.

"Cadê todo mundo?", gritei, de repente com muito medo.

Uma voz me respondeu: "Os russos! Os russos nos libertaram. Acordamos e os soldados alemães tinham ido embora – desaparecido. Soldados russos vieram até o nosso trem abandonado e começaram a falar conosco, mas ninguém entendia o que eles estavam dizendo. Um dos soldados russos judeus, que falava iídiche, nos disse: 'Pessoal, vocês estão livres agora'".

Libertação. Eu tinha sonhado com isso desde que tinha sido acordada ao nascer do sol cinco anos antes com o ronco dos aviões alemães invadindo; tinha rezado por esse dia, fantasiado com ele e quase perdido a esperança de um dia chegar a vê-lo. E era isso? Eu tinha perdido o triunfo de ver os soldados alemães escaparem no meio da noite? Tinha sido privada de ver os soldados do nosso lado, nossos heróis, nos dizendo que estávamos livres? Não ouviria a celebração das pessoas com quem tinha sofrido por tanto tempo, expressando juntas o mais profundo sentimento de alívio?

Eu me senti frustrada – roubada.

Então me arrastei até a porta do trem e olhei para fora: onde é que estávamos?

14. Libertação

Tentei esticar os braços e as pernas. Pareciam dormentes e pesados. Meu corpo todo parecia chumbo. Havia palha por todo o chão do trem, que estava grudento de excremento humano, o cheiro nojento dando náuseas, apesar do meu estômago vazio. Não havia mais quase ninguém no trem; a maioria das pessoas tinha ido ao vilarejo próximo em busca de comida e abrigo. Entre os poucos que restavam, havia Robert Heilbut e a mãe. Robert era mais ou menos um ano mais novo que eu, acho, e também estava dormindo na hora da libertação. Ao ouvir a notícia de que os soldados russos a cavalo tinham nos dito que agora estávamos "livres", ele respondeu resmungando: "Já ouvi essa antes". Virou de lado e voltou a dormir.

Em Amsterdam, os Heilbut viviam do outro lado da nossa rua e frequentavam a mesma sinagoga que nós. Nossos pais mantinham certa amizade. Eu tinha ficado sabendo que o pai de Robert e os dois irmãos mais velhos não sobreviveram. Então só sobraram ele e a mãe. Alguns dias antes disso, eu a vira trocar os relógios do falecido marido e do filho do meio por um pouco de carne enlatada e de queijo dos soldados. Ainda assim, a sra. Heilbut estava fraca demais para sair do trem. Assim como a sra. Finkel, que estava muito doente. O filho dela, Jackie, é claro, não tinha conseguido alcançar o trem depois de ser deixado para trás, como o marido havia tentado assegurar que ele conseguiria. Tanto a sra. Finkel quanto a sra. Heilbut teriam de ser deixadas ali por enquanto. Mas nós precisávamos ir. Eu precisava nos tirar daquele trem e encontrar comida.

Eu me arrastei até a borda do vagão. Os soldados russos instruíram todos nós a procurar comida e tomar uma casa no vilarejo vizinho, Tröbitz. Então, com Robert, Gabi e eu começamos a caminhar no que esperávamos que fosse a direção correta. Mas... "tomar"? A ideia de que eu seria capaz de tomar uma casa de pessoas alemãs me parecia absurda. *Olhe só para mim*, pensei. Eu era uma garota magricela de 16 anos que já estava achando exaustivo caminhar uma curta distância. Como poderia tomar qualquer coisa de qualquer pessoa?

Mesmo assim, começamos a andar por um caminho em meio à mata fechada. Por sorte, o vilarejo não era muito longe, mas estávamos tão fracos, que levamos algum tempo para chegar lá. Quando alcançamos uma clareira que conduzia ao vilarejo, absorvi a vista das casas com paredes de reboco branco e telhas vermelhas, próximas umas das outras, ao longo de uma rua de pedras. Bandeiras brancas feitas de lençóis estavam penduradas em muitas das janelas.

Havia outras pessoas do trem circulando por entre as casas. Fiquei vidrada nos potes de conservas e pães que elas carregavam. Alguém por quem passamos nos disse que eles estavam saqueando porões que transbordavam de comida. Mesmo depois de todos aqueles longos anos de guerra, os porões contavam uma história de abundância: potes de vegetais, incluindo milho, ervilha e picles, geleias e porções de pão, pedaços de queijo, carnes. Os sobreviventes do nosso trem de pesadelo estavam carregando tudo que pudessem em sacas que antes continham farinha e açúcar. Quando passamos pela padaria da cidadezinha, vimos que as vitrines tinham sido quebradas, destruídas pelos desesperados para chegar ao pão que havia lá dentro. Algumas pessoas tinham até encontrado panelas de ensopado e sopa fervendo em fogões e engolido tudo direto das panelas. Mais tarde fiquei sabendo que muitas das pessoas que devoraram aquele recém-descoberto paraíso abundante ficaram muito doentes, e algumas até morreram. Frente a frente com comida pela primeira vez em tanto tempo, os corpos famintos foram sobrecarregados. Quase morrer de fome para depois acabar morrendo por causa da primeira refeição a saciar você parece desesperadamente cruel.

Àquela altura, minha fome ultrapassava meu medo, então, juntos, entramos em uma das casas. Vi queijo e leite na cozinha, mas a mulher alemã que vivia lá, com os olhos arregalados de medo e, bem possivelmente, nojo ao nos ver, implorou: "É tudo que meu bebê e eu temos para comer". Robert e eu nos entreolhamos e não pegamos a comida. Em vez disso, fomos direto escada abaixo para inspecionar o porão. Procuramos em toda parte, mas não conseguimos encontrar muito que tivesse sobrado para comer. A casa já tinha sido revirada por outras pessoas do trem. Também descobrimos que não havia mais casas em Tröbitz onde pudéssemos tentar nos abrigar; todas estavam lotadas. Os sobreviventes do trem não estavam "enxotando" os residentes alemães, mas dividindo com eles os cômodos, em uma proximidade desconfortável. Simplesmente não havia mais espaço.

Era tão estranho para mim que os alemães agora tivessem medo de nós – embora talvez *repulsa* seja a melhor palavra. Eles nos olhavam horrorizados conforme andávamos por ali em nossos trapos imundos, pele e osso, exigindo comida. Encolhiam-se diante da nossa aparência e sem dúvida das doenças que carregávamos também. Fiquei sabendo que eles morriam de medo dos russos. Uma moradora do vilarejo nos contou que tinha certeza de que eles os conduziriam para dentro da igreja do vilarejo e queimariam todos. Acreditavam na propaganda que os líderes deles faziam de russos violentos e assassinos. Mais tarde, depois que tive tempo de processar a cena daquele dia, eu me perguntei: Por que, em vez disso, eles não estão com raiva de seu governo, que fez isso conosco?

Eu não sabia o que fazer. Era tão frustrante que tivéssemos perdido tempo na corrida para encontrar um lugar onde ficar... Depois de algum tempo vimos alguns soldados russos – os primeiros em que pus os olhos, na verdade. Percebi que, assim como os habitantes alemães do vilarejo, eles também pareciam impressionados com nossa aparência. Alguns dos soldados choraram quando nos viram pela primeira vez. Também claramente mantinham alguma distância, pois não queriam pegar tifo, disenteria ou qualquer outra coisa com a qual pudéssemos estar infectados. Eles nos instruíram a ir até Schilde, um vilarejo de agricultores ali perto. Em Tröbitz, a maioria dos residentes havia pendurado as bandeiras brancas e se rendido quando os russos chegaram, mas tinham ficado onde estavam. No vilarejo, alguns dos moradores tinham fugido, deixando as casas vazias.

Assim que chegamos a Schilde, alguém nos indicou a casa do prefeito do vilarejo, um membro fervoroso do partido nazista, que tinha reunido a família e fugido. Agora estava à nossa disposição. Nossa sorte foi que no porão tinha alguma comida, mas não comida demais. Então não tivemos a oportunidade de nos entupir de alimentos e morrer de tanto comer. Encontramos principalmente batatas e um pouco de geleia. O forno a gás estava funcionando, então localizamos uma panela e cozinhamos as batatas. A batata morna derreteu na minha língua. Gabi engoliu a porção dela com voracidade. Era incomparavelmente melhor do que aquilo a que alguns de nós haviam recorrido no trem: mastigar folhas e até chupar troncos de árvores.

Uma mãe e sua filha tomaram um lado da casa para elas. Prometeram se assegurar de manter a outra metade para nós, já que tantas pessoas estavam competindo por abrigo. Então saímos e caminhamos de volta até o trem devagar, para buscar a sra. Heilbut e levá-la para a casa do prefeito nazista. Encontramos um vagonete, uma espécie de carrinho de mão, para transportá-la para lá.

Àquela altura, nossa nova realidade começava a assentar.

"Gabi, estamos livres de verdade", eu disse a ela.

Ela franziu a testa. "Livres?"

"Isso, livres. Não tem mais campo, nem trem. Hoje à noite vamos dormir em uma cama de verdade!"

Na caminhada de volta para Schilde, depois que aquela primeira refeição de maravilhosas batatas tinha acalmado a dor de estômago de fome, me permiti aproveitar o sol morno na pele. Ele atravessava as copas das árvores, se derramava sobre as flores silvestres. Até dizer a palavra *primavera* – "É primavera!" – para Gabi foi emocionante. Mostrei a ela o céu azul brilhante, contei que há flores de todas as cores e com os mais deliciosos aromas. Não acho que ela se lembrasse de que havia algo como flores no mundo. Eu me permiti inspirar profundamente o ar limpo, sem nenhum rastro da fumaça do crematório.

Percebi de repente: *Estou aquecida*, não estou com fome. Repeti as palavras enquanto tentava digerir a informação.

De volta à nossa casa tomada, fizemos o melhor possível para limpar o vidro quebrado do chão, deixado por aqueles que haviam invadido mais cedo em busca de comida. A sra. Heilbut, ainda que estivesse fraca, nos ajudou com a organização. Precisávamos nos lavar, eu sabia, tentando pensar no que minha mãe teria nos dito para fazer em seguida. Coloquei Gabi apoiada em uma cadeira no banheiro e tirei nossas roupas imundas e infestadas de piolhos. Esfreguei-a com a esponja e depois a mim mesma, usando a água fria da torneira. Eu tremia enquanto lavava o cabelo, mas, ainda assim, mal sentia o frio. Era emocionante lavar semanas de imundície e suor – lembrar como era me sentir limpa novamente. Fiquei impressionada ao ver os olhos de Gabi brilhando em seu rosto leve e limpo.

Encontrei um vestido pendurado em um armário, de lã vermelha com formas geométricas pretas. Era do meu tamanho. Presumi que tivesse pertencido a uma garota que vivia na casa. Não era nada especial, só um vestido normal. Mas era um vestido sem piolhos. Eu o vesti lentamente e, por um momento, me deixei aproveitar a novidade daquela sensação. Não coçava, não grudava, não fedia.

Agora que nós duas estávamos limpas e usando roupas limpas, abaixei o edredom de penas branco sobre a cama no quarto que Gabi e eu iríamos dividir. Acariciei os lençóis brancos, sentindo a maciez do algodão, inalando o cheiro de roupa recém-lavada. A brancura imaculada quase me cegou. Meu sonho da época dos barracões de Bergen-Belsen se tornava realidade: uma cama macia e limpa. Nossos corpos emaciados afundaram no colchão.

Puxei o edredom por cima de nós e me aconcheguei nele, completamente empolgada. Gabi riu. Eu também estava muito contente por estarmos sozinhas, no nosso próprio quarto, individual e silencioso! Nada do ruído dos barracões lotados e sempre barulhentos.

Da cama, olhei ao redor do quarto, reparando que as paredes verde-claras eram na verdade papel de parede. Ele era estampado com uma forma que se repetia. De repente meus olhos reconheceram a estampa. Suásticas.

Eu mal podia acreditar. O quarto no qual estávamos dormindo em nossa primeira noite de liberdade estava coberto com papel de parede estampado com suásticas.

* * *

Passamos aqueles primeiros dias principalmente na casa e ao redor dela, recuperando nossas forças. Havia seis de nós ali: a sra. Heilbut e Robert; Gabi e eu; e uma mãe com a filha, chamadas Theresa e Ursula Klau – todos éramos judeu-alemães que haviam se refugiado em Amsterdam. A sra. Heilbut, mais forte a cada dia, era extremamente habilidosa. Ela identificou uma planta comestível que crescia no jardim e preparou com ela uma sopa nutritiva para nós. Ficava sempre nos lembrando de comer devagar e não comer demais.

A pior parte de estar no trem tinha sido ver Gabi tão sem vida. Lá ela era como uma boneca de pano, que não reclamava nem chorava. Estava faminta, como todos nós, incapaz de fazer muito além de simplesmente existir. Nossa principal atividade como irmãs era catar piolhos uma da outra e esmagá-los entre as unhas. Fiquei tão aliviada de vê-la ali em nosso lar temporário engolindo grandes colheradas de sopa, o brilho voltando aos seus olhos!

Os soldados russos, em seus uniformes verde-musgo, com a estrela vermelha de cinco pontas, símbolo do partido comunista, no chapéu, praticamente nos deixavam em paz. Havia a barreira da língua quando tentávamos nos comunicar com eles, mas nos deram cartões de racionamento para comprar provisões básicas, como margarina, queijo, leite e pão no comércio local. Também montaram um pequeno hospital de campanha. Forçaram mulheres alemãs da região a buscar os gravemente doentes que tinham ficado para trás nos vagões do trem. Alguns eram carregados nos vagonetes, outros em macas improvisadas feitas com cobertores.

Estávamos livres, mas o número de mortos ainda crescia. Corpos eram deixados no chão de ambos os vilarejos, sob cobertores, aguardando para ser enterrados.

Gabi e eu tínhamos sido separadas da sra. Abrahams e de sua família no trem, mas eu queria desesperadamente descobrir o que acontecera com eles. Tentando manter a esperança, comecei a perguntar por toda parte. Era difícil conseguir informação de qualquer tipo. Mas, por fim, fiquei sabendo que a sra. Abrahams, o marido e o filho mais velho tinham morrido de tifo no dia seguinte à libertação. A crueldade daquilo me tirou o ar por um momento. Ela fizera tanto por nós... Como eu teria conseguido sem o cuidado dela com Gabi enquanto eu estava no hospital logo que chegamos em Bergen-Belsen? Ela nos deixou entrar em seu grupo familiar e me apoiou quando perdemos primeiro Opa, depois papai e Oma. Ela havia sido nossa *lamedvovnik*, nossa santa silenciosa.

Muito tempo depois fiquei sabendo dos números. Das 2.500 pessoas forçadas a entrar naquele trem em Bergen-Belsen, 568 não sobreviveram. Nosso trem vagou por treze dias enquanto os russos e os britânicos se aproximavam. Eu não teria como saber na época quanto tempo passamos nele; parecia simplesmente um pesadelo sem fim. Embora, talvez, o destino final planejado teria sido pior que o trajeto: mais tarde fiquei sabendo, pela família Finkel, que o engenheiro ferroviário tinha contado ao sr. Finkel que recebera ordens de conduzir nosso trem até a borda de uma ponte sobre um rio e deixá-lo mergulhar na água.

Na verdade, houve dois outros trens que partiram de Bergen-Belsen mais ou menos ao mesmo tempo que o nosso em direção a Theresienstadt, ou Terezin, na Tchecoslováquia. Um chegou lá; o outro foi libertado pelos Aliados. O nosso viria a ser chamado de “o trem perdido”.

* * *

De manhã, eu observava a primeira luz preencher o quarto coberto de suásticas. Gabi e eu estávamos começando a nos acostumar, a acordar novamente para as cores e os aromas da primavera e da vida. Eu sentia o cheiro de café fresco na cozinha, passava a mão pelas toalhas e pelos lençóis limpos. Era tudo uma maravilha.

Os vilarejos de Tröbitz e Schilde pareciam estar completamente sob ocupação russa. Víamos os soldados a pé, a cavalo e em caminhões, dirigindo pelas vielas. Certa vez, até uma coluna de tanques passou por Tröbitz. Eles eram nossos libertadores. Oficialmente "soviéticos", é claro, mas nós os chamávamos simplesmente de "os russos". Eu não tive nenhuma interação negativa com eles, mas sabíamos que os alemães nos vilarejos onde estávamos vivendo tinham um receio especial de que aqueles soldados vissem suas mulheres e meninas como "espólios de guerra". Havia justificativa para esse medo. O Exército Vermelho tinha se tornado notório no campo de batalha por igualar seu papel de libertadores da Europa com o direito de se comportarem como bem entendessem.

As mulheres na nossa casa, compreensivelmente, desconfiavam deles – e eram protetoras em relação a mim e Ursula, a outra garota adolescente que vivia conosco. Circulava uma história de que duas mulheres do trem haviam sido estupradas e tinham morrido pouco depois. As mulheres tentavam diversos truques para evitar esse perigo. Havia uma moça de 18 anos que aprendera a dizer em russo: "Eu só tenho 14 anos". Ela dizia que, quando um grupo de soldados se aproximava, isso parecia funcionar, e eles se afastavam. A mãe de Ursula colocou uma placa na janela com pontos vermelhos, indicando (falsamente) que na nossa casa havia escarlatina. Deve ter funcionado, porque não me lembro de soldados tentando entrar na casa.

Então, ali estávamos nós na orla de uma floresta, em remotos vilarejos de agricultores, cercados por uma mistura variada de russos – sobrecarregados com a tarefa de nos supervisionar e que temíamos que pudessem nos estuprar – e alemães, que nos detestavam. Eles nos odiavam em vez de odiar os alemães nazistas que tinham feito aquilo conosco. Todos queríamos desesperadamente sair da Alemanha, voltar para os Países Baixos. Mas nos disseram que teríamos de esperar. Dois jovens recém-casados decidiram que não queriam esperar mais. Em determinado momento, roubaram duas bicicletas e pedalaram por todo o caminho – mais de seiscentos quilômetros – de volta para a Holanda.

Nem sequer me lembro de ouvir a notícia, no dia 7 de maio, de que a Alemanha havia se rendido incondicionalmente às tropas Aliadas. Hitler, eu ficaria sabendo depois, tinha cometido suicídio no dia 30 de abril, exatamente uma semana depois que o trem parou e nos disseram que estávamos livres.

Cerca de seis semanas depois, perto do fim de junho, inquietos e prontos para partir, finalmente ouvimos dos soldados russos que deveríamos nos apresentar com nossos pertences às oito da manhã do dia seguinte no centro de Tröbitz. Seríamos levados de volta para a Holanda, com uma parada primeiro em Leipzig, uma cidade oitenta quilômetros a oeste. Era a notícia que estávamos esperando. Mas também foi doloroso para aqueles que, como os filhos da sra. Abrahams, teriam de deixar para trás entes queridos que não conseguiram sobreviver àqueles primeiros dias. A sra. Abrahams foi enterrada com várias dezenas de outras pessoas, em uma nova área do cemitério de Tröbitz feita para aqueles que tinham chegado no trem e morrido após a libertação.

"Vamos voltar para a Holanda, Gabi", eu disse a ela. Holanda! Ela sabia que era de lá que vínhamos, mas não tinha memória das nossas vidas lá. Agora estava com 4 anos e meio. Eu tentara manter viva a memória dos nossos pais, contando a ela histórias sobre eles, e também contava sobre minhas amigas – Anne, Sanne, Ilse, Jacque –, os jogos que jogávamos juntas e as piadas que contávamos. Agora que o retorno à Holanda estava à vista, comecei a fantasiar sobre possíveis reuniões com elas. Eu estava tão grata por ter visto Anne! Por algum motivo, tinha certeza de que ela havia sobrevivido. Com certeza ela também estaria a caminho de Amsterdam, pensei.

Eu não tinha muito para colocar na antiga mala que levara de casa. Na manhã em que fomos embora, usava meu único vestido: aquele de lã, vermelho e preto, que tinha encontrado pendurado no armário. Vimos uma longa fila de caminhões militares quando chegamos ao centro de Tröbitz e, caminhando ao redor deles, soldados americanos que eu viria a descobrir que se autodenominavam GIs. Com a sra. Heilbut e Robert, subimos nos caminhões que aguardavam. Os americanos me pareceram muito diferentes dos soldados russos. Estavam de bom humor, sem dúvida felizes por também poderem ir para casa em breve. Riam muito e tentavam conversar conosco em inglês.

Sacolejando no caminhão, viajamos pelo interior até Leipzig. Até então, exceto pela minha vista através da fresta no vagão do trem, só tínhamos contemplado propriamente Bergen-Belsen e as cidadezinhas de Tröbitz e Schilde, então foi bom ver campos abertos, vales e torres de igrejas passando rápido por nós. Quando entramos em Leipzig, vi as construções destroçadas e derrubadas que indicavam a severidade dos bombardeios que ocorreram ali. Eu estava começando a entender quão devastadora tinha sido aquela guerra para além da minha visão limitada dela.

Chegamos a uma escola que foi convertida em abrigo temporário para nós. Havia duas longas filas de camas de armar e cozinhas improvisadas onde preparávamos a comida. Vi a família Finkel novamente quando ajudei o sr. Finkel a carregar pesados cobertores enrolados para dentro da escola. Havia pessoas de outros campos de concentração abrigadas ali também. Eu me perguntava se Anne e Margot estariam lá e ficava procurando os rostos delas em meio à multidão. Ficamos no local por poucos dias, e então fomos levados em um trem hospitalar da Cruz Vermelha até a fronteira holandesa.

Gabi me olhou com alguma hesitação quando viu o trem. "Este é um bom trem, Gigi. Não se preocupe", eu disse a ela.

O trem alojava enfermeiras americanas amigáveis que nos deixaram confortáveis em camas macias oferecidas para nós. Assim como todos os outros, eu ainda estava extremamente magra. Pesava só trinta quilos, e isso foi depois de várias semanas me recuperando em Schilde, então eu ainda me sentia bem cansada durante a maior parte do tempo.

Em algum momento, as enfermeiras nos deram carne de porco enlatada para comer. Eu era kasher, então nunca tinha comido carne de porco. Mas também conhecia bem o princípio do *pikuach nefesh*, a crença judaica de que a preservação da vida humana se sobrepõe a qualquer outra lei judaica. Achei que seria minha única chance de provar aquela carne que todos achavam tão saborosa e que era proibida para mim.

Ah, não, pensei ao abrir a lata e ver a parte gordurosa de um pedaço de presunto, que, até onde eu entendia, não era tão delicioso quanto o bacon que uma amiga ainda mais religiosa que eu recebera em sua lata. Eu comi, e não era ruim. Mas sempre me perguntei qual seria o gosto daquele bacon.

Os mais de 550 quilômetros até a fronteira com a Holanda nos levaram através do vale do Elba, com paisagens montanhosas e vilarejos de agricultores, e pela cidade de Weimar, local de nascimento de Goethe, adorado por minha mãe, e onde a primeira constituição democrática da Alemanha foi assinada, emprestando seu nome à criação da República de Weimar, adorada por meu pai. Logo chegamos a uma província de fronteira chamada Limburg, no sudeste dos Países Baixos, a paisagem que passava por nós agora ferida por vilarejos e cidades com cicatrizes de guerra. Estávamos em solo holandês novamente! De imediato senti uma onda de alívio. Quase não parecia real.

Nossa primeira parada foi em um castelo antigo com cerejeiras no jardim. "Vocês vão parar aqui primeiro para fazer um check-up médico e tratar os piolhos", as enfermeiras nos disseram.

Assim que chegamos ao local, tivemos o prazer de ser recebidos por duas irmãs da região, de vinte e poucos anos, que nos deram alguns doces, um gesto que nos deixou muito comovidos. Mas, então, nos deparamos com uma cena confusa: uma fila de homens e mulheres holandeses vigiados por soldados americanos e canadenses.

"Quem são eles?", perguntei.

"Nazistas holandeses, o NSB", alguém respondeu. Parecia que eles tinham sido reunidos havia pouco tempo e estavam esperando julgamento. Eu me lembrei dos pais de Lucie, minha antiga amiga de escola – me perguntei como a guerra teria sido para ela. Estariam os pais dela entre os presos? Os rostos deles ficaram sombrios quando nos viram. Alguns dos outros judeus que tinham estado no trem da Cruz Vermelha gritaram e os xingaram.

Eu estava com raiva e confusa, me perguntando: Quem teria pensado em colocar judeus que retornavam dos campos de concentração e nazistas no mesmo lugar? Todos nós, que ansiávamos por um retorno acalentador à Holanda, fomos chocados pela visão de nazistas da nossa terra, depois de pensar que estávamos finalmente livres deles quando saímos da Alemanha.

Havia uma longa fila para receber roupas limpas. Inspirei o cheiro fresco de roupas recém-lavadas – ainda não conseguia superar a maravilha daquele aroma. Também recebi sapatos. Sapatos de couro que cabiam, que não esmagavam meus dedos! E também tiraram os piolhos de nós, o que envolvia sermos mergulhados em um tipo de pó especial.

Nossa missão seguinte era ficar em mais uma fila para sermos registrados. Foi então que me lembrei de que Gabi e eu éramos oficialmente "apátridas". Nós só havíamos tido a cidadania alemã, mas, como éramos judias, a cidadania foi tirada de nós depois que Hitler subiu ao poder. Eu crescera conhecendo apenas Amsterdam como meu lar, falando holandês na escola. Mas, oficialmente, não era holandesa. Eu me retraí diante da ideia de alguém nos considerar alemãs. Embora meus pais tivessem sempre se sentido alemães e eu fosse fluente em alemão, minha língua materna, ainda tinha medo dos alemães. Os oficiais holandeses que nos registravam pareceram confusos em relação ao que fazer com tantos de nós que eram assim: judeus "apátridas" nascidos na Alemanha.

Fiquei feliz quando o médico que examinou Gabi não encontrou nada de errado com ela. "Ela está bem", ele comentou. Então, virando-se para me examinar, encostou o estetoscópio no meu peito e nas minhas costas. Senti uma dor aguda quando segui as instruções dele e inspirei profundamente. Contei-lhe que às vezes era doloroso quando eu tossia.

"Receio que seus pulmões estejam lesionados", ele me falou. "Você está com pleurite, uma inflamação nos pulmões."

O médico disse que me enviaria para um hospital próximo, na cidade de Maastricht. Gabi, que estava bem, podia continuar em frente. *O quê?* Não poderíamos ser separadas. Só tínhamos uma à outra. Tentei explicar. Mas o médico disse que não. Gabi não poderia ficar comigo.

Senti o pânico crescer dentro de mim. Eu me lembrava da sensação; era o mesmo pânico que eu sentira quando tive icterícia na manhã após a chegada a Bergen-Belsen. Meus pensamentos dispararam. Como eu poderia ser separada de Gabi? Quem cuidaria dela? Senti uma pontada de dor ao pensar novamente na sra. Abrahams, de tão bom coração.

Mas, uma vez mais, pessoas solícitas apareceram. A sra. Heilbut me disse para não me preocupar: ela iria com Gabi até Laren, próxima a Amsterdam, e se asseguraria de que ela ficasse bem. Lá ela ficaria sob os cuidados – eu mal consegui acreditar quando ouvi isso – do sr. e da sra. Birnbaum, os "anjos" de Westerbork, que administravam o orfanato lá. Por milagre, eles e os seis filhos haviam sobrevivido e continuavam fazendo o trabalho altruísta de cuidar de crianças judias órfãs em Laren. Ficou combinado que a família Birnbaum cuidaria de Gabi até eu me juntar a ela outra vez.

No dia 1º de julho, dei um longo abraço de despedida em Gabi. Esfreguei a cabeça recém-raspada dela. Tinham me dito que era a única maneira de nos livrarmos dos piolhos, esperava-se que para sempre, embora por sorte eu tenha sido poupada daquela indignidade. E então, depois de ter mantido o cabelo no Campo Sternlager, em Bergen-Belsen, a cabeça de Gabi agora estava raspada.

"Logo estaremos juntas", prometi quando ela se enroscou em mim. Era agonizante me separar dela. Tudo em nós era entrelaçado. Adormecíamos uma ao lado da outra toda noite; era ao ver Gabi toda manhã quando eu acordava que me forçara a continuar em frente mesmo nos momentos mais sombrios. Eu tinha feito tudo que podia para mantê-la viva, o que em troca me impediu de desistir. Graças a Deus que os Birnbaum estariam esperando por ela, ou não faço ideia do que eu teria feito.

"Você vai ver, ratinha, vou chegar para te buscar assim que sair do hospital", disse enquanto ela se preparava para embarcar no trem para Amsterdam, a 160 quilômetros de distância, do outro lado do país.

Meu tempo precisava ser investido na minha recuperação. Quando cheguei ao hospital católico em Maastricht, uma freira me esperava nos degraus da frente. Fiquei impressionada com a formalidade do véu branco e da túnica preta, mas o sorriso dela me ajudou a relaxar. O que eu mais me lembro do meu tempo ali são os lençóis recém-lavados e a luz do sol de verão, longos dias dedicados à cura. Meus pulmões precisavam ficar limpos e eu precisava ganhar peso, principalmente com a ajuda de grandes tigelas de mingau de aveia. As enfermeiras e os médicos conversavam sobre amenidades, mas ninguém perguntou o que tinha acontecido comigo. Eu ainda não sabia como falar sobre tudo que tinha suportado naqueles dois anos. Parecia um sonho sombrio e impossível, mas um que estava completamente claro para mim, mesmo naquela época, que eu não poderia desejar nem imaginar que fosse embora. Nem tenho certeza de que eu procurava palavras para dar sentido àquilo. Nos corredores e quartos limpos e silenciosos do hospital, os barracões comidos de piolhos – escuros, imundos e infinitamente barulhentos – às vezes pareciam uma assombrosa aparição.

Uma garota chamada Erica, mais ou menos da minha idade, que também tinha estado em Westerbork (trabalhamos juntas no orfanato) e em Bergen-Belsen, dividia o quarto comigo no hospital, e logo nos tornamos boas amigas. Era tão bom ter companhia enquanto ambas nos recuperávamos.

Uma das primeiras coisas que fiz foi escrever cartas para as únicas pessoas que eu ainda tinha no mundo: a sra. Goudsmit, em Amsterdam, tio Hans, na Suíça, e tia Eugenie, na Inglaterra. Eu tinha memorizado os endereços da minha tia e do meu tio na esperança de que pudesse entrar em contato com eles assim que estivéssemos livres, mas até então só havia conseguido escrever curtos cartões-postais.

Logo recebi respostas, primeiro da sra. Goudsmit, em uma carta que ela escreveu em 14 de julho. Começava assim: “Foi com alegria, mas também com tristeza, que ficamos sabendo um pouco de seu destino em seu primeiro cartão. Encontramos os nomes de vocês em uma lista e imediatamente investigamos mais. Então, chegaram seus dois postais, e, hoje, suas três cartas”.

Então ela escreveu que o marido tinha visto o sr. Frank. Eu mal podia acreditar que estava lendo aquelas palavras. Anne parecera convencida de que ele fora assassinado em Auschwitz. As palavras dela, “Eu não tenho ninguém”, nunca pararam de ecoar nos meus ouvidos.

A carta da sra. Goudsmit continuava:

Meu marido encontrou o sr. Frank, um bom amigo seu. Ele voltou de Auschwitz, mas ainda não sabe de nada do que aconteceu com a esposa e as filhas. Os homens refletiram juntos a respeito, e ele imediatamente escreveu para o seu tio, que ele conhece bem, na Inglaterra e na Suíça. Você não precisa se preocupar mais, você vai ver, vão cuidar de você. Agora só precisa esperar, mas tudo vai ficar bem. Nós e o sr. Frank, que parece ser uma pessoa muito bondosa e gentil (vou encontrá-lo amanhã pela primeira vez), não vamos desapontá-la.

As palavras dela me comoveram muito. E fiquei aliviada ao ver uma referência ao marido dela, Paul. Eu sabia que ele era judeu, mas de alguma forma tinha conseguido escapar.

Ela também tinha notícias frescas de Gabi, que ela e o marido haviam visitado no orfanato em Laren! O sr. Frank de algum modo descobriu que ela estava lá e contou a eles. Achei que meu coração explodiria de alegria ao ler as palavras dela:

> *Ela está hospedada lá com os Birnbaum, que têm um chalé muito pequeno no orfanato. Foi uma reunião e tanto. Ela ainda se lembra de nós. Está tão doce e adorável quanto sempre foi, só que bem mais inteligente e consciente. Ela parece muito bem.*

A sra. Goudsmit também me atualizou sobre o querido Sjors. Descreveu-o agora como um "grande rapaz" e disse que ele tinha ido com eles visitar Gabi, e os dois tinham brincado juntos novamente, como nos velhos tempos. Os Goudsmit tinham levado o ursinho de pelúcia marrom de Gabi e outros animais de pelúcia favoritos dela, que pegaram para guardar depois que fomos deportados.

Ler notícias de nosso antigo mundo vindas de nossos antigos e queridos vizinhos me trouxe muita alegria e alívio. Sequei as lágrimas enquanto lia a carta. Ela me disse para focar em melhorar e foi muito gentil ao me assegurar que Gabi estava em boas mãos. Meu coração se apertou de alívio quando fiquei sabendo que ela havia conseguido ver Gabi pessoalmente.

> *E agora, acima de tudo, minha querida, não se preocupe com nada. Apenas pense em ficar saudável e forte outra vez. Deixe que os outros cuidem de você agora. Sei que tudo vai ficar bem. A Gigizinha está sendo muito bem cuidada. Os Birnbaum* são muito bons e estão cuidando dela, e nós também estamos por perto... E agora, minha querida *Hanneli, cuide-se. Com todo o meu amor e beijos carinhosos.*

Depois de dois anos me sentindo completamente isolada do mundo civilizado, a conexão e os sentimentos de acalento, amor e esperança que essas palavras evocaram em mim são difíceis de descrever, mesmo agora.

Recostei-me nos meus travesseiros e tentei imaginar Gabi reunida com seu velho amigo Sjors, e como a sra. Goudsmit deve tê-la enchido de abraços e beijos. Então absorvi vorazmente outra vez a boa notícia sobre o retorno do sr. Frank. Li e reli a carta pelo menos vinte vezes e contei à Erica e às enfermeiras tudo sobre ela e todas as boas notícias que continha.

Após um ou dois dias, recebi um postal escrito à mão do endereço da Opekta – o escritório do sr. Frank no prédio acima do canal que eu conhecia tão bem. Era do sr. Frank! Ele tinha escrito no dia 13 de julho de 1945, o dia em que encontrou a sra. Goudsmit.

"Bem-vinda aos Países Baixos", começava.

> *Perguntei por vocês por tanto tempo, e você pode imaginar como sou apegado a vocês por conta de nossa antiga amizade. Se houver qualquer coisa que eu possa fazer por você, por favor, me avise. Vou a Laren amanhã para ver Gabi e volto a escrever para você. Escrevi duas vezes para o tio Hans. Também pedi a um conhecido que a visite e me conte como você está. É triste que você tenha precisado ficar para trás.* Beterschap [uma expressão holandesa que quer dizer "melhoras"]: *espero que você se sinta melhor logo. O que você tem a contar sobre Anne e Margot? O que Ilse Wagner lhe contou?*

Logo depois ele mandou mais notícias dizendo que em breve faria a viagem para me visitar. Eu não sabia nada sobre Ilse, então não entendi o que ele quis dizer, mas tinha esperanças de que fosse vê-la em breve também. Embora eu ainda não me sentisse forte o suficiente para dar estrelas, como Anne, Sanne e eu costumávamos fazer, dei uma estrelinha de alegria na minha mente para comemorar aquelas notícias felizes.

15.
Beterschap

"Hanneli, você tem uma visita", uma das minhas enfermeiras favoritas me disse. Eu estava sentada na cama, a luz dourada da tarde preenchendo o quarto.

Apareceu um homem alto e magro, de terno. Por um momento, fiquei surpresa ao ver como aquele rosto familiar estava diferente. Mas imediatamente reconheci os olhos castanhos e profundos cheios de bondade.

"Sr. Frank!", exclamei.

"Hanneli!", disse ele, vindo rápido na minha direção.

Fiquei impressionada ao perceber como era bom vê-lo. Por um momento, o tempo desapareceu. Estávamos de volta na Merwedeplein. Eu estava segura, bem-cuidada, e era amada. Senti uma onda de força ao olhar para o rosto do sr. Frank, ao vê-lo parado ali na minha frente, em sua forma humana sólida. Não uma memória. Imediatamente me senti menos sozinha.

"Chegar até você foi uma jornada e tanto", contou o sr. Frank. "Nas últimas catorze horas, estive em um caminhão!" As estradas que cruzavam os Países Baixos, assim como o restante da Europa, estavam em péssimas condições após a destruição causada pela guerra, cheias de crateras e rachaduras por causa das bombas, pontes importantes varridas do mapa.

Quando ele se aproximou para me abraçar, me envergonhei por estar tão abaixo do peso e fiquei grata pela sorte, diferentemente de Gabi, de não ter tido o cabelo raspado após a libertação. Eu esperava ainda estar reconhecível para ele, mesmo depois daqueles três anos inimagináveis desde que nos víramos pela última vez.

"A Anne está viva! Eu a vi", eu disse a ele, as palavras simplesmente jorrando de mim. Eu tinha certeza e estava animada para contar a ele.

Mas, então, a confusão. Observei seu rosto, tão iluminado ao me cumprimentar, se contorcer e se tornar sombrio.

Ele me contou em voz baixa: Anne e Margot tinham morrido.

Conversamos por um longo tempo. Em sua voz baixa e firme, cuja competência e paternidade eu senti em cada palavra devastadora, ele me guiou através de tudo o que havia acontecido. O sr. Frank havia tido profunda esperança de se reunir novamente com Anne e Margot. Mas, conforme o tempo passava e outras pessoas retornavam, ou surgiam notícias sobre o paradeiro delas, e ainda não havia informações sobre as garotas, um medo sorrateiro começou a dominá-lo. Anne e Margot haviam sido a única esperança que o mantivera vivo durante os espancamentos e as privações em Auschwitz.

Mais ou menos um mês após a libertação dele de Auschwitz, em 27 de janeiro, pelo Exército Vermelho, ele descobrira que a sra. Frank tinha morrido algumas semanas antes, de doença e exaustão. Se tivesse aguentado só um pouco mais, ele disse, a voz sumindo, ela também poderia ter sido liberta. A mulher que contou a ele sobre a morte da sra. Frank estivera em Auschwitz com ela e também testemunhara Anne e Margot sendo selecionadas para o transporte a outro campo de concentração.

A família chegara junta a Auschwitz, a prisão para assassinatos em massa de 65 quilômetros quadrados no sul da Polônia, em 6 de setembro de 1944. Eles foram levados em um transporte de 1.011 judeus em vagões de gado selados, quentes e sufocantes, no que acabou sendo o último trem para o leste partindo de Westerbork. Àquela altura, já haviam se espalhado boatos suficientes para que eles soubessem que Auschwitz provavelmente significava a morte, mas o sr. Frank – que ainda era, de alguma forma, o otimista de quem eu me lembrava – havia se agarrado à esperança de que as forças Aliadas que avançavam pudessem ser capazes de resgatá-los a tempo.

A maioria dos trens chegava durante a noite, outra ferramenta dos alemães para desorientar e aterrorizar as vítimas. Homens e mulheres eram imediatamente separados. A última visão que ele tivera da sra. Frank e das meninas havia sido o rosto chocado de Margot. Quem tinha mais de 50 anos normalmente era selecionado antes do nascer do sol para ser enviado à câmara de gás. Mas o sr. Frank, que na época tinha 55 anos, chegou saudável e parecendo relativamente bem-alimentado após dois anos se escondendo – isso e seu comportamento quase régio podem ter sido o que o salvou daquele destino. Em vez disso, ele foi colocado para trabalhar, primeiro na área externa, cavando valas, e depois na área interna, descascando batatas – um trabalho que vinha com uma suspeita automática de que os prisioneiros estivessem roubando. O sr. Frank com frequência era espancado pesadamente por um kapo[12] em particular. Mas ele tinha uma estratégia para se

12 Prisioneiros dos campos de concentração que eram compelidos a chefiar os demais prisioneiros. Eram os funcionários mais baixos da hierarquia nazista. [N.E.]

manter vivo, e a compartilhou com os colegas, inclusive os outros homens do esconderijo: focar a sobrevivência da mente, evitando aqueles que passavam horas intermináveis imaginando e discutindo sobre comida; em vez disso, devia sustentar a si e à sua dignidade falando de ópera, da música de Beethoven e Schubert e de livros.

Em novembro de 1944, a resiliência do sr. Frank acabou e ele quase não conseguia ficar de pé. Estava abatido, sobrevivendo com pouca comida, e a diarreia não parava. Um médico judeu prestativo o colocou num barracão de doentes, uma atitude que salvou a vida dele. Enquanto o Exército Vermelho avançava e os nazistas começavam a planejar a evacuação dos prisioneiros, ele implorou a Peter van Pels, o velho amigo de Anne com cuja família tinha ficado escondido durante aqueles anos no sótão e que tinha sido levado a Auschwitz junto a ele, que se escondesse com ele no barracão dos doentes. O pai de Peter tinha sido mandado à câmara de gás em outubro, e desde então ele era como um filho para o sr. Frank, secretamente lhe levando comida a mais toda noite enquanto ele estava doente. Agora, diante de uma marcha forçada ordenada a todos os que ainda fossem capazes de andar, conforme eles esvaziavam o campo antes que o Exército Vermelho chegasse, voltar a se esconder parecia a melhor opção. Mas Peter recusou, pensando que teria uma melhor chance de sobreviver se juntando à marcha – uma decisão que se provou fatal. Ele sobreviveu à marcha e chegou a Mauthausen, onde foi forçado a trabalhar nas minas. Ficou doente e morreu cinco dias após a libertação do campo pelos soldados americanos.

O sr. Frank foi o único a sobreviver do grupo de oito pessoas que se esconderam juntas em Amsterdam.

Ele me contou que, no primeiro Shabat após a libertação, quando ainda estava em Auschwitz, havia se reunido com os outros homens, que como ele ainda estavam à beira da morte, e os conduzira na recitação da Kiddush, a reza cerimonial para santificar e guiar no Shabat. Ele conhecia as palavras e a melodia por causa dos muitos jantares de Shabat que passou com a minha família em Amsterdam.

O Sr. Frank levou muito tempo para voltar para casa, para Amsterdam. A viagem de volta para os sobreviventes de Auschwitz como ele, que só pesava 52 quilos quando o campo foi libertado, no final de janeiro, começou por um trajeto de trem até a cidade polonesa de Katowice, em março. Finalmente ele chegou à cidade portuária ucraniana de Odessa, onde aguardou por semanas a permissão para voltar à Holanda. A guerra ainda acontecia em partes da Europa Ocidental, e a Holanda ainda não estava livre. Foi só em 5 de maio de 1945 que os alemães nos Países Baixos se renderam – a semana seguinte ao suicídio de Hitler e quase cinco anos depois daquele dia em que eles invadiram e eu me escondi na cama dos meus pais enquanto os aviões de guerra roncavam acima de nós. Duas semanas depois que a Holanda foi liberta, o sr. Frank embarcou em um navio neozelandês para Marselha, e de lá seguiu para Amsterdam.

Em Amsterdam, o limbo excruciante continuou conforme ele vasculhava listas em jornais com nomes de sobreviventes e vítimas. Ele nunca parou de perguntar à Cruz Vermelha sobre o destino de suas filhas. Todos os dias, caminhava até a estação central de trem para procurar nas listas que eram afixadas ali, com nomes e informações. Também pagou por anúncios no jornal local em busca de informações sobre as filhas. O sr. Frank pensou que talvez elas pudessem estar em um hospital se recuperando ou em um campo de pessoas deslocadas em uma área dominada pelos soviéticos, de onde era ainda mais difícil obter informações. Ele não estava sozinho: judeus e não judeus em todos os cantos do mundo tentavam desesperadamente descobrir qual havia sido o destino de seus entes queridos.

Foi em 18 de julho, apenas cinco dias após ter me escrito aquele primeiro cartão, que ele estava conferindo as listas da Cruz Vermelha mais uma vez e encontrou os nomes datilografados: Margot Betti Frank, Annelies Marie Frank. Ao lado dos nomes havia o símbolo de uma cruz, indicando que elas haviam sido declaradas mortas. O sr. Frank estava determinado a checar a informação e descobrir quem a tinha enviado. Isso o levou a uma jovem judia chamada Lin Brilleslijper, em Laren, a mesma cidade próxima a Amsterdam onde Gabi estava, no orfanato dos Birnbaum. Quando eles se encontraram, Lin contou a ele como ela e a irmã haviam conhecido e se tornado amigas de Margot e Anne em Bergen-Belsen. Mais tarde ela contaria em suas memórias que as duas lhe pareciam "dois pássaros congelados". As duas duplas de irmãs ficaram juntas no acampamento onde eu tinha encontrado Anne naquele dia no final de fevereiro. Quando a tempestade destruiu as tendas, elas foram realojadas em barracões diferentes. Quando a neve do inverno começou a derreter, Lin e a irmã viram as irmãs Frank outra vez, mas naquele momento o tifo havia se espalhado pelo campo, e as duas estavam extremamente doentes. Lin contou que Margot morreu primeiro, após se levantar da cama, mas desabar no chão logo depois, e foi seguida em pouco tempo por Anne, agora completamente desesperançosa e alucinando. Era março de 1945, então não foi muito tempo depois de termos conversado, sem podermos nos ver, através da cerca de arame farpado preenchida com palha. Lin e a irmã encontraram os corpos e, juntas, os carregaram para uma das covas comunitárias para serem enterrados.

Eu mal conseguia respirar. Como queria ter conseguido alcançá-la de alguma forma. Para dizer a ela que aguentasse firme. Havia esperança. Ela não estava sozinha – seu amado Pim, como Anne chamava o maravilhoso pai, ainda estava vivo e esperando por ela.

"Só quem viveu isso consegue entender pelo que passamos", disse o sr. Frank.

Sentada ali naquele amplo quarto de hospital, reunida com o sr. Frank, mas tentando digerir que nunca mais veria Anne ou Margot, não tenho certeza de que eu conseguia entender qualquer coisa. Eu estava em choque.

Eu não tinha certeza ainda naquele momento, mas talvez já estivesse começando a perceber: Anne e Margot não eram as únicas amigas que nunca mais voltariam para casa.

O sr. Frank queria saber se eu tivera notícias de Ilse Wagner, mas eu não ouvira mais falar dela desde que ela fora deportada, na primavera de 1943. Mais tarde eu descobriria que ela havia sido enviada à câmara de gás no campo de extermínio de Sobibor, com a mãe e a avó. Sanne nunca voltou, nem os pais dela; todos os três foram para as câmaras de gás em Auschwitz. Meu namorado, Alfred Bloch, que tinha me pedido que esperasse por ele, também foi morto em Auschwitz. Os números, até onde era possível às autoridades calculá-los, desafiam a compreensão. Dos 120 mil judeus que viviam nos Países Baixos antes da guerra, apenas 5 mil voltaram dos campos ou de seus esconderijos.

O sr. Frank foi um da minúscula minoria de judeus acima dos 50 anos que sobreviveu ao Holocausto.

* * *

Os médicos e as enfermeiras cuidaram muito bem de nós em Maastricht. E eu passava o tempo conversando com Erica e outras pessoas que sobreviveram aos campos, além de escrever cartas para o tio Hans na Suíça e a tia Eugenie na Inglaterra. Parecia que conseguir os documentos de viagem de que Gabi e eu precisaríamos para ir até o tio Hans na Suíça seria extremamente difícil, por sermos apátridas, mas o sr. Frank disse que nos ajudaria. Eu recebia cartões-postais frequentes e muito bem-vindos de amigos em

Amsterdam, como Barbara Ledermann, que tinha conseguido sobreviver com seus documentos falsos, Jacque van Maarsen e Ietje Swillens, uma das melhores amigas não judias que Anne e eu tínhamos na escola Montessori. Eu sentia muita falta de Amsterdam e pedia a elas que me enviassem postais da Merwedeplein e de outras imagens da nossa vizinhança.

Cada carta ou postal era um presente. Em agosto, recebi minha primeira carta da tia Eugenie, em Leeds. Ela havia descoberto que Gabi e eu tínhamos sido libertadas pelos russos porque nossos nomes estavam em uma lista publicada pelo governo holandês em um jornal de Londres em 21 de junho. Então ela nos procurara de todas as formas em que pôde pensar, ao que parece.

"Desde então, venho procurando vocês na Holanda. Tentei contatá-las de tantas formas...", ela escreveu, comentando que enviara telegramas a um hospital onde achava que eu poderia estar, acionara uma enfermeira judia de quem ouvira falar por lá e até pedira a um soldado canadense que conhecera em Leeds por acaso para nos procurar e nos dar chocolate.

A carta de tia Eugenie data de 15 de agosto de 1945. Ela descreveu aquele como o "Dia da Vitória na Inglaterra".

> *As pessoas estão muito felizes porque a guerra finalmente terminou, depois de todas as coisas terríveis que nos trouxe. Agora as pessoas dançam e cantam nas ruas, uma banda toca música e as crianças estão trazendo todo tipo de coisa para fazer fogueiras hoje à noite. Para mim não foi um dia feliz – tenho pensado muito em Opa e Oma e sua querida mãe e seu querido pai... Estou muito feliz que você tenha escrito para nós e que agora eu saiba onde você e Gigi estão e o que estão fazendo... Agora, minha querida Hanneli, a primeira e mais importante coisa é que você se recupere completamente. Tenho tanta vontade de ver você e nossa adorável Gigizinha! Muitas pessoas escreveram para contar como ela está graciosa e que ela foi uma alegria para todos que a conheceram no campo. Mas o que todos me contaram sobre você, minha boa Hanneli, me comoveu muito e também me mostrou como podemos ter orgulho de você: como cuidou de seu querido pai e de Gigi nas mais duras condições e foi ajuda e consolo para eles – nunca vou me esquecer disso. Você é minha boa, atenciosa e sábia Hanneli, que eu amo muito. Gostaria de te fazer tantas perguntas, mas não me atrevo a remexer demais no passado, nem quero que minhas perguntas a deixem triste. Quero que você seja feliz e olhe para o futuro, e todos vamos ajudar a tornar o futuro bom para você e Gigi. Vocês agora são nossas filhas queridas, e de tio Hans e tia Edith também.*

Ela também mencionou outros parentes que vinham perguntando por nós, de primos que haviam emigrado para Cleveland, Ohio, a outras pessoas que tinham se refugiado em Boston, Londres e Tel Aviv. Guardei a carta muito emocionada. Tantos anos tinham se passado desde que eu vira tia Eugenie, e ali estava ela, a irmã de minha mãe, uma voz de muito longe, tão amável, esperançosa e paciente.

* * *

O verão se transformou em outono e eu ainda estava no hospital. A chegada dos dias sagrados judaicos pela primeira vez após a libertação aconteceu cedo, em setembro daquele ano. Eu e vários outros pacientes judeus pedimos a um dos médicos-chefes que não nos servissem comida no Yom Kippur, a fim de que pudéssemos cumprir o jejum do ritual, e ele concordou. Mas, quando o Yom Kippur chegou, ele não estava de plantão, e a enfermeira encarregada da ala se recusou a aceitar nosso pedido e nos obrigou a comer o que nos foi servido, apesar dos nossos protestos. Eu entendi que ela estava zelando pela nossa saúde; o trabalho dela era nos fazer melhorar, e o hospital em Maastricht não tinha nada a ver com o campo, é claro. Mas ainda assim minha mente voltou ao dia do banho forçado no nosso Yom Kippur anterior. A recusa da enfermeira em respeitar nossa escolha e nosso desejo de praticar aquilo, o dia mais sagrado no calendário judaico, depois de tudo pelo que passamos, foi uma indignação que não me abandonou.

Eu sabia que o sr. Frank estava tentando me transferir para um hospital em Amsterdam. Ele achava que seria melhor para mim ficar mais perto de Gabi, dele, da sra. Goudsmit e de nossos outros amigos. Eu estava desesperada para rever Gabi e morria de vontade de voltar a Amsterdam.

No início do outono, fui levada ao Joodse Invalide, um hospital de fundação judaica no centro da cidade. Ainda estava frágil demais para sair do hospital e explorar, então tive de saciar minha curiosidade olhando pela janela e absorvendo as cenas lá fora, ouvindo relatórios do mundo exterior de amigos que me visitavam e do sr. Frank, que a essa altura já tinha me dito para chamá-lo de Oom Otto, tio Otto.

Eu era tremendamente grata a ele por me ajudar a passar pelas montanhas de burocracia, o que a nossa situação como órfãs judias e apátridas só tornava mais difícil. O governo holandês deixou a questão principalmente para as organizações judaicas resolverem. Tanto tia Eugenie, em Leeds, quanto tio Hans, em Genebra, queriam que fôssemos viver com eles, mas por ora ficou decidido que a Suíça seria melhor para nossa saúde, considerando o clima úmido de Leeds. Mas eu tinha deixado claro para todos: meu plano era seguir o sonho do meu pai. Gabi e eu nos estabeleceríamos em Eretz Yisrael, a Terra de Israel. Mas primeiro precisávamos conseguir vistos para o Mandato Britânico da Palestina, que eram extremamente difíceis de obter.

* * *

Em 11 de novembro de 1945, o sr. Frank escreveu a tio Hans, em Genebra, e tia Eugenie, em Leeds, repassando a logística envolvida em nossa partida iminente para a Suíça. Viajaríamos com Erica Neuburger, minha amiga próxima que ainda estava no hospital comigo, e a irmã dela, Marion. Éramos duas duplas de irmãs que a guerra deixara órfãs. O sr. Frank, desesperado para ver a mãe e os irmãos na Suíça, queria nos acompanhar, mas, por causa de seu estado apátrida, ainda não tinha documentos de viagem.

Seu velho amigo Nathan Strauss Jr., o filho do cofundador da Macy's e amigo do presidente Roosevelt que tinha tentado, sem sucesso, ajudar o sr. Frank a fugir dos Países Baixos, enviou a ele quinhentos dólares[13] depois da guerra. O sr. Frank usou parte do dinheiro para ajudar no esforço de nos realocar.

A carta dele, que eu vi muitos anos depois, oferece uma amostra do meu estado mental na época, retratando como era difícil para mim falar dos meus pais e como estava apegada à comunidade de sobreviventes. O sr. Frank escreveu, aparentemente em resposta a uma pergunta sobre o túmulo de minha mãe: "Vou perguntar com cautela sobre o túmulo de Ruth. Com Hanneli, tudo que tem relação com os pais é um ponto doloroso e a deixa muito incomodada". Ele continuou:

> *Para ela é difícil deixar a região; está fortemente apegada ao passado e às pessoas com quem esteve durante aqueles tempos terríveis e que foram boas para ela... Ficarei feliz quando as crianças tiverem um lar novamente, onde possam*

13 Algo próximo, em poder de compra, a 8 mil dólares em 2023. [N.T.]

crescer como indivíduos, especialmente Gigi. Hanneli se preocupa com o futuro e com o fato de que não tem nenhum dinheiro e será um fardo para tio Hans. Ela quer muito se tornar enfermeira de berçário.

E também tem a questão da origem ortodoxa dela; ela leva tudo muito a sério. Como o ambiente em que vive é composto principalmente por pessoas que vieram dos campos, ela ainda está vivendo naquela esfera, e é hora de outras impressões entrarem na vida dela... Para mim, Hanneli é como uma filha; os Goslar estiveram conosco toda semana nos bons anos pré-guerra, e para mim é um dever amoroso fazer tudo que eu puder pelos filhos.

Três semanas depois, o sr. Frank conseguiu um carro para me levar, com Gabi, Erica e Marion, à pista do Aeroporto Schiphol, em Amsterdam, para o avião que nos aguardava. Foi o mais longe que ele pôde nos levar. Eu estava nervosa em relação a muitas coisas, mas, naquele momento, principalmente em relação à viagem de avião: eu nunca tinha entrado em um. Ele entregou a cada uma de nós um colar com uma moeda holandesa. Em um lado, havia mandado inscrever a data: 5 de dezembro de 1945.

Ele olhou em nossos olhos e disse: "Estou lhes dando essas moedas para que sempre se lembrem de que este foi o dia em que vocês embarcaram em suas novas vidas".

16. Suíça

Sentada ao lado de Gabi no avião, eu segurava minha mochila apertada no colo, já que meu bem mais precioso estava dentro dela. Era nosso álbum de família. A sra. Goudsmit o havia guardado em segurança em sua casa por todo aquele tempo. Lá estavam fotos dos meus pais recém-casados, de Gabi e eu quando bebês, de viagens em família à praia. Eu não tinha olhado muito para as fotos ainda, porque era extremamente doloroso, mas estava muito feliz por tê-las comigo. E tinha acrescentado uma fotografia. Ietje Swillens a levara para mim no hospital em Amsterdam. Foi tirada na festa de aniversário de 10 anos de Anne, na Merwedeplein. Na foto, estamos todas lado a lado: Anne, Sanne, Ietje e eu, e nosso grupo de amigas. Nove garotas em vestidos de festa de algodão na altura dos joelhos e com sapatos de couro envernizado – todas laçarotes, presilhas e sorrisos. Eu era a única das quatro garotas judias na foto que ainda estava viva; Anne, Sanne e Juultje Ketellapper estavam mortas. Era muito, muito difícil olhar para aquela foto.

O sr. Frank tinha colocado anúncios no jornal de Amsterdam para tentar me ajudar a recuperar heranças de família e objetos valiosos que tínhamos deixado com nossos amigos não judeus, inclusive os pesados talheres de prata com o "G" de Goslar gravado. Ainda lembro que algumas pequenas conchas de molho e facas de peixe estavam entre os itens que nunca foram devolvidos. O restante estava na minha mala. Tio Hans havia escrito contando que encontrara um amigo que recebera alguns dos nossos pertences. Tio Hans disse: "Sabia que as meninas voltaram?". Ele respondeu: "Que bom que elas sobreviveram, mas o que a família deixou comigo foi roubado".

Os Finkel haviam tentado recuperar uma grande menorá de prata que tinham dado a um pastor cristão para que guardasse para eles. Mas, quando a pediram de volta, ele disse "não" – sua própria família tinha se afeiçoado demais a ela para se separar do objeto agora. No entanto, os Finkel conseguiram de volta algo muito mais precioso: seu filho mais velho, Jackie, deixado para trás pelo trem, tinha sobrevivido, e ouvi dizer que reencontrou a família.

As pessoas têm tão pouca compreensão do que passamos..., eu pensava, me lembrando das palavras do sr. Frank. Só aqueles de nós que sobreviveram ao abismo podiam sequer começar a entender o que tínhamos enfrentado. Enquanto o pequeno avião chacoalhava pelos céus nos carregando para a Suíça, eu lutava outra vez para compreender o que eu tinha visto, quem eu tinha perdido.

* * *

Tio Hans e tia Edith estavam lá para nos receber quando pousamos em Zurique. Tia Edith, que àquela altura eu só conhecia por cartas, estava na casa dos 40 anos, como tio Hans. Ela havia conseguido fugir da Tchecoslováquia, mas seu irmão e sua irmã não tiveram a mesma sorte. Ambos tinham sido enviados para Auschwitz. Eles sobreviveram, mas o irmão, que tinha sido pesadamente espancado lá, ainda lutava com problemas de saúde mental. Sei que, quando tio Hans olhou para nós, ele viu não apenas Gabi e eu, mas seus pais ausentes, minha Oma e meu Opa, e mamãe e papai também. Tio Hans havia se dedicado muito a nos tirar de lá, e eu conseguia ver o pesar no olhar dele por não ter sido capaz de nos levar à Suíça antes que fôssemos deportados, misturado ao alívio por nos ver. Edith e Hans nos envolveram em abraços e beijos.

Depois que nos despedimos de Erica e a irmã, que iam viver com a avó em Zurique, tio Hans e tia Edith anunciaram que tinham um grande presente para nós. Passaríamos nossa primeira noite na Suíça no Baur au Lac, um hotel de luxo sobre o lago Zurique com uma ampla vista para os Alpes cobertos de neve.

Subimos as escadas para o lobby, meus pés afundando em um tapete branco de plush, e por um momento fiquei boquiaberta com o luxo. Olhei para os enormes candelabros brilhantes que pendiam do teto alto e escutei os sons de uma peça clássica tocada em um piano de cauda. Mamãe teria adorado.

"Não vai ser assim toda noite", disse tia Edith, os olhos calorosos brilhando, mas, naquela noite, naquela primeira noite, eles queriam "nos mimar um pouquinho". Ela me disse que aquele havia sido o lugar favorito de diversos membros de Famílias Reais europeias. Eu estava com 17 anos, mas relembrei a antiga faísca da fascinação que Anne e eu tínhamos na infância pelas famílias reais britânica e holandesa.

Senti alívio por estar na presença de nosso tio e nossa tia na casa deles em Genebra. Assim como o sr. Frank, eles eram outra dupla de adultos em quem Gabi e eu poderíamos nos ancorar, um porto seguro onde poderíamos descansar por um tempo. Meu tio era bondoso e tinha um bom senso de humor. Seus olhos escuros levemente salientes pareciam se atentar a tudo. Assim como a esposa, que era dentista, ele trabalhava duro. Não tinha conseguido tirar sua licença para exercer a advocacia na Suíça, então, como meu pai, trabalhava principalmente ajudando outros refugiados. A remuneração era minguada; as horas de trabalho, longas. Seu tempo livre era dedicado à causa sionista, assim como o de seu pai antes dele – e, é claro, o do meu pai, seu cunhado. Tio Hans era o vice-presidente da Federação Sionista Suíça.

Edith desde o início tratou a mim e Gabi como sua própria família, e logo se tornou uma figura materna para Gabi. Seu afeto e seu cuidado nos envolveram. Ambas florescíamos à mesa do jantar, falando de arte e música, aproveitando aqueles momentos em que estávamos juntos. Em casa, a conversa era quase exclusivamente sobre cultura e questões cotidianas. Não me lembro de eles fazerem perguntas sobre o tempo que passamos nos campos ou sobre os últimos dias de meus avós ou meu pai. Depois do jantar, tio Hans e tia Edith lavavam a louça lado a lado. Eu admirava a interação tranquila entre eles e o respeito que tinham um pelo outro.

Mas nosso tempo com eles não seria longo. Ficou decidido que eu viajaria 120 quilômetros ao norte, para um hospital católico para meninas e mulheres, chamado Le Rosaire, onde completaria minha recuperação. Estava desesperada para recuperar tudo que havia perdido desde a metade do oitavo ano – a última vez que eu tinha estado em uma sala de aula, três anos antes. Tanto tempo perdido... Estava ansiosa para me recuperar completamente o mais rápido possível e finalmente "começar" minha vida e retomar os estudos.

Minha tia e meu tio tinham se casado mais tarde do que era comum na época e não tinham filhos. Ambos trabalhavam muitas horas fora de casa, então nenhum dos dois estaria em casa para cuidar de Gabi, agora com 5 anos, e levá-la para a escola. Além disso, eles não tinham uma casa kasher, como tínhamos em Amsterdam, e, em parte por causa de minhas próprias crenças e em parte pela memória de meu pai, isso ainda era muito importante para mim. Então tomamos a decisão de que, enquanto eu ia para o sanatório ao norte, Gabi ficaria mais bem-cuidada em um orfanato judeu nas redondezas, visitando Hans e Edith regularmente.

Na época, essa pareceu a melhor decisão. Mas, para Gabi, que não se lembrava dos nossos anos em Westerbork ou Bergen-Belsen, os anos passados no orfanato seriam os piores da vida dela. Ela sempre tivera uma relação desafiadora com a comida, desde bebê, e o trauma do nosso tempo nos campos – ainda que ela não tivesse nenhuma lembrança consciente dele – parecia complicar isso ainda mais. Às vezes ela vomitava o que comia no orfanato, e os cuidadores de lá a forçavam a comer o que tinha vomitado. Não consigo imaginar por que alguém forçaria uma criança a fazer isso. Só consigo pensar que era uma tentativa incrivelmente torta de ensiná-la a comer e não desperdiçar a comida. Aquela era uma garotinha que não tinha memória dos pais e que passou a maior parte da vida até ali em campos de concentração. Quando me lembro disso, reflito sobre como os cuidadores do orfanato, assim como a maior parte das pessoas na época, entendiam muito pouco sobre o que nós tínhamos enfrentado e quão necessitadas de cuidado especializado as crianças pequenas como Gabi estavam.

O sanatório ficava em um vale verde-esmeralda aninhado nos Alpes, em meio a vilarejos de agricultores. Eu me senti imediatamente atraída pela beleza extraordinária e pelo som dos chocalhos das vacas de fazendeiros locais que às vezes pastavam por perto. Adorava a tranquilidade e o silêncio. Mas no começo foi bem difícil. Eu me sentia isolada, não conhecia ninguém e tinha vergonha de quão magra estava, do fato de parecer alguém que tinha estado em um campo de concentração. No início, não conheci nenhuma outra pessoa judia lá. Fui colocada em um quarto com uma garota católica devota, um pouco mais velha que eu. Ela queria ser freira, mas, qualquer que fosse a doença que a acometia, havia impedido aquele plano. Nós ficamos bem próximas, conversando longamente no quarto ou quando caminhávamos pelo pátio bem-cuidado nos dias de sol, conforme fomos ficando mais fortes. Agora eu estava na parte da Suíça que falava francês, e ela pacientemente me ajudava a praticar o idioma. A comunidade judaica da cidade próxima de Montreux mandava tutores para me ensinar sobre assuntos judaicos e seculares.

Ainda assim eu me sentia bem solitária, então fiquei muito feliz de receber notícias do sr. Frank cerca de um mês após chegar lá, me contando que finalmente tinha conseguido documentos de viagem e viajaria para a Suíça para se reunir com a mãe, os irmãos e outros membros da família em Basel, e que também pegaria o trem para me visitar. Em 16 de janeiro de 1946, recebi um telegrama dele que dizia:

ESPERO VOCÊ AMANHÃ DE MANHÃ ONZE ESTAÇÃO MONTREUX
TIO OTTO

Foi uma visita breve, mas maravilhosa. Fiquei feliz por poder mostrar a ele como eu estava visivelmente bem de saúde, lentamente ganhando peso e força. Eu estava ávida por alguma conexão com ele e com qualquer pessoa da minha vida anterior.

Mas uma dessas conexões veio do nada e me assustou. Enquanto eu vivia na Suíça, o sr. Frank anunciou que, durante todo o tempo em que eles estiveram no esconderijo, Anne havia continuado a escrever em seu diário – aquele sobre o qual todas tínhamos tanta curiosidade e que Jacque e eu procuramos no quarto dela quando a família desapareceu de repente – e que ele foi recuperado. Depois que a polícia holandesa descobriu os habitantes do anexo secreto e os prendeu, Miep Gies, que tinha trabalhado para o sr. Frank e o ajudado a escondê-los, encontrou o precioso diário. Ela juntou as páginas, não lidas, e as deixou em uma gaveta trancada de sua escrivaninha. Disse a si mesma que o devolveria à Anne quando ela retornasse. No dia em que o sr. Frank lhe contou que Anne – e Margot – nunca voltaria para casa, Miep destrancou a gaveta e entregou a ele o diário. O sr. Frank disse que, por algum tempo, não conseguia nem olhar para as páginas – era doloroso demais. Quando finalmente se sentou e começou a explorá-las, ficou perplexo com o conteúdo. Começou a compartilhar trechos com alguns familiares e amigos, inclusive comigo.

Os trechos do diário eram reveladores. Perdi minha melhor amiga, Anne, quando ela havia acabado de completar 13 anos e de começar a escrever no diário. Naquelas páginas, eu sentia que estava com ela novamente. Era uma sensação estranha testemunhá-la evoluir e amadurecer, ao mesmo tempo que ganhava acesso à sua vida pessoal e no esconderijo. A Anne que eu encontrei na mais terrível das circunstâncias em Bergen-Belsen estava faminta e desesperada, muito longe da garota animada que eu conhecia. Essas preciosas páginas me permitiram vê-la entre esses dois momentos. O texto era tão rico e vívido, que eu sentia como se estivesse bem ao lado dela outra vez. Aquilo me deixou tanto eufórica quanto com o coração despedaçado.

Sofri por saber que ela havia escrito muitas daquelas palavras enquanto ainda vivia tão perto de mim – mas o tempo todo eu achava que ela estivesse a centenas de quilômetros, em segurança. Eu a imaginei tentando silenciar a tosse quando ficava doente e os passos durante o dia, vivendo sempre com aquela pontinha de medo de que eles pudessem ser pegos. Fiquei profundamente comovida não só com o talento dela ao descrever os eventos e as dinâmicas dos oito que se escondiam ali, mas com seu rico mundo interior – seus pensamentos e sentimentos, suas observações dos outros que se escondiam no sótão na Prinsengracht. Mesmo com toda a maturidade, Anne ainda era uma adolescente bem no início da vida. Eu me identifiquei com o desejo dela de sentir amor verdadeiro, de se sentir completamente compreendida por alguém, com seu anseio por "pelo menos uma vez me divertir de verdade, e de rir tanto, a ponto de sentir dor".[14] Ela era tão vibrante, tão viva... Ler aquelas palavras me deixou dilacerada. Eu sentia muita falta da minha amiga, mais do que jamais poderia expressar.

Eu pensava muito em Anne – e em nossas outras amigas também –, mas sabia que tinha um trabalho a fazer: precisava recuperar minha saúde. A neve no topo das montanhas começou a derreter e flores silvestres nasceram no vale que eu via da janela todos os dias. Um dia, saí para caminhar à beira de um rio com outros pacientes do Le Rosaire. A certa altura do passeio, uma das outras meninas olhou para mim e comentou: "Você está tão bem... Ninguém saberia que você esteve nos campos".

Recebi o comentário como uma evidência bem-vinda da minha recuperação, mas aquilo também doeu. Será que minhas experiências do tempo de guerra se tornariam invisíveis agora que eu não tinha mais vestígios externos de ter sobrevivido àquele outro planeta chamado Bergen-Belsen?

* * *

Eu não tinha desistido do meu plano de emigrar para Eretz Yisrael, embora suspeitasse que tio Hans e tia Edith ainda nutrissem esperanças de que eu fosse ficar na Suíça. Tio Hans, como Opa e papai, tinha dedicado muito de seu tempo e energia à causa de uma terra judaica e acreditava completamente nela. Mas agora estava mais velho, sentia-se em casa na Suíça e talvez fosse cauteloso em relação a recomeçar em outro lugar completamente diferente – e em hebraico, que ele sabia ler em livros de orações, mas não falava. Ele dizia que esperava, em algum momento, se juntar a mim e

14 *O diário de Anne Frank: edição definitiva por Otto H. Frank e Mirjam Pressler*. 30ª ed. Trad. Alves Calado. E-book. Rio de Janeiro: BestBolso, 2014. p. 167.

Gabi lá, mas tinha sido diagnosticado com um problema no coração e estava preocupado com o calor extremo do lugar.

Hans e Edith achavam que, depois de tudo pelo que eu havia passado, a Suíça seria atraente: um lugar onde a vida era organizada, calma e – o mais importante – pacífica. Ouvíamos relatos das batalhas que já haviam começado a acontecer nas ruas de Jaffa e Jerusalém, e em outros lugares, entre a crescente população judaica e guerreiros árabes palestinos para saber quem controlaria aquela pequena faixa de terra assim que os britânicos se afastassem. Os britânicos tinham ao menos declarado seu apoio à ideia de um "lar nacional para as pessoas judias", mas sua política era fazer isso sem ferir os direitos dos árabes que viviam na Palestina. Parecia uma situação irreconciliável para todos.

Diferentemente de tio Hans e Opa, o sonho de papai tinha sido se mudar para lá. Ele me contou histórias de como seria, e eu via o lugar como uma terra de pomares de laranja e um mar cintilante, onde era sempre quente, onde a língua sagrada, o hebraico, era falada nas ruas e no dia a dia, e onde os judeus nunca seriam refugiados, nunca seriam tornados apátridas outra vez. Eu achava que Eretz Yisrael se tornaria um lar judaico para os judeus, assim como a Holanda era o lar dos holandeses e a Suíça era a nação dos suíços. O sonho do meu pai de construir uma vida lá agora era o meu.

Mas primeiro eu queria conseguir meu diploma do segundo grau. Não queria sair do país antes de obtê-lo. Eu esperava condensar meus estudos e terminar tudo em um ano. Daquela maneira, minha nova vida poderia começar.

Então, depois de cerca de cinco meses no Le Rosaire, viajei de volta a Genebra para passar algum tempo em família com tio Hans, tia Edith e Gabi, de quem eu sentira muita saudade. Mas para mim era importante viver em um lar kasher. Então minha tia e meu tio encontraram uma família judia ortodoxa com quem seria possível eu viver, os Sohlberg. Eles tinham sete filhos, e eu poderia dividir o quarto com uma das filhas deles. Mas a questão era que eles moravam em Basel. Seria difícil para mim ficar novamente tão longe de Hans, Edith e Gabi – dessa vez mais de trezentos quilômetros ao norte, perto da fronteira alemã. Mas tentei manter o foco no meu plano. Mal podia esperar para estar de volta à sala de aula, aprendendo os conhecimentos que não obtivera quando era prisioneira e me atualizando.

Em novembro de 1946, fiz 18 anos. Era oficialmente uma adulta. Foi desorientador. Eu tinha a sorte de me lembrar de minha infância como acalentadora, protegida e cheia de alegria. Mesmo com tudo que a guerra tirara de mim, eu tinha aquelas memórias felizes dos meus pais, dos meus amigos de escola, do nosso bairro. Mas sentia que tinha perdido a oportunidade de ser adolescente. O mais perto que cheguei de ter uma "primeira paixonite" foi Alfred, e aquilo foi uma experiência tão curta. Ambos éramos consumidos por nossa timidez, e então ele desapareceu no meio da noite com os outros adolescentes, chamado para os "campos de trabalho". Os toques de recolher, nosso banimento das viagens de bonde e de socializar com não judeus puseram fim a qualquer exploração real da cidade além do nosso bairro de Rivierenbuurt, precisamente na idade em que teríamos começado a fazer isso. O aniversário de 13 anos de Anne foi a única festa de garotos e garotas de que me lembro, e então amigos e colegas de turma começaram a desaparecer, minha mãe morreu e eu fui jogada no papel de "mãezinha" de Gabi. Agora eu era uma adulta, sem pais e sem dinheiro, precisando contar com o apoio de meu tio.

Venho de uma família em que a educação e a compreensão eram valorizadas. Aos 18 anos, minha mente não se apegava mais a coisas de adolescente. Eu estava determinada a compensar da melhor maneira que pudesse o tempo que perdi e me preparar para minha nova vida. Em um almoço de Shabat na casa dos Sohlberg, conheci um jovem chamado David. Nossos pais tinham sido amigos. Um interesse romântico chegou a surgir, mas ele tinha uma namorada que já emigrara para Eretz Yisrael, e não aconteceu nada entre nós. (Embora, incrivelmente, nossos caminhos fossem se cruzar outra vez de maneira muito mais significativa décadas depois.) Eu estava focada nos estudos e em quase nada além deles.

Eu estudava em Basel, a cidade onde vivia a avó de Anne, Alice Stern. Quando Gabi e eu chegamos a Genebra pela primeira vez, na casa de nossos tios, havia um pacote maravilhoso de guloseimas enviado por ela, que ela descreveu como "boas-vindas à Suíça", esperando por nós. Na carta que enviou junto, a avó de Anne escreveu:

> *Minhas queridas crianças, espero que tenham feito boa viagem e tenham chegado à casa de seus queridos parentes, então espero poder falar com você em breve, querida Hanneli, e lhe dizer* "Guten Tag". *Muitos anos se passaram desde que nos vimos pela última vez, mas meu amor e minha devoção a vocês duas permaneceram os mesmos. Descansem bem, depois de todas as coisas difíceis pelas quais vocês passaram... Estou enviando algumas lembrancinhas para lhes dar boas-vindas à Suíça.*

Ela assinou a carta com "Da sua querida Omi Frank", "vovó Frank" em alemão.

Eu às vezes visitava a casa elegante de vovó Stern em Basel. Ela era uma mulher maravilhosa – calorosa e incrivelmente inteligente, com cabelo branco ondulado – e fazia eu me sentir um membro da família estendida, ainda que eu a tivesse achado intimidadora quando era criança em Amsterdam. Mas sempre senti o estresse da pergunta não feita que pairava sobre nós: *Como Hanneli está aqui na minha frente, mas não Anne e Margot?*

* * *

Tio Hans me contou que o Congresso Sionista se encontraria em dezembro, em Basel, pela primeira vez desde que a guerra começara. O congresso era a primeira instituição judaica de organização parlamentar na história moderna, fundado em 1897, com o objetivo de estabelecer as bases de tudo que seria necessário para criar uma terra judaica.

Era uma coisa importante na minha família. Meu avô tinha começado a frequentar quando ainda era jovem, e eu cresci ouvindo sobre essas lendárias reuniões, a que Opa e papai iam todo ano. (Embora, quando eu era criança, a melhor parte para mim fossem as barras de uma marca de chocolate suíço com a tradicional embalagem vermelha e dourada que papai sempre trazia da viagem.) Então fiquei empolgada quando tio Hans me perguntou se eu queria ir. Ele me ajudou a conseguir um trabalho voluntário como guia, para o qual recebi uma faixa dourada para usar.

Era emocionante pensar no congresso se reunindo novamente pela primeira vez desde 1939, mas, na verdade, foi uma cena sóbria, até sombria. A maior parte dos delegados europeus de anos anteriores não estava lá, inclusive Opa e papai, porque muitos tinham sido assassinados pelos nazistas. O trauma da guerra e do genocídio nazista (nós ainda não havíamos ouvido a nova/velha palavra, "Holocausto"; isso viria depois) acrescentava urgência à missão deles, mas também um enorme peso.

Afora a enormidade da perda que todos naquela sala tentavam digerir, havia um assunto urgente para discutir que impactava diretamente o meu futuro: como estabelecer um Estado judaico. Eu ouvi, completamente concentrada, os delegados debatendo a melhor maneira de resolver os problemas imediatos envolvidos, inclusive como lidar com a atual política britânica linha-dura contra a imigração judaica. Os portões estavam tudo, menos abertos para sobreviventes de guerra como eu. Então, como avançar?

No ano seguinte, 1947, no entanto, quando eu estava terminando o segundo grau, muitos refugiados judeus da Europa vinham recebendo autorização para entrar. Foi minha grande sorte que de alguma forma minha solicitação de visto para o Mandato Britânico da Palestina tenha sido aprovada para maio de 1947. Eu estava tão decidida a ir, que vinha considerando tentar entrar lá de maneira ilegal, como parte de uma operação clandestina de ativistas sionistas. Meu tio, porém, sempre o advogado e defensor das regras, tinha se recusado a permitir. Mas agora eu nem sequer precisava considerar tais métodos. Do pequeno número de vistos concedidos, um foi o meu.

Mas era apenas um, apenas para mim. Embora isso me torturasse imensamente, eu sabia que não poderia levar Gabi comigo. Ela ainda nem tinha sete anos – eu não conseguiria cuidar dela e me estabelecer naquele lugar novo. Eu tinha um plano: estudar enfermagem e conseguir um emprego. Então a chamaria para se juntar a mim.

Mas, antes, a caminho de meu futuro em *Eretz Yisrael*, eu tinha negócios inacabados a tratar: precisava dizer adeus a Amsterdam.

17. Fantasmas

Era o início de maio de 1947 quando voltei a Amsterdam, o único lar que eu realmente conhecera e uma cidade que amava com todo o meu coração. Quase exatamente dois anos antes, as pessoas ali haviam saído às ruas para comemorar o fim da guerra, subindo em tanques e jipes, distribuindo tulipas aos soldados canadenses que as libertaram. Eu engolia avidamente quaisquer notícias e imagens que pudesse achar daqueles dias de alegria, lamentando não poder estar lá para vê-los com meus próprios olhos.

Mas o ar de celebração havia desaparecido fazia tempo quando desembarquei do trem, com os olhos marejados depois de quase um dia de viagem pela França, pela Bélgica e através da Holanda. Rapidamente percebi que a cidade à qual eu retornava – uma viagem para a qual tinha economizado cada centavo da mesada que recebia de meu tio – era agora definitivamente um lugar sombrio. Dois anos depois que as armas finalmente pararam e a máquina nazista de matar foi desligada, Amsterdam ainda emergia das consequências da guerra.

Durante os meses finais da ocupação, em meio às temperaturas congelantes de um dos invernos mais frios da história europeia, os Países Baixos mergulharam em uma escassez instantânea. Os alemães cortaram suas linhas de fornecimento como retaliação às tentativas de trabalhadores ferroviários holandeses de impedir a chegada das tropas alemãs, na esperança de ajudar os Aliados. As pessoas comiam bulbos de tulipa e beterraba-sacarina para sobreviver. Algumas recorreram até a comer cães e gatos. Cerca de 20 mil pessoas morreram de fome. Nas casas congelantes, as famílias queimavam qualquer coisa para tentar se manter aquecidas, inclusive móveis, blocos de madeira roubados das linhas de bonde e degraus das escadas de casas vazias no bairro judaico, cujos residentes haviam sido deportados fazia muito tempo. O frio era tão severo, que as crianças choravam de dor das queimaduras causadas por ele.

Assim que os nazistas foram expulsos, o pequeno número de judeus sobreviventes pôde retornar. Os primeiros a voltar foram aqueles que saíram de esconderijos. A maioria não fazia a menor ideia do que acontecera a seus entes queridos que tinham sido deportados. Para algumas crianças pequenas nos esconderijos, a libertação era a primeira memória do mundo exterior. Mais tarde, os judeus que, assim como eu, haviam sobrevivido aos campos de concentração e extermínio retornaram. Mas parecia que os holandeses estavam tão consumidos por seu próprio sofrimento e trauma, que tinham pouca paciência ou interesse em ouvir os horrores do que tínhamos suportado.

No início, meu coração se agitou com o aroma familiar de Amsterdam na primavera: folhas frescas, luz do sol, aquele cheiro meio bolorento que vinha dos canais e um toque doce – será que era das flores? Alguém preparando waffles? A primavera sempre foi minha época favorita do ano. Era quando a cidade, depois de um inverno longo, gelado e encharcado de chuva, se enchia de esperança. Mas logo entendi que seria um retorno amargo. Eu me sentia como se tivesse voltado para uma cidade-fantasma. Onde certa vez eu tivera uma família, um amplo círculo de amigos da escola e da nossa casa, vizinhos e professores que me conheciam e zelavam por mim, agora tinha apenas uns poucos amigos com quem contar. Caminhando pelas pontes e ruas, retraçando pegadas do passado, absorvi as visões familiares dos canais marcados de sol, das flores em vasos de madeira, ao mesmo tempo que procurava nos rostos alguma gota de familiaridade. Mas tudo que eu via eram os rostos de estranhos. *Como isso podia ter acontecido?* Eu repetia a pergunta em silêncio para mim mesma, uma pergunta que tenho me feito desde então.

Ao me aproximar do meu antigo prédio, no número 16 da Zuider Amstellaan, fiquei animada, mas também profundamente cautelosa. Eu estava em casa, mas também tão longe de casa... Reparei que a rua havia mudado de nome para Rooseveltlaan, a fim de homenagear o presidente americano Franklin D. Roosevelt. Outra rua próxima havia mudado de nome para homenagear Churchill. Mas os velhos álamos enfileirados ainda estavam lá cortando a rua de pedras; as construções estavam iguais em sua organizada uniformidade marrom-clara. Tudo parecia tão falsamente estável, pensei.

Toquei a campainha do apartamento térreo dos Goudsmit. "Hanneli! Bem-vinda, bem-vinda!", exclamaram o sr. e a sra. Goudsmit. Foi bom ser recebida na casa deles, e imediatamente me senti um pouco menos como uma estranha. Sorri quando a sra. Goudsmit pegou meu rosto com as duas mãos para me cumprimentar. O pequeno Sjors, agora com 6 anos, assim como Gabi, estava ficando tão alto! Mas ainda tinha os cachinhos loiros.

Não me atrevi a subir as escadas do prédio que levavam ao apartamento da minha família. Outra família vivia lá agora. Deixei meus pensamentos voarem de volta para nossos pertences, perdidos havia muito tempo. O sofá de veludo azul, a mesa e as cadeiras de vime de "sala de jantar", os pratos de porcelana e a máquina de escrever de minha mãe. Tudo tinha sido enfiado em caminhões pela empresa alemã que saqueava as propriedades dos judeus após a deportação. Eu me perguntei quem na Alemanha estaria sentado no nosso sofá agora.

Mais tarde, fui até a sinagoga no número 63 da Lekstraat. Era hora do serviço da noite, mas não reconheci nenhum rosto. Quase chorei ao ver o pequeno grupo de homens, apenas o número suficiente para o *minyan*, sendo dez o número mínimo necessário de homens para uma reza em grupo, de acordo com as leis judaicas. *Tantos assentos vazios*, pensei, sofrendo ao lembrar de papai e Opa.

Do lado de fora, o galho de uma grande árvore pendia baixo, do jeito que eu me lembrava. Eu recordava de cada esquina, de cada porta atrás da qual viviam amigos e vizinhos. Caminhei de volta para a Merwedeplein ali perto, para a calçada onde Anne e eu pulávamos amarelinha e brincávamos de esconde-esconde com nossos outros amigos. Havia outras crianças ali correndo e rindo; as mães logo as chamariam de volta para jantar. Então, tudo era muito parecido com aquilo de que me lembrava. Mas agora eu não era mais uma garotinha, e tanta gente que eu conhecia e amava estava morta. Ainda não conhecia a palavra "trauma", mas acho que é a palavra mais próxima do que eu estava experimentando conforme caminhava pelo bairro.

Depois me encontrei com antigos amigos de escola, incluindo Jacque. Vi Barbara Ledermann, que parecia inconsolável. Ela sentia imensamente a falta da irmã e dos pais. Em uma carta para o sr. Frank por volta dessa época, ela escreveu: "Depois de dois anos de luta, consegui aceitar a vida assim como outras pessoas aceitam a religião: sem entendê-la. Ela passa sobre nós, nos leva um pouco adiante com ela e então nos abandona outra vez. Não acredito que eu venha a me preocupar especificamente com o que acontecerá ao meu redor ou comigo... é tudo meio inútil".

Havia pelo menos uma coisa positiva – ou ao menos agridoce – sobre a qual pensar naquele tempo que passei em Amsterdam. O diário de Anne seria publicado nos Países Baixos em 25 de junho, dali a cerca de seis semanas, logo depois do que teria sido o décimo oitavo aniversário de Anne. O sr. Frank tinha passado a acreditar sinceramente que a escrita de Anne merecia uma audiência mais ampla que apenas nós – o desfalcado grupo de seus amigos e familiares. Ele queria que a história dela se tornasse pública, que o espírito dela continuasse a viver, impresso em livro. Mas no início foi difícil para ele encontrar uma editora. Algumas rejeitaram o material, e mesmo alguns dos amigos do sr. Frank duvidaram de que o livro fosse ter público. Havia pouco apetite para relatos da experiência de guerra de uma adolescente judia em um esconderijo, ou mesmo para qualquer coisa relacionada à perseguição dos judeus nos tempos de guerra. O sr. Frank, no entanto, persistiu teimosamente e encontrou uma editora holandesa disposta a publicar o livro. Minha maravilhosa amiga estava prestes a se tornar uma escritora publicada, como ela dizia que queria ser.

Na verdade, eu tinha ficado sabendo que Anne ouvira um apelo na banida Rádio Orange, a estação do governo holandês no exílio, em março de 1944, no qual Gerrit Bolkestein, ex-ministro da Educação, implorava aos cidadãos holandeses que preservassem seus documentos cotidianos para que, depois da guerra, as pessoas entendessem o que tinha sido suportado sob a ocupação alemã. Ele se referira especificamente aos diários, o que capturou a atenção de Anne. Ela havia imediatamente começado a revisar seu diário para ser publicado após a guerra, editando e acrescentando detalhes com o olhar de uma escritora para drama e contexto. Saber disso me impressionou ainda mais. Aos meus olhos, Anne havia realmente se tornado uma escritora no esconderijo, uma que se atrevera a acreditar que seus pensamentos e suas observações poderiam ser importantes para outras pessoas no futuro.

Mas, de um ponto de vista mais pessoal, fiquei comovida ao ler que ela havia pensado em mim, assim como meus pensamentos frequentemente se voltavam para ela enquanto eu estava em Westerbork e Bergen-Belsen. Ela havia até escrito sobre a dinâmica entre nós logo antes de ir para o esconderijo de uma maneira muito madura e perspicaz. A discussão que tivéramos sobre algum ciúme bobo antes de Anne desaparecer havia me deixado preocupada. Fiquei triste que aquilo tivesse acontecido, mas feliz pela reafirmação de que nossa amizade importava para ela tanto quanto para mim. O sr. Frank me perguntara se eu me importava que os trechos que Anne escrevera sobre mim fossem incluídos na versão publicada do diário – eu pedira a ele que, por favor, não omitisse nada.

Anne escrevera sobre nosso relacionamento no contexto de um sonho que tivera acordada sobre mim, em 27 de novembro de 1943, momento em que, embora ela não soubesse, eu estava em Westerbork, indo para meu primeiro inverno como prisioneira. No sonho, eu estava "vestida de trapos, o rosto magro e desgastado", implorando à Anne que "me salve desse inferno".[15] No diário

15 Ibid.

ela chegou a usar o nome "Lies" para mim, abreviação de Hanneli. Era um apelido pelo qual alguns dos meus amigos de escola me chamavam.

Anne escreveu:

> *Tudo que posso fazer é rezar para que Deus a traga de volta para nós. Eu vi Lies, ninguém mais, e entendo o motivo. Eu a julguei mal, não tive maturidade suficiente para compreender como era difícil para ela. Ela era dedicada à amiga* [referindo-se a Ilse], *e deve ter parecido que eu estava tentando tirá-la de Lies. Coitadinha, deve ter se sentido péssima! Eu sei, porque reconheço o sentimento em mim mesma. Tive um flash momentâneo de compreensão, mas então me envolvi outra vez, de modo egoísta, com meus próprios problemas e prazeres.*
>
> *Foi maldade minha tratá-la daquela maneira, e agora ela olhava para mim, ah, de um jeito tão indefeso, com o rosto pálido e os olhos suplicantes. Ah, se eu pudesse ajudá-la! Querido Deus, eu tenho tudo que poderia desejar, enquanto o destino a tomou em suas garras mortíferas...*
>
> *Ah, Lies, espero que, se você viver até o fim da guerra e voltar para nós, eu possa acolhê-la e compensar o mal que lhe fiz.*
>
> *Mas mesmo que eu um dia estivesse em posição de ajudar, ela não precisaria mais do que precisa agora. Eu me pergunto se ela chega a pensar em mim e o que será que está sentindo.*

Meus olhos se encheram de lágrimas quando cheguei a esse trecho, e eu mal conseguia ver as palavras. Queria atravessar as páginas para confortá-la, agradecer a ela. *Suas preces foram atendidas. Eu fui salva, Anne! Obrigada, obrigada. Eu sempre, sempre vou ter você comigo*, pensei comigo mesma, esperando que, de alguma maneira, minhas palavras ainda pudessem alcançá-la.

Cerca de um mês depois, em 29 de dezembro de 1943, ela havia se perguntado outra vez sobre meu destino: "E Lies? Será que ainda está viva? O que será que ela está fazendo? Meu Deus, cuide dela e a traga de volta para nós". Ela continuava:

> *Lies, você é um lembrete do que o meu destino poderia ter sido. Sempre me vejo no seu lugar. Então por que me sinto sempre terrível em relação ao que está acontecendo por aqui? Eu não deveria estar feliz, contente e grata, exceto quando estou pensando em Hanneli Lies e naqueles que estão sofrendo com ela?* [...] *Pensar naqueles que lhe são queridos pode reduzir você às lágrimas; na verdade, você poderia passar o dia todo chorando. O máximo que você*

pode fazer é rezar para que Deus realize um milagre e salve pelo menos alguns deles. E eu espero estar fazendo isso o suficiente.

Fiquei impressionada ao ler essas e outras seções do diário. A maior parte das pessoas da idade dela não tem a habilidade ou a sensibilidade para escrever da maneira que ela escrevia. Também achei muito doloroso – eu sentia o nó se apertando ao redor de Anne e dos outros que se escondiam por meio das palavras dela, especialmente em passagens como esta, escrita em 3 de novembro de 1943:

Eu vejo nós oito no Anexo como se fôssemos um trecho de céu azul cercado por nuvens escuras e ameaçadoras. O ponto perfeitamente redondo sobre o qual estamos ainda está a salvo, mas as nuvens estão se aproximando, e o círculo entre nós e o perigo que se aproxima está ficando cada vez menor. Estamos envoltos por escuridão e perigo, e, em nossa busca desesperada por uma maneira de escapar, ficamos trombando uns nos outros. Olhamos para a briga lá embaixo e para a paz e a beleza lá em cima. Enquanto isso, fomos isolados pela massa escura de nuvens, de modo que não podemos ir nem para cima nem para baixo. Ela assoma sobre nós como uma parede impenetrável, tentando nos esmagar, mas ainda não sendo capaz de fazer isso. Eu só posso exclamar e implorar: "Ah, círculo, círculo, expanda e nos deixe sair!".

O diário dela me fez perceber quão especial e diferente de todos os outros Anne era. Essa era uma Anne mais profunda, feita de muitas camadas, familiar para mim e, de algumas maneiras, completamente nova. Eu estava lendo a Anne congelada no tempo aos 13, 14, 15 anos. Estava consciente de que, conforme fosse envelhecendo, só me afastaria ainda mais dela, uma garota de cuja sombra oscilante eu sentia que ainda conseguia ver um reflexo de canto de olho. Mas, dali a poucas semanas, qualquer pessoa na Holanda poderia pegar o livro dela e ler aquelas palavras. Era uma sensação estranha.

Enquanto eu estava em Amsterdam, consegui visitar a sra. Kuperus, nossa querida diretora da escola Montessori, que também havia sido nossa professora no sexto ano. O sr. Frank também havia compartilhado o diário de Anne com a sra. Kuperus antes de encontrar uma editora. Foi bom poder conversar com ela sobre os textos e compartilhar impressões. Juntas, nós nos lembramos de Anne, bem como do último dia dos estudantes judeus, em junho de 1941. Anne não foi a única aluna dela a ser assassinada pelos nazistas durante a guerra, então foi um encontro emocionante para nós duas.

A sra. Kuperus me contou que foi arrebatada pela sabedoria dos pensamentos e sentimentos íntimos de Anne, como alguém que conheceu Anne pessoalmente, mas também como educadora. Perguntei como ela achava possível que minha amiga escrevesse de maneira tão madura e sensível quando era tão nova. Ela me contou sua teoria de que, colocada em um cenário tão extremo quanto aquele em que estava, sob incrível pressão, era possível que Anne tivesse se desenvolvido emocional e intelectualmente a um ritmo acelerado.

* * *

Meu tempo em Amsterdam chegava ao fim. Era um alívio ter um futuro pelo qual esperar depois de todo aquele tempo olhando para o passado. Voltei à Suíça, onde eu precisava organizar os últimos detalhes para minha imigração a Eretz Yisrael.

Em 20 de maio, meu esperado "Visto para a Palestina [...] para apenas uma viagem", como estava escrito, chegou pelo Consulado Britânico em Genebra. Estava carimbado em um pedaço de papel creme anexado ao meu documento de viagem, chamado de "Certificat d'Identité", já que eu ainda era apátrida, então não podia ter um passaporte. Tenho o documento até hoje. Na foto, minhas bochechas estão redondas novamente, minha pele está lisa. Meu cabelo castanho ondulado e grosso está o mais longo que viria a ser, logo acima do ombro. Eu tinha a aparência saudável e determinada.

Amsterdam foi um lembrete da terrível lição que aprendi cedo demais: nada é permanente na vida. Uma existência calma, amorosa e confortável pode ser roubada pelas poderosas forças do ódio. Minha visita serviu para enfatizar dolorosamente meus dois eus: a Hanneli antes da guerra e a Hanneli depois da guerra. Mas, ao mesmo tempo, acho que eu já conseguia reconhecer que o amor e os valores que meus pais depositaram em mim tinham me tornado a pessoa que eu era. Eles não tiveram a chance de me ver crescer, mas haviam me dado as ferramentas e a bússola moral para saber como continuar a caminhada. Era o mapa de meu pai que eu estava seguindo quando decidi ir para Eretz Yisrael em vez de ficar na Suíça, voltar a viver em Amsterdam ou tentar emigrar para os Estados Unidos. Era o caminho mais difícil, certamente. Mas eu tinha certeza de que era o caminho certo para mim.

18. A Terra Prometida

Eu mal podia acreditar quando o navio deixou o porto da cidade de Marselha. Finalmente estava a caminho.

Por cinco dias, naveguei na direção do Oriente Médio, cruzando o mar entre as costas da Europa e da África, em um navio chamado *Providence*. Passei horas observando o horizonte, sentindo aumentar a distância entre os capítulos antes e depois da minha vida a cada quilômetro. Estava nervosa e empolgada. Mas, mais que tudo, estava pronta para sair do barco – especialmente depois dos trechos mais revoltos do mar. Então, quando ouvi os primeiros gritos de "Olhem! Haifa! É logo ali!", corri ao deque para ver com meus próprios olhos. E lá estava, meu primeiro vislumbre de Eretz Yisrael, uma mancha amarela adiante. Eu me inclinei sobre o parapeito e observei Haifa tomar forma. Gradualmente, pude ver as curvas verdes do monte Carmel e algumas construções cúbicas de pedra abaixo, perto do porto. Ao meu redor, as pessoas assobiavam e comemoravam; algumas das mais jovens começaram a cantar canções em hebraico.

Depois que aportamos, quando, por fim, pudemos sair do navio, vi algumas pessoas se ajoelharem para beijar o chão.

Fiquei sem palavras quando um oficial britânico assinou e carimbou meus documentos de viagem com um carimbo retangular roxo que dizia: "Departamento de Migração do Governo da Palestina: permissão para residência permanente na Palestina como imigrante". Ele preencheu a data: 30 de maio de 1947. Fiquei na fila da imigração sozinha, mas papai estava sempre no meu coração, nós dois em uma espécie de *continuum* entre o anseio dele por estar ali e minha chegada real. Inspirei. Senti cheiro de pinheiros e maresia e sorri.

Meu momento agridoce foi interrompido por uma multidão. As pessoas se empurravam para sair das docas e se reunir com seus entes queridos, pegar sua bagagem.

Bagagem!, pensei, assustada. Corri para pegar minhas malas, mas havia só uma, em vez das duas que eu tinha levado. A que tia Edith arrumara para mim com tanto cuidado com coisas de que eu precisaria, com um conjunto novinho de lindos lençóis de algodão e toalhas, tinha sumido. Os lençóis e cobertores foram enviados para mim por famílias ricas de Berlim que haviam imigrado para a Suíça. Era o presente generoso de despedida delas. E agora aquela mala que trazia a linda roupa de cama tinha desaparecido. Eu estava prestes a chorar.

Sabia que não ousaria contar à tia Edith e ao tio Hans quando escrevesse a eles para dizer que tinha chegado. Eu me culpei pelo desaparecimento da mala. Só os preocuparia saber que eu agora estava sem algumas das minhas coisas mais importantes para minha nova vida, e temia que eles fossem sentir que precisavam substituí-las. Eu tinha bastante consciência de que eles tinham bem pouco dinheiro. Já estavam me enviando uma pequena mesada, e eu teria tido vergonha de pedir mais. Estava determinada a não ser um fardo para eles nem para ninguém. Mas meu desejo por ser economicamente independente em Israel foi, nos primeiros anos, uma constante batalha para melhorar de vida, e, às vezes, eu ficava assustadoramente sem dinheiro.

Apesar do estresse da minha bagagem perdida, minha jornada havia sido decididamente mais fácil que a de muitos outros. Em julho de 1947, três meses depois que cheguei, um navio ilegal saiu de Marselha para fazer a mesma rota que eu, com 4.500 sobreviventes a bordo. Seu nome era *Exodus 1947*. O navio foi interceptado e atingido pelos britânicos com balas e morteiros, matando dois passageiros e um tripulante. O restante das pessoas foi enviado de volta para campos de desabrigados na Alemanha, onde centenas de milhares de outros sobreviventes do Holocausto ainda viviam, sem ter para onde ir. A saga se tornou manchete no mundo todo e chamou atenção para a situação daqueles refugiados.

* * *

Pouco antes da minha chegada, um anúncio no jornal do movimento sionista religioso que meu pai ajudara a liderar dizia: “A filha de Hans Goslar, Hannah Goslar, imigra para a Terra de Israel”. Eu tornaria a ver várias vezes como o nome do meu pai e a memória das pessoas sobre a caridade dele sobrevivia. “Ah, você é a filha do Hans Goslar?”, diziam pessoas que eu acabara de conhecer.

Minha primeira parada na Terra Prometida de meu pai foi o kibutz Yavne, onde ele havia imaginado poder se estabelecer. O lugar foi fundado apenas seis anos antes da minha chegada, em uma faixa de planície próxima ao mar, por um grupo de judeu-alemães jovens e idealistas que meu pai e meu avô conheciam. Gostei do local imediatamente. Era simples, mas as pessoas eram fortes e determinadas, e era inspirador vê-las tão focadas na missão de criar um kibutz religioso.

Passei meus primeiros dias explorando os pomares e campos de laranjas sob o sol quente. Os membros foram gentis comigo e me receberam como se eu fosse da família. Eles me contaram histórias de como meu pai os havia inspirado. Mas, pouco tempo depois de chegar, eu soube que não queria ficar ali. Eu já tinha 18 anos, era adulta. Então, como uma adulta num kibutz, precisaria trabalhar o dia todo, contribuindo como todos os outros com o experimento da vida coletiva, comunitária. Mas eu nem sequer sabia hebraico ainda. E queria ter uma profissão: estava determinada a ser enfermeira pediátrica.

Com a ajuda dos membros do kibutz, encontrei um lugar em um vilarejo jovem no norte chamado Kfar Hasidim, próximo a Haifa, aos pés do monte Carmel, onde eu poderia estudar hebraico. Vilarejos de jovens haviam sido estabelecidos em diferentes partes do país para atender ao grande número de jovens judeus que haviam chegado ali sozinhos.

Meus dias eram longos, começando na cozinha antes de o sol nascer, picando enormes quantidades de vegetais para ajudar a alimentar todo mundo na refeição vespertina. A cozinheira gostava de mim, e eu às vezes trabalhava como babá dos filhos dela; era minha única oportunidade de ganhar algum dinheiro, e eu era grata por isso. No vilarejo havia outros recém-chegados da Europa, adolescentes e crianças, alguns dos quais também tinham se tornado órfãos durante a guerra ou mesmo sido deixados no país sozinhos, sem os pais. Por causa das aulas intensivas diárias e da minha completa determinação em conseguir me comunicar, aprendi a falar hebraico relativamente rápido. Alguns dos sons guturais da língua que eram difíceis para meus colegas eram mais fáceis para mim, porque o holandês também é gutural.

Às vezes durante o dia a temperatura ficava escaldante – podia chegar a 35 graus Celsius. Mas, enquanto outras pessoas ao meu redor reclamavam do calor, eu não me queixava. Depois de passar tanto frio por tanto tempo em Bergen-Belsen, o calor realmente não me incomodava muito.

Próximo a nosso vilarejo havia um pequeno comércio onde podíamos comprar sorvete (o que, é claro, me lembrava de casa) e falafel no pão pita. O sabor não era parecido com nada que eu já tivesse comido na Europa, mas aprendi rápido a gostar daquilo. Fiquei fascinada ao conhecer um homem de um vilarejo druso próximo que vinha ao nosso vender vegetais. Eu sabia, é claro, que havia árabes no país, mas nunca tinha ouvido falar dos drusos, falantes de árabe seguidores de uma ramificação um tanto fechada do Islã.

Fiquei intrigada com a vestimenta deles: os homens usavam bigode, calças largas e chapéus cilíndricos brancos característicos. As mulheres usavam um tecido branco transparente para cobrir a cabeça, além de túnicas longas.

O vilarejo foi um bom ponto de chegada para mim, mas, depois dos feriados judaicos do Rosh Hashaná e do Yom Kippur, eu estava pronta para ir em frente. Tinha sido aceita em um programa de treinamento em enfermagem em Jerusalém. Então me despedi da cozinheira e de seus filhos, do meu professor de hebraico e de meus novos amigos, e, com minha única mala, tomei o rumo de Jerusalém, ao sul.

Levou muitas horas e trocas de ônibus para fazer a viagem de 160 quilômetros, passando por campos abertos, vilarejos novos e antigos de agricultores judeus e um vale cheio de vilarejos árabes. Por fim, o ônibus subiu a estrada íngreme até Jerusalém. Tinham me dado o endereço de um dormitório para meninas adolescentes na rua Rashi, perto do centro da cidade. O gerente de lá conhecera meu pai; então, mesmo que aos 18 anos eu fosse velha demais para morar ali, ele concordara em me deixar viver lá enquanto estudava enfermagem.

A primeira coisa em que reparei sobre Jerusalém foi que todas as construções eram cobertas do mesmo calcário branco, o que achei que dava à cidade uma aparência distinta e meio atemporal. Realmente, os prédios de Jerusalém haviam sido construídos com esse tipo de pedra por séculos, aguentando incêndios, guerras e diversos conquistadores ao longo do tempo. Então, os britânicos tornaram obrigatório o uso do que é chamado de "pedra de Jerusalém" em todas as construções. Quando perguntei por quê, alguém me disse que era para que, ao pôr do sol, a cidade toda ficasse de um dourado brilhante. Assim que vi meu primeiro pôr do sol, concordei: era uma regra muito boa.

Eu era a única estudante de enfermagem na Beit Tzeriot Mizrahi (Casa Mizrahi para Jovens Mulheres, em hebraico); todas as outras residentes estavam estudando para ser professoras. Eu precisaria passar o próximo ano e meio estudando e praticando no hospital Bikur Cholim, que ficava próximo dali. No interior de seus arcos arredondados, trabalhei com bebês e crianças pequenas de toda a cidade. Logo aprendi em primeira mão sobre a grande pobreza que havia em Jerusalém. Eu me lembro claramente de um dia, não muito depois que cheguei, me deparar com um grupo de crianças que pareciam particularmente pobres e desordenadas, vagando sozinhas perto da Cidade Antiga. Não sei se eram árabes ou judias, porque ainda precisava decodificar as camadas de "quem era quem" que os habitantes pareciam discernir instintivamente. Mas elas aparentavam ser muito necessitadas, e isso me deixou desolada.

Eu sentia uma falta absurda de Gabi e tentava, quando entrava em contato com as crianças mais pobres da cidade, não me lembrar da aparência do rosto dela em Bergen-Belsen. Escrevia cartas e postais para ela o tempo todo, lembrando-lhe de que logo nos veríamos novamente.

Mas eu sabia que muitas pessoas que sobreviveram à guerra não tinham a sorte de saber onde estavam seus entes queridos. Não só os jornais ali eram cheios de anúncios de pessoas procurando outras pessoas, mas também fiquei intrigada ao descobrir que havia um programa de rádio chamado *Quem Reconhece? Quem Sabe?*, em que os participantes descreviam familiares e amigos que ainda estivessem procurando. Às vezes havia histórias notáveis de reencontros, como aquela de uma sobrevivente polonesa que, ao ver um soldado caminhando na rua em Haifa, reconheceu-o como o filho por quem estivera de luto pensando que tivesse sido assassinado. Ela não o via desde que ele era um garoto de 14 anos, oito anos antes.

* * *

Algumas semanas após minha chegada a Jerusalém, eu estava caminhando com uma amiga e ouvi alguém cantando no pátio do prédio do protogoverno do que era conhecido na época como Yishuv, a comunidade judaica no Mandato da Palestina. Era 29 de novembro de 1947. Nós nos aproximamos e vimos pessoas dançando em comemoração. As Nações Unidas haviam acabado de votar a favor do Plano de Partilha da Palestina, que dividiria o país em dois Estados: um árabe e um judaico.

Um Estado judaico agora se tornaria realidade, pensamos. Minha amiga me puxou para os círculos de dança e ficamos rodopiando em comemoração. Por toda a cidade, pessoas saíam às ruas assobiando e celebrando. Dezenas subiram em um carro de polícia blindado enquanto ele se movia pelas ruas e gritaram de alegria.

A liderança judaica aceitou a partilha. Os árabes palestinos, perplexos quanto ao motivo de terem de dividir uma terra que viam como inteiramente sua e na qual eram maioria, a rejeitaram. As comemorações duraram apenas algumas horas. De manhã, já haviam estourado conflitos entre as milícias judaicas e árabes palestinas, que se intensificaram nas semanas seguintes.

Em pouco tempo, os sons de bombas pareciam não parar nunca, e eu estava sempre tensa. Será que a rua silenciosa e ensolarada pela qual eu caminhava para o trabalho estaria segura naquela manhã ou será que haveria um atirador de elite escondido em algum telhado? Será que eu estava caminhando em direção ao perigo ou para longe dele? Ao parar para olhar a vitrine de uma livraria, será que o vidro de repente se estilhaçaria caso uma bomba explodisse ali perto? No entanto, ainda que sentisse medo e ansiedade, esses sentimentos eram silenciados de algum modo porque eu estava sozinha; se me machucasse, seria a única a me machucar. No passado, eu me preocupara o tempo todo com Gabi. Anos depois, viria a ter minha própria família com que me preocupar. Porém, naquele momento, era apenas eu. Apenas a minha segurança em que pensar. Mas sabia que devia ser estressante para minha tia e meu tio ouvirem falar da situação à distância, então eu tentava mandar cartas tranquilizadoras para a Suíça, até que os serviços postais e telegráficos foram paralisados.

Em fevereiro de 1948, Jerusalém estava sob ataque de milícias árabes. Elas bloquearam a rota de Tel Aviv a Jerusalém, tornando incrivelmente difícil conseguir suprimentos básicos na cidade, como comida, água e combustível. Ficamos em estado de guerra por meses. Comboios com o objetivo de levar suprimentos eram alvejados pesadamente, e o número de mortes era enorme. Judeus da minha idade eram recrutados para as diversas milícias, mas, como eu era estudante de enfermagem, fui poupada. Agora não tratávamos apenas crianças, mas também soldados feridos. A maioria dos soldados judeus havia nascido ali, embora em algum momento os sobreviventes judeus refugiados que chegavam de campos de pessoas desabrigadas na Europa, alguns por operações de imigração clandestinas, tenham começado a ir direto para o serviço militar assim que entravam no país. Eu tinha orgulho deles, mas também temia por eles, conhecendo um pouco daquilo pelo que tinham passado. Muitos, pelo que eu entendia, acreditavam que era melhor morrer lutando como heróis para criar nosso novo país do que morrer como vítimas e eternos refugiados.

Eu tinha acabado de fazer 19 anos e estava outra vez em uma guerra. Depois do esforço para retomar a vida, era impressionante ver como ela parecia tão frágil de novo. Novos conhecidos meus estavam perdendo amigos e irmãos na batalha. Eu me lembro de ir ao funeral do irmão de uma colega minha, estudante de enfermagem, com toda a nossa classe.

Muitos dos médicos que trabalhavam no mesmo hospital que eu eram alemães. Eu reconhecia o medo que via neles porque sentia o mesmo. Lembro que uma médica, que eu sabia que também tinha estado em campos de concentração, estava especialmente abalada pelos conflitos. "Está acontecendo de novo", eu a entreouvi dizer. O clima era sombrio: as pessoas passavam fome, algumas estavam desnutridas, inclusive algumas das crianças que tratávamos.

Eu estava trabalhando no Shabat em um dia no qual o risco de violência parecia especialmente alto. Falava-se em mover as crianças para um andar mais protegido quando de repente ouvimos um barulho de bombardeio ou possivelmente tiros ali perto. Eu estava alimentando uma bebê na hora e imediatamente cobri o corpo dela com o meu. Um pouco de vidro estilhaçou nas minhas costas, mas por sorte nem eu, nem a bebê nos machucamos.

Em 13 de abril de 1948, uma grande caravana levando médicos, enfermeiros, pacientes, acompanhantes e suprimentos médicos para o Hospital Hadassah, no leste de Jerusalém, foi emboscada na estrada por forças árabes, e 79 pessoas foram mortas. Mais tarde no mesmo dia, um homem holandês que eu conhecia de Amsterdam veio vagando até a ala do hospital onde eu trabalhava. Estava procurando a filha, que estivera na caravana, pensando que ela talvez pudesse ter sido levada até nós para ser tratada. Quando não a encontrou, seu choro inconsolável preencheu os corredores. Eu não conseguia esquecer aquele som.

Em 14 de maio, quando as tropas britânicas se retiraram, ouvimos no rádio que, em Tel Aviv, David Ben-Gurion havia declarado a independência. Precisaram me contar duas vezes, pois era uma surpresa e tanto. Um Estado judaico havia sido declarado pela primeira vez em 2 mil anos. Agora podíamos ser mestres de nosso próprio destino, como meu pai e meu avô tinham sonhado, pensei comigo mesma.

Mas, em Jerusalém, a eletricidade era cortada por várias horas ao dia, os sons da artilharia eram incessantes e os comboios armados tentando furar o cerco para chegar até nós com suprimentos estavam sob ataque. Então, no dia seguinte à leitura da declaração de independência em voz alta, para uma multidão que celebrava, e da assinatura dela por alguns que meu pai conhecera como amigos, os exércitos do Egito, do Iraque, da Jordânia, do Líbano e da Síria invadiram. Isso despertou uma guerra de larga escala que durou até março do ano seguinte, com uma quantidade de mortos terrível dos dois lados, que deixou Jerusalém dividida e cerca de 700 mil árabes palestinos refugiados.

* * *

Terminei meus estudos e comecei a trabalhar como enfermeira em uma ala de maternidade antes do fim da guerra, contudo tio Hans, previsivelmente, não queria saber de Gabi se juntando a mim até que os conflitos cessassem.

Mas, fiel à sua palavra, assim que a guerra terminou ele autorizou Gabi a vir ao novíssimo Estado de Israel. Éramos cidadãs israelitas, nunca mais seríamos refugiadas apátridas outra vez. Agora ela usava o nome Rahli, apelido de Rachel, seu primeiro nome.

Ela chegou no início de junho de 1949, carregando uma pequena mala vermelha e uma boneca quando desceu as escadas do avião que a trouxe de Genebra. Já fazia dois anos que eu não a via, e ali estava ela, já com 9 anos, uma garota linda e radiante com cabelo castanho-claro e macio cortado curto, como eu usava na idade dela. Foi maravilhoso vê-la de novo. Eu não conseguia parar de olhar para ela, maravilhada ao ver como estava alegre e saudável. Ela falava muito, agora em francês e alemão. Seu cérebro raciocinava rápido como sempre, e ela me encheu de perguntas, implorando, como eu sabia que faria, para vir morar comigo. Eu também queria isso, mas a verdade era que eu morava em uma quitinete e trabalhava muitas horas por dia. Mal ganhava o suficiente para pagar meu aluguel. Ainda não poderia dar a ela todo o apoio de que precisaria.

Havíamos combinado que ela participaria de um programa especial para crianças e jovens que chegavam a Israel sem os pais, chamado Youth Aliyah. Ali ela viveria em comunidade e aprenderia hebraico e frequentaria a escola. Ela logo foi adotada por uma família amorosa, de ascendência tcheca e alemã, que tinha dois filhos mais velhos e vivia em um subúrbio de Tel Aviv.

Eu sabia que era a coisa certa para Rahli, mas ainda assim me senti terrivelmente culpada. Parte da minha culpa era saber como tinha sido doloroso para tia Edith se separar de Rahli, e para Rahli se separar dela. Ela havia se tornado uma figura materna para minha irmã, e elas eram muito apegadas. Mas eu sabia que meu pai queria que nós duas estivéssemos em Israel, e eu acreditava que o futuro dela era verdadeiramente ali, não na Europa. Tia Edith e tio Hans vinham falando sobre emigrar também, e eu realmente achava que eles se juntariam a nós.

Minha irmã foi parte de uma onda massiva de imigrantes que chegaram naquele momento, e não só de campos de desabrigados da Europa, mas também do norte da África e de países do Oriente Médio onde os judeus viveram por séculos. O foco nacional estava no projeto coletivo da construção do Estado, e não tanto em onde qualquer indivíduo gostaria de morar naquele novo país. O sonho sionista tinha sido idealista, até utópico, focado na justiça e na paz. Mas a bagunçada realidade com frequência significava que recém-chegados passavam seus primeiros meses em acampamentos abarrotados, aguardando moradia que ainda estava sendo construída.

Não muito depois da chegada de Rahli, conheci um jovem oficial da inteligência do exército israelita. O nome dele era Pinchas Walter Pick. Usava óculos de armação redonda preta, tinha cabelo escuro, lábios cheios e o tipo de sorriso que me fazia sorrir sempre que o via. Ele servira no exército britânico durante a Segunda Guerra, no Iraque e no Egito. Assim como eu, tinha nascido em Berlim, onde o pai dele, um especialista em línguas semíticas antigas, havia sido diretor da Biblioteca Nacional. Quando ele foi demitido, após Hitler chegar ao poder, a família, que antes dividia seu tempo entre as duas cidades, se mudou para Jerusalém. Pinchas era onze anos mais velho que eu e tinha uma mente voraz. Parecia conhecer infinita e profundamente geografia, arqueologia, história, música e política, e me senti atraída por sua inteligência, sua bondade e seu senso de humor.

Percebi que Pinchas era enormemente sensível a outras pessoas, sobretudo àquelas que passavam necessidade ou que sofriam de algum modo, e isso me comoveu de forma profunda. Ele tinha uma conversa muito boa, e eu, que era mais tímida, ficava maravilhada com a habilidade dele de se conectar com os outros. Pouco tempo depois do início da nossa amizade, descobrimos que o pai dele e o meu tinham se conhecido em Berlim, frequentando círculos intelectuais e sociais parecidos, já que ambos eram sionistas praticantes. Mais uma vez senti a presença do meu pai na minha nova vida.

Nenhum de nós tinha dinheiro. O baixo salário de Pinchas era usado em grande parte para ajudar os pais idosos (a pensão do pai tinha sido cortada quando os nazistas estavam no poder). Eu estava acabando o curso de enfermagem e mal conseguia me sustentar, mesmo fazendo bico de babá para alguns médicos e ainda recebendo uma pequena mesada de meu tio. Mas, apesar de tudo, decidimos nos casar.

Em vez de poder escrever a meus pais contando as boas novas, tive a felicidade de poder compartilhá-las com o sr. Frank. A carta dele me parabenizando por meu vigésimo aniversário e por meu noivado significou muito para mim:

> *Não preciso nem dizer como estou feliz por você. Você sabe que tenho muito carinho por você e que me interesso pela sua vida e pelo seu desenvolvimento. Fico muito satisfeito que você agora tenha encontrado alguém com quem quer passar a vida e que vê em você a metade capaz de preenchê-lo. Que vocês dois encontrem a felicidade que buscam e, com a ajuda de Deus, que estabeleçam juntos um lar e o ergam em boa saúde.*

Sobre Pinchas, ele acrescentou:

Sete anos servindo no exército é algo amargo, ainda que o trabalho seja interessante, e espero que ele em breve possa levar uma vida mais tranquila e intimista e terminar os estudos. Que bom que seus pais se conheciam e que você vai permanecer em um círculo que lhe é tão querido.

Ele também me mandou atualizações sobre o diário de Anne, que logo seria publicado na França. Ainda precisava encontrar uma editora nos Estados Unidos, mas continuava esperançoso de que conseguiria. Fiquei fascinada que desconhecidos pudessem ler as palavras de Anne, escritas enquanto ela se escondia dos nazistas. Não consigo me lembrar de ninguém me perguntando sobre as minhas experiências na guerra. Recém-chegados continuavam a procurar familiares perdidos, mas os campos de concentração não eram realmente abordados.

* * *

Embora estivesse animada para me casar em breve com Pinchas, ficava triste quando pensava em todas as pessoas que eu certa vez teria imaginado no meu casamento e que não estavam mais vivas ou estavam longe demais. Eu era grata pela pequena comunidade da qual agora fazia parte, vinda na maior parte da comunidade religiosa falante de alemão em Jerusalém.

Uma de minhas amigas mais próximas era Tova Cohen. A mãe dela era uma dádiva. Eu nunca tivera muitas oportunidades de aprender a cozinhar e não tinha uma mãe para me ensinar essas coisas. Então a sra. Cohen, que era uma cozinheira maravilhosa, pacientemente me ensinou como preparar tudo, de ovo cozido a canja de galinha, rosbife e – o prato favorito de Pinchas – mousse de chocolate. Nos Shabats, quando eu ficava com eles, ela me mandava de volta para casa com sanduíches, para que tivesse o que almoçar em meus longos dias de estudo e trabalho no hospital.

Outro pilar era a casa de Shulamit e Mordechai Levanon, tia e tio de Pinchas. Eles eram um pouco como pais postiços para mim. Passávamos muitos jantares de Shabat na casa de pedra deles, em uma rua que ficava a um canto de Rehavia, um lendário bairro do oeste de Jerusalém, cheio de árvores e parques. Era tão popular entre os judeu-alemães, que a maior parte do hebraico que se ouvia nas ruas tinha sotaque alemão.

No fim da tarde de 17 de abril de 1950, aos 21 anos, inspirei fundo e desci as escadas do pátio nos fundos da casa de pedra dos Levanon, coberta de primaveras, e entrei no jardim para me casar com Pinchas. Eu carregava um buquê de lírios e usava um vestido de noiva de organza, de mangas compridas e véu, emprestado por uma prima. Pinchas vestia o uniforme do exército. Juntamos o pouco dinheiro que tínhamos e pedimos um pouco emprestado para ajudar a cobrir as despesas do casamento.

Entre os nossos convidados estavam os pais de Pinchas; tia Edith, que veio de Genebra (tio Hans estava na Austrália a trabalho); Rahli, é claro; e Lotte Aronheim, uma das primas favoritas de meu avô. Pinchas era major no novo exército israelita, e Chaim Herzog, seu chefe, diretor da inteligência militar, também compareceu. Durante a Segunda Guerra, Herzog, nascido na Irlanda, havia servido como oficial no exército britânico vinculado à companhia que libertou Bergen-Belsen. Ele tinha ficado de pé sobre um caixote de madeira no campo e gritado em iídiche diante de centenas de prisioneiros esqueléticos e abatidos: "*Yidden! Yidden! Es leben noch Yidden!*". Ou: "Judeus! Judeus! Ainda há judeus vivos!". (Muito tempo depois, ele viria a se tornar o sexto presidente de Israel.)

* * *

Um ano depois do nosso casamento, nasceu nosso primeiro filho, Yochanan, e seu nome foi uma homenagem a Hans, meu pai. Era uma criança esperta que, assim como Pinchas, parecia capaz de reter qualquer gota de informação que recebesse, armazenando conhecimento como um esquilinho armazena frutos nas bochechas. Eu parei de trabalhar para ficar com ele quando era pequeno, e com os irmãos que vieram logo em seguida. Chagi (apelido de Chaim Gidon, em homenagem a meu sogro Chaim e um jovem primo, Gidon, que era piloto da força aérea israelita e morreu quando seu avião caiu) era um irmãozinho travesso e carinhoso. Um ano depois, veio uma garotinha de cabelo dourado a quem dei o nome de minha mãe, Ruth. Nós a chamávamos de Ruthie. Eu fiquei muito feliz por também ter uma menina. Fiquei em casa com as crianças até Ruth começar o primeiro ano na escola. Eu adorava ver meus filhos crescerem e se desenvolverem, ouvindo suas histórias, vendo-os interagir como irmãos de idades tão próximas. Era uma experiência pela qual eu sempre ansiara.

Vivíamos na extremidade do bairro Rehavia, em Jerusalém, em um apartamento térreo pequeno, mas ensolarado, com um quarto e jardim, onde Pinchas vivera com os pais. Quando eles morreram, o local ficou para nós.

Morávamos em um dos vários prédios de apartamentos de quatro andares espalhados ao redor de uma grande área verde. Eu adorava ver as crianças da vizinhança se reunirem ali para jogar futebol ou brincar de esconde-esconde. Aquilo me lembrava da minha infância na Merwedeplein. Ali também todas as crianças se conheciam e criaram seu próprio mundo em um tipo de casulo verdejante e protegido.

O sr. Frank me escrevia regularmente, cartas calorosas e cheias de perguntas e sempre assinadas como "tio Otto". Ele adorava crianças e não via a hora de conhecer meus filhos. Sua viagem para Israel, planejada havia tanto tempo, era continuamente adiada, em parte porque ele estava sempre ocupado lidando com o incrível sucesso do diário de Anne ao redor do mundo. O sr. Frank tinha passado da dificuldade para encontrar uma editora a ver o livro de Anne alcançar um sucesso impressionante.

A maioria dos estadunidenses ouviu falar do diário de Anne Frank pela primeira vez graças à extraordinária resenha do escritor Meyer Levin na primeira página do *New York Times Review of Books*, publicada em junho de 1952. Ele descreveu aos leitores a angústia da vida dela isolada pelo genocídio nazista, e sua resenha apaixonada certamente contribuiu para que o livro fosse um best-seller de muito sucesso. Ele escreveu:

> *Mas, por meio do diário, Anne continua viva. Da Holanda à França, à Itália e à Espanha. Os alemães também publicaram seu livro. E agora ela chega aos Estados Unidos. Certamente será muito amada, porque essa sábia e maravilhosa jovem traz de volta um prazer tocante no infinito espírito humano.*

Três anos depois, em 5 de outubro de 1955, uma adaptação do livro estreou na Broadway. O sr. Frank tinha aprovado o roteiro da peça, mas não viu nenhuma apresentação. Imagino que fosse demais para ele suportar. A peça lançou o diário de Anne ainda mais alto e logo passou a ser encenada no mundo todo.

Em 1957, Pinchas leu no jornal que a estreia da peça em Israel aconteceria em breve, encenada no Habima, o teatro nacional do país. Ele ligou para o jornal e disse a um editor que eu tinha sido muito amiga de Anne na infância.

Na manhã seguinte, atendi a porta e era um mensageiro do Teatro Habima com um par de ingressos de cortesia para mim e Pinchas naquela noite. Fiquei muito animada, mas também comovida quando entrei no teatro. Fiquei me lembrando de como Anne costumava dizer que queria ser famosa um dia. Era tão estranho não poder conversar com ela sobre isso agora. Eu me perguntei como seria ver minha melhor amiga de infância ser interpretada por uma atriz no palco. Absolutamente surreal.

Estávamos sentados ao lado do presidente Yitzhak Ben-Zvi e de sua esposa, Rachel. De repente fui cercada por fotógrafos tirando fotos minhas e repórteres de rádio enfiando os microfones na minha cara e me pedindo comentários. As pessoas se apertavam tentando ver quem eu era, quem era essa amiga de Anne Frank. Foi muito desconfortável.

Quando as luzes diminuíram, apertei a mão de Pinchas, nervosa, comovida pelos atores no palco, mas muito consciente – dolorosamente consciente – de que aqueles não eram os Frank ou os van Pels de verdade. Depois, fui conhecer o elenco, inclusive as atrizes que interpretaram Anne, e fiz um tour pelo palco. Nos dias seguintes, uma onda de jornalistas do mundo todo começou a aparecer na minha porta pedindo entrevistas.

Algumas semanas depois daquela primeira torrente de cobertura midiática, o sr. Frank me perguntou se eu participaria de um tour pelos Estados Unidos para falar sobre minha amizade com Anne e minha experiência durante a guerra. Mas eu tinha três filhos pequenos, todos com menos de 4 anos. Pinchas foi convidado para me acompanhar, mas nós não tínhamos pais que pudessem cuidar de nossos filhos durante as várias semanas que ficaríamos fora. Como conseguiríamos fazer aquilo? Naqueles dias, voos internacionais não eram eventos cotidianos, e era um tour exigente, que incluiria dezoito cidades.

Fiquei surpresa, quase chocada. Mas pensei melhor a respeito e vi como aquela missão poderia ser importante. Apesar das dificuldades que enfrentaríamos, eu disse "sim".

Em 1957, poucos sobreviventes compartilhavam suas histórias em público. Muitos nem sequer falavam para amigos e familiares sobre o que tinham passado. Ou, pelo menos, essa era a minha experiência em Israel. A postura geral em Israel, naqueles anos, estava contaminada pelo sentimento vergonhoso de que os judeus tinham ido "como ovelhas para o matadouro". Não entendíamos muito sobre trauma na época nem sabíamos como falar de coisas tão dolorosas. O clima era de seguir em frente, construir o novo Estado e as nossas novas vidas dentro dele. Até sobreviventes como eu não pensavam muito na importância de falar sobre aquilo pelo que tínhamos passado.

Logo passei a entender que os repórteres que tinham tantas perguntas me viam como uma representante de Anne. As palavras dela e sua personalidade haviam cativado tantas mentes, que o mundo queria saber mais. Mas algumas das perguntas também eram sobre mim e minhas experiências.

Percebi que eu tinha uma oportunidade de informar as pessoas sobre o que nós, em Israel, tínhamos começado a chamar de Shoah, tirado do termo bíblico para "destruição total". Ainda faltavam alguns anos para que o mundo se familiarizasse com o termo "Holocausto".

Em setembro, pouco antes de Pinchas e eu viajarmos para os Estados Unidos, uma carta no papel timbrado da presidência chegou à nossa casa, vinda de Rachel Yanait Ben-Zvi, a primeira-dama de Israel.

> *Minha amiga, você está fazendo um trabalho tão essencial. Quem além de você poderia compartilhar a memória de Anne Frank em toda a sua sacralidade, a memória de sua amiga e dos muitos outros queridos jovens que não fomos capazes de salvar? Você esteve entre os poucos que conseguiram chegar à costa de nossa terra.*
>
> *Estou convencida [da importância] de abordar a questão das vítimas da Shoah nazista mais do que temos feito, e levanto o assunto da Shoah em todas as oportunidades que tenho. Mas não passei por isso em primeira mão como você. Para minha frustração, já estamos esquecendo a nossa tragédia. Mas, ainda assim, é uma ferida que nunca vai cicatrizar – um terço do nosso povo foi exterminado, perdido para nós. E, agora que temos um país, sentimos a ausência deles ainda mais.*

Nós já estávamos "esquecendo a nossa tragédia". Ali em Israel, a nova nação construída pelos judeus. Apenas doze anos após o fim da guerra. Aquelas palavras doeram.

Algumas semanas depois, eu estava em Nova York, prestes a falar para um salão cheio de estadunidenses bem-vestidos, a maioria pessoas mais velhas que eu. Reparei nas mulheres com luvas brancas, chapéus *pillbox* e pérolas. Todos os homens usavam ternos sob medida. Era tudo tão mais formal do que eu estava acostumada a ver em Israel...

Eu segurava meu discurso datilografado na mão quando me aproximei de um grande microfone prateado no palanque. Olhei de relance para Pinchas e fiquei aliviada ao vê-lo piscar e sorrir, me encorajando. Tínhamos praticado juntos o meu discurso. Brincávamos que eu precisaria canalizar a coragem de Anne e as conhecidas habilidades de oratória de papai e Opa.

"Estou muito feliz por estar aqui esta noite", falei, olhando ao redor.

Respirei fundo e comecei a contar minha história. Nossa história.

Posfácio

Hannah nunca parou de contar aquela história.

Pelo resto da vida, mesmo quando não foi fácil, mesmo quando envelheceu e ficou mais difícil encontrar energia, ainda que às vezes implorasse para mudar de assunto – "A Shoah, de novo?", às vezes me perguntava com um suspiro –, ela continuou contando.

Aquele primeiro tour pelos Estados Unidos em 1957 levou a outro e foi seguido por uma onda incessante de jornalistas à porta dela. Ela falou incansavelmente. Visitou escolas israelitas e conversou com grupos que iam a Yad Vashem, o memorial do Holocausto de Israel. Depois de se aposentar de sua carreira como enfermeira comunitária, ela viajava para o exterior quatro vezes por ano, cruzando o globo da África do Sul à Alemanha, dos Estados Unidos ao Japão. Hannah frequentemente dava até quatro palestras num dia – para estudantes e às vezes para grandes audiências de 3 mil pessoas em um estádio esportivo. Ela falou na Abadia de Westminster, em Londres, na presença da rainha Elizabeth II, e se encontrou com revolucionários sul-africanos que se tornaram líderes políticos, com legisladores alemães, com a rainha Beatriz da Holanda e Barbara Streisand. No tempo entre as palestras, dava entrevistas para estações de rádio, canais de televisão e jornais.

Quando começou a pandemia de covid-19, Hannah, aos 91 anos, continuou a falar, mas agora pelo Zoom. Um grupo de crianças de uma escola em uma cidadezinha nos Pireneus franceses tinha lido uma biografia infantojuvenil, e ela respondeu pacientemente às perguntas deles. (As crianças e a professora ficaram tão inspirados, que arrecadaram dinheiro para viajar aos Países Baixos e retraçar os passos de Hannah.) Por tanto tempo quanto pôde e tanto quanto conseguiu, Hannah respondeu às cartas que recebia de crianças do mundo todo. Mesmo nos que viriam a ser seus últimos dias, ainda chegavam e-mails diários de produtores de documentários, jornalistas, jovens guias turísticos alemães que trabalhavam em Bergen-Belsen – todos ansiosos por se conectar e conhecer mais da história dela.

Hannah tinha muita consciência de seu papel como uma das últimas testemunhas oculares do genocídio nazista dos judeus europeus. Estava sempre pronta a responder a perguntas e repetir de novo e de novo o que acontecera com ela, porque via isso como uma missão de educar as pessoas sobre o horror que suportou, de tornar realidade o voto de "nunca mais". Hannah via o Holocausto como o conto moral definitivo sobre aonde o ódio pode levar quando pessoas boas ficam em silêncio, e partia o coração dela o fato de que muitos outros sobreviventes, especialmente nos primeiros anos depois da guerra, não fossem encorajados a falar – que fossem até evitados.

Hannah entendia que sua voz tinha um poder específico por causa de sua amizade próxima com Anne Frank. Anne se tornou a vítima mais famosa do Holocausto, representando todos os 6 milhões de crianças e adultos judeus que foram assassinados. Mas, nas histórias de Hannah, Anne volta a ser uma garota normal, uma criança com energia e, depois, uma menina alegre no auge da adolescência, em vez de um símbolo ou uma santa. Ela era tão presente na casa de Hannah em Jerusalém, que seus três filhos cresceram pensando nela como um membro da família; Pinchas até chegava a brincar que Anne Frank era sua "segunda esposa".

Hannah esperava que compartilhar o seu testemunho fosse ajudar outras pessoas a compreender a parte da história que Anne não sobreviveu para contar, depois que ela e os outros que estavam escondidos no sótão em Amsterdam foram presos e enviados a Auschwitz e depois a Bergen-Belsen. Esse foi o destino de Anne e Margot e de tantas outras crianças como elas nas mãos dos nazistas, como Hannah sempre enfatizava, "só porque éramos judeus". Entre os trechos mais citados do diário de Anne Frank está o seguinte: "É admirável que eu não tenha renunciado a todos os meus ideais, eles parecem tão absurdos e impossíveis de serem cumpridos. Mesmo assim os mantenho em minha vida, porque, apesar de tudo, eu acredito, de coração, que as pessoas são boas."

Hannah me disse: "Não tenho certeza de que ela ainda defenderia isso depois de testemunhar Auschwitz".

* * *

Quando comecei a ajudar Hannah a escrever suas memórias, na primavera de 2022, sabia que estávamos correndo contra o tempo. Ainda com a mente afiada, mas com o corpo cada vez mais frágil, aos 93 anos, ela se cansava após poucas horas falando. Eu dizia: "Sem problemas, vamos parar por hoje". Mas então ela invariavelmente pensava em outro assunto, outra história, e eu me acomodava e continuava gravando. Ela compartilhou comigo que às vezes precisava tirar um cochilo depois das nossas conversas; podia ser emocionalmente exaustivo revisitar em detalhes os momentos daquela adolescência rompida. Eu também precisava me recolher após nossas entrevistas para descansar – ou às vezes para chorar um pouco.

No início do outono de 2022, ficou claro que Hannah estava se aproximando do fim da vida. Aquelas semanas pareceram uma tela dividida: Hannah, seus filhos e netos queridos segurando sua mão enquanto ela começava a desaparecer, e eu escrevendo sobre a vida dela. Ela morreu no dia 28 de outubro, apenas duas semanas antes de seu aniversário de 94 anos.

Eu li o diário de Anne pela primeira vez quando tinha 13 anos. Ao chegar ao final e ler sobre sua trágica morte, irrompi em lágrimas. Foi como se eu tivesse perdido uma amiga. Conforme fui conhecendo Hannah para escrever o livro, senti como se tivesse encontrado uma nova amiga. Ajudá-la a contar sua história uma última vez foi uma tarefa linda que mudou minha vida; perdê-la foi um golpe terrível. Hannah foi enterrada por volta da meia-noite no Monte das Oliveiras, acima da Cidade Antiga de Jerusalém. No cemitério, procurei rapidamente no chão uma pedra para colocar em seu túmulo. Acabei pegando três: uma de mim para ela, uma "dos pais dela" e outra "de Anne e dos outros amigos".

Voltar ao trabalho final no livro de memórias após a morte dela foi doloroso, mas eu tinha as histórias e a determinação de Hannah para me estimular. Além de todas as entrevistas que fizemos, também pude retornar aos muitos relatos que ela fez ao longo dos anos. Passado tanto tempo, alguns detalhes já eram difíceis para Hannah se lembrar. "Se eu soubesse que me fariam tantas perguntas, teria feito anotações", ela brincava comigo. Então nos voltamos a depoimentos em primeira pessoa, diários, cartas e memórias de contemporâneos dela, alguns dos quais ela conhecera pessoalmente, além de documentos históricos, para enriquecer o tempo de Hannah em Westerbork e Bergen-Belsen com detalhes e questões práticas cotidianas. Hannah era incrivelmente versada no assunto do Holocausto. A estante dela em sua pequena e ensolarada sala de estar em Jerusalém era cheia de livros sobre o tema. Ela me explicou que só conhecera sua própria experiência na guerra e sempre quisera aprender mais sobre o que tinha acontecido em outras partes da Europa. É claro que eu voltei ao diário de Anne Frank outra vez para obter orientação e ideias, além de consultar os contos e os ensaios que abordam os dias de escola de Hannah e Anne juntas. A filha de Hannah, Ruthie, que conhece a história da mãe quase tão intimamente quanto a própria Hannah, participou das entrevistas e foi uma fonte valiosa de checagem de dados e informações adicionais.

* * *

A história de Hannah é, sem dúvida, a de uma garota cuja família e cuja adolescência lhe foram roubadas violentamente. Mas essa não é a história toda. É também sobre a vida que ela construiu para si mesma depois em Israel, sobretudo com sua família, que ela amava. Ouvi muitas histórias maravilhosas sobre cruzar o pequeno país em viagens noturnas e diurnas quando as crianças eram pequenas, visitando familiares e amigos e investigando sítios históricos e arqueológicos com Pinchas, o guia turístico, pesquisador e explicador definitivo. Nas tardes de sábado, depois de ir à sinagoga e almoçar, as crianças passeavam por Jerusalém com Pinchas, que adorava a história lendária da cidade. E Otto Frank nunca desapareceu da vida deles. Ele foi não só uma figura paterna para Hannah como um avô postiço para os filhos dela. Em sua primeira viagem para Israel, insistiu em visitá-los em casa em vez de encontrar-se com eles no hotel onde estava hospedado. "Precisamos conhecer as crianças em seu próprio ambiente", ele disse à Hannah. Eles se corresponderam até pouco antes da morte de Otto, em 1980.

Hannah voltou à carreira de enfermeira quando as crianças foram para a escola e foi designada pelo Ministério da Saúde para trabalhar como enfermeira comunitária em vários vilarejos ao pé das montanhas de Jerusalém, onde os novos imigrantes do norte da África e do Oriente Médio tinham sido alocados desde os anos 1950. Muitos desses imigrantes não conheciam luxos modernos como fornos elétricos e máquinas de lavar, então, além de vacinar as crianças e fazer check-ups de saúde, também era função de Hannah ensinar aos pais como usar seus novos itens domésticos e, de modo geral, como se adaptar àquele novo ambiente.

Hannah, que era imigrante e ex-refugiada, adorava o trabalho e criou fortes laços com as famílias. De volta a Jerusalém, organizava campanhas de roupas e brinquedos para eles, entregando e distribuindo o que arrecadava, frequentemente junto com seus próprios filhos. Ela foi sempre a cuidadora e a presença acalentadora e curativa para Gabi – é impossível deixar de pensar que o legado do livro de Florence Nightingale que ela leu e releu estava vivo em seu trabalho nos vilarejos.

Quando Pinchas estava no hospital, morrendo de câncer, em 1985, uma das mulheres de um dos vilarejos que Hannah tinha ajudado, uma imigrante do Iêmen que tinha muitos filhos, foi de hospital em hospital até encontrá-la, porque queria dar apoio a Hannah assim como Hannah lhe dera apoio. Hannah voltou para visitar os vilarejos com a família para comemorar seu nonagésimo aniversário, e as pessoas a reconheceram e saíram de casa para cumprimentá-la, as mais velhas compartilhando suas memórias das contribuições de Hannah às vidas de suas famílias.

* * *

Um ponto de inflexão na compreensão do restante do mundo em relação ao que foi feito aos judeus pelos nazistas aconteceu em 1961, quando a história do Holocausto explodiu no palco mundial com a captura pelos israelitas de Adolf Eichmann, um oficial nazista do alto escalão que teve papel fundamental na implementação da "solução final" de exterminar os judeus da Europa. Foi Eichmann que organizou a deportação de cerca de 1,5 milhão de judeus para guetos e centros de extermínio.

Eichmann estava foragido na Argentina. Hannah não ficou sabendo até alguns anos depois, mas um primo seu do lado paterno, Zvi Aharoni (filho de Lotte Aronheim, que esteve no casamento de Hannah e tinha sido uma presença familiar acolhedora quando ela chegou a Jerusalém), que na época era interrogador-chefe do Mossad, o serviço secreto de Israel, foi parte da equipe que capturou Eichmann. Ele foi o primeiro a identificá-lo com certeza e a interrogá-lo quando foi pego.

O julgamento de Adolf Eichmann – por quinze acusações, inclusive crimes contra o povo judeu e contra a humanidade – se tornou um divisor de águas na exposição da horrenda escala industrial do Holocausto. De modo crucial, sobreviventes deram depoimentos pessoais intensos de suas experiências daquelas atrocidades. Pela primeira vez, suas vozes ganharam o palco principal, confirmando a importância dos sobreviventes para entender a história do Holocausto. O julgamento atraiu o maior número de veículos de imprensa internacionais reunidos no mundo até hoje.

O julgamento – que aconteceu sob pesada segurança, com policiais armados e cercas altíssimas, por medo de que um sobrevivente do Holocausto pudesse tentar se vingar diretamente de Eichmann – foi conduzido a poucas quadras da casa de Hannah em Jerusalém, e ela foi uma das muitas pessoas que assistiu a um dos dias. Uma enorme multidão daqueles que queriam assistir ao julgamento, mas não podiam entrar no tribunal, se reunia no mosteiro de pedra vizinho à casa de Hannah para ver os procedimentos da corte em um circuito fechado de televisão em um telão – o auge da tecnologia para aquele tempo. Em um dos dias, a multidão era tão grande, que atravessou uma cerca, e dezenas de espectadores desmoronaram no jardim de Hannah.

Hannah passou o resto da vida em Jerusalém, primeiro criando seus próprios filhos e depois ajudando sua filha a criar os dela, pois Ruthie enviuvou repentinamente, sendo deixada com oito filhos com idades variando entre 15 e 2 anos, a idade das gêmeas. Ruthie morava a cinco minutos a pé da casa de Hannah, e as crianças iam lá com frequência para comer depois da escola, aprender inglês com a avó e receber regularmente amor e chocolates suíços. Os filhos de Ruthie contam que Hannah lhes deu um senso de calma e ordem depois da tragédia de perder o pai, embora a própria Hannah tivesse ficado viúva outra vez pouco tempo antes – após a morte de Pinchas, ela foi casada brevemente com David Cohen, o homem que ela conhecera quando ele tinha 18 anos em um almoço de Shabat na casa dos Sohlberg em Basel.

Hannah formou uma família incrivelmente próxima. Nos fins de tarde de sábado, ela os recebia em sua casa para a *Seuda Shlishit*, a tradicional terceira refeição do Shabat, que normalmente consistia em saladas e pratos leves. Enquanto eu trabalhava no livro, conheci seus filhos e netos e vi pessoalmente como ela era a matriarca da família, a figura central e reverenciada. Fiquei muito comovida com a devoção deles à Hannah. Todos os dias havia uma série de visitas de todas as gerações. Às vezes eles apareciam com biscoitos caseiros ou almoço, ou um desenho de criança, todos recebidos com alegria por Hannah, cujos olhos se iluminavam com um sorriso especial, sobretudo se a visita fosse um bisneto.

Quando os netos dela eram adolescentes, tiveram a chance de acompanhá-la em suas viagens para o exterior. A cada viagem, Hannah levava um neto diferente como acompanhante e, como ela brincava, "carregador" de malas. A neta Michal esteve com ela em várias viagens, inclusive a Amsterdam, onde se encontraram com Miep Gies, que teve um papel central em esconder a família Frank e os outros e guardou o diário de Anne. Em uma das viagens, elas visitaram o campo de concentração e gueto Theresienstadt, perto de Cracóvia, o suposto destino do "trem perdido". Foram colocadas em uma hospedagem que tinha vista para os destroços do campo – uma escolha peculiar para abrigar uma sobrevivente do Holocausto como Hannah. Michal me contou como certa vez viu a avó olhando pela janela para o campo, às lágrimas. Foi uma das únicas vezes em que ela viu Hannah fraquejar e chorar. A lembrança permaneceu com ela. Na família, um dos apelidos de Hannah era "joão-teimoso" – em toda crise, ela parecia se levantar de novo, assumindo o controle de qualquer situação. Esse, no entanto, foi um daqueles momentos raros em que o trauma de Hannah era revelado.

Reparei em como o frio que ela conhecera no campo no norte da Alemanha parecia ter ficado com ela, marcado profundamente em sua pele. Mesmo nos dias mais quentes do verão, ela usava um cardigã quando trabalhávamos juntas. Ela deu a cada um de seus bisnetos um edredom de penas de presente, "para eles nunca passarem frio", como me disse. Achou maravilhoso quando a irmã lhe deu de aniversário uma cama e um cobertor de bonecas, em memória da cama limpa e macia que Hannah tanto desejara quando estava em Westerbork e depois em Bergen-Belsen e que elas finalmente compartilharam após a libertação.

Durante a pandemia, em 2020, Hannah ficou cada vez menos ágil, dependendo de uma cadeira de rodas ou um andador para se locomover, e Ruthie foi morar com ela. Mas, depois da quarentena, ela ainda conseguia reunir energia para sair de casa no Seder de Pessach com a família e em outras ocasiões importantes para ela. Os netos continuaram a se impressionar com sua alegria de viver e em como ela encontrava maneiras de celebrar os prazeres cotidianos.

Hannah costumava unir o passado e o presente da história de sua família, não só por meio das histórias que contava para eles, mas também pelos presentes que dava. Por exemplo, ela preferia a marca de chocolate Frigor, que o pai levara para ela da Suíça; deu aos netos o *mahzor* (um livro de oração para feriados judaicos) nos bar e bat mitzvahs, assim como o avô fizera com ela; e os lápis de cor fabricados pela companhia suíça Caran d'Ache, que ela dava a todos os bisnetos, eram do mesmo tipo que ela e Anne adoravam quando crianças.

No total, Hannah teve onze netos. Poucas semanas antes de falecer, conheceu seu trigésimo primeiro bisneto, filho de sua neta Tali. Desde então, mais um bisneto nasceu. Sua irmã, Gabi (agora conhecida como Rahli), também tem uma família grande, ainda crescendo, e também é bisavó. Hannah às vezes dizia que sua grande prole e a de sua irmã eram sua "vingança" contra Hitler.

* * *

Sou grata por meu papel de ajudar a levar a história de Hannah para uma audiência ainda mais ampla, por poder ter sido testemunha de Hannah como testemunha. As histórias de Hannah e Anne também me levaram às vidas de outros amigos, como Sanne Ledermann e os pais, Ilse Wagner e Alfred Bloch. Senti que passei a conhecê-los também e, assim, lamentei pelas vidas deles, interrompidas tão cedo e da maneira mais cruel possível.

Em suas palestras, Hannah mencionava como era a Anne que queria ser famosa, a Anne que queria viajar e ver o mundo. Ela dizia que agora estava fazendo isso a serviço de Anne e da amizade delas.

Os pais e os avós de Hannah, Anne, Sanne e os outros amigos – ela os carregou consigo até o fim. Estava sempre em busca de uma resposta às perguntas: por quê? Como? De alguma forma, acredito que ela ainda fosse aquela adolescente, perguntando-se por que sua vida de antes da guerra tinha sido roubada e, com ela, as pessoas que ela mais amava.

Três semanas antes de falecer, de olhos fechados, deitada na cama, ela disse em uma voz clara: "Hoje é o aniversário de Sanne". E era: 7 de outubro.

A história de Hannah deve ser publicada no que seria o nonagésimo quarto aniversário de Anne. Que todas as memórias delas sejam uma bênção.

Dina Kraft é uma jornalista de Tel Aviv, onde vive com a família. Correspondente veterana no exterior, já escreveu para o *The Christian Science Monitor*, o *New York Times*, o *Los Angeles Times* e o *JTA*, entre outros. É atualmente editora de opinião da edição em inglês do jornal *Haaretz*, de Israel, e apresentadora do podcast *Groundwork*.

Agradecimentos da família de Hannah Pick-Goslar

Quando esta obra estava na fase final, nossa mãe faleceu. Por isso, dedicamos o livro em primeiro lugar e, principalmente, à memória dela e à memória de nosso pai, dr. Pinhas Walter Pick. Também o dedicamos à memória do querido Shmuel Meir, que foi vice-prefeito de Jerusalém, genro de nossa mãe e esposo de Ruthie Meir, assim como à família Cohn – o falecido Dodi e seu irmão Arthur.

Ao longo da vida, nossa mãe foi apaixonada pela preservação da memória do Holocausto. É por isso que este livro é dedicado à memória dos 6 milhões de judeus que pereceram no Holocausto, incluindo 1,5 milhão de crianças. Entre elas estavam os amigos próximos de nossa mãe: Anne Frank, Sanne Ledermann, Ilse Wagner e Alfred Bloch.

Este livro homenageia os membros da família que partiram naquele período, incluindo os pais de nossa mãe, Hans Itzhak e Ruth Judith Goslar; o avô dela, Abraham Alfred Klee, e avó, Therese Toibshen, que escolheu abrir mão de seu resgate por meio da troca de prisioneiros para ficar cuidando do genro e de suas duas netas e acabou falecendo. Também reconhecemos os atos heroicos de nosso primo Shushu Simon, que ajudou judeus a saírem clandestinamente dos Países Baixos e foi capturado pelos alemães, mas não traiu seus amigos.

Também lembramos a sra. Abrahams e a família Koretz, que ajudou no resgate de Gabi (Rachel Goslar Moses), irmã de nossa mãe, assim como as pessoas que ajudaram nossa mãe durante e depois do Holocausto, incluindo o sr. Otto Frank, Miep Gies, Mia Goudsmit, a família Sohlberg e a família Birnbaum, que cuidou de milhares de crianças órfãs, incluindo nossa mãe e Gabi, durante o Holocausto e após suas consequências.

É importante mencionar nosso tio Hans Klee, que tentou de todas as maneiras salvar nossa família do campo de concentração e até comprou passaportes paraguaios do grupo Ładoś e Rokicki, na Suíça. Tio Hans e sua esposa, Edith, ofereceram um lar acolhedor e amoroso para nossa mãe e

Gabi depois da guerra, e tia Esther (Augenia) Ravidowitz-Rabid, que morava nos Estados Unidos, ajudou e encorajou a todos, apesar da grande distância.

Este livro foi escrito para as gerações futuras, inclusive os netos e bisnetos da nossa família, para que todas as pessoas em todos os lugares se lembrem do que aconteceu com os judeus no Holocausto e para evitar que uma tragédia como essa algum dia se repita. A mensagem mais importante de nossa mãe era que as pessoas que são diferentes, seja na religião, na raça ou no modo de vida, deveriam ser respeitadas onde quer que estivessem, e não feridas, porque todos nós fomos criados à imagem de Deus.

Gostaríamos de agradecer a Dina Kraft por seu trabalho dedicado, profissional e estimulante neste livro. Seu grande desejo de ouvir cada história e mergulhar no pano de fundo histórico e social, assim como a atmosfera agradável que ela criou, permitiu que nossa mãe compartilhasse mais e mais, e tornou Dina parte da família.

Também gostaríamos de agradecer à equipe da Ebury Publishing, na Penguin Random House, por ter dado o pontapé inicial neste livro após ficar profundamente impressionada com as aparições de nossa mãe em entrevistas e filmes e se maravilhar com sua história admirável e significativa, além de sua personalidade ímpar e radiante.

Estendemos nossa gratidão ao professor Ben Rabid, a nossa tia Rachel Goslar Moses e a todos os membros da família que nos apoiaram: Yael Rosenfeld, Avi e Rachel Meir, Itay e Orith Brown, Roiee e Michal Fridman, Rafi e Ye'ela Meir, Benny e Liat Meir, Zvi e Tamar Karl, Mordechai e Tal Prager, Harel e Lital Pick, Yuval Pick, Yuval Kahana e Chen Pick.

Agradecemos a Yochanan e Esther Pick, assim como a Chagi e Daniela Pick, por compartilharem suas experiências e oferecerem valiosa assistência durante a elaboração do livro.

Agradecimentos especiais a Chagi por convencer nossa mãe da importância de documentar suas memórias por escrito.

Por fim, nossa sincera admiração a Ruthie Meir, que acompanhou nossa mãe e Dina ao longo da escrita do livro. O apoio e a orientação dela foram indispensáveis para que o projeto fosse completado. Sem a ajuda dela, este livro talvez nunca tivesse ganhado vida.

Agradecimentos

Meus principais agradecimentos começam e terminam, é claro, com a própria Hannah. Ela foi paciente com minhas perguntas, algumas das quais exigiram que examinasse os cantos mais fundos do coração e da memória, uma tarefa difícil em qualquer idade. Obrigada também à filha e braço direito de Hannah, Ruthie Meir, por compartilhar seu profundo conhecimento sobre a história de sua mãe. A dedicação dela à Hannah, e agora a seu legado, é imensurável.

Agradeço também aos filhos de Hannah e suas esposas: Yochi e Esther Pick, por esclarecerem os detalhes da vida familiar dos Pick; e Chagi Pick e Daniella Oren-Pick, por abrirem sua casa e suas recordações para mim e por, junto com Ruthie, lerem o manuscrito e ajudarem a garantir sua exatidão.

Serei sempre grata pelas histórias compartilhadas pelos amados netos de Hannah: obrigada, Tali e Michal, e Yael, Avi, Orit, Rafi, Beni, Tamar, Harel, Yuval e Chen.

Sou grata à Rachel Goslar Moses, irmã de Hannah, conhecida como Gabi no livro, por compartilhar suas lembranças dos anos após a guerra. Em uma viagem de pesquisa a Amsterdam, tive a assistência generosa da Anne Frank House, incluindo Ronald Leopold, Gertjan Broek, Teresien da Silva e Menno Metselaar. Obrigada também a Rian Verhoeven, Janny van der Mollen e Inge Schwaab.

Agradeço a Yves Kugelmann e à Fundação Anne Frank pela assistência, e à Sarah Funke Butler e Michael di Ruggiero pela ajuda generosa com o arquivo de Hannah.

Sou especialmente grata ao professor Ben Ravid, primo de Hannah, cuja pesquisa sobre a família Klee durante a guerra foi uma bênção, e à sua esposa, Jane, por compartilhar comigo fotos e cartas de família. Obrigada a George Goudsmit por falar comigo sobre Maya Goudsmit, sua corajosa mãe.

Minha profunda gratidão à equipe da Ebury, na Penguin Random House, por sua dedicação pessoal a este livro. Agradecimentos especiais a Andrew Goodfellow, publisher na Ebury, que concebeu a ideia deste livro de memórias, por sua mão firme e gentil. A Liz Marvin, minha editora, "obrigada" não é suficiente para expressar quanto valorizei sua paciência, sua percepção e sua condução alegre. Obrigadíssima também à Jessica Anderson, Evangeline Stanford e Liz Connor.

Devo muito à Joelle Young, que traduziu a correspondência de Hannah em alemão, por seu entusiasmo e sua dedicação. Obrigada ainda à Annamika Singh por suas traduções da correspondência de Hannah em holandês.

Tenho muita sorte de ter amigos como os meus, que me incentivaram a continuar e foram compreensivos quando desapareci para concluir o livro. Um agradecimento especial à Dani Haas por me deixar me recolher ao glorioso e ensolarado andar de cima de sua casa durante semanas de escrita concentrada e companhia valiosa.

Sou extremamente sortuda por ter uma família encorajadora, incluindo minha prima Gianna (Hannah) Levinson, que nasceu apenas um ano antes de Hannah. Agradecimentos infinitos a meus pais, Mike e Lisa Kraft, por incutirem em mim o amor por história e por serem meus constantes líderes de torcida.

Devo muito a meus filhos, Mia e Lev, por sua extrema paciência e compreensão enquanto eu trabalhava no livro e por sua curiosidade a respeito dele. A Gilad, meu marido e estrela-guia, obrigada por tudo.

Elegia aos colegas de classe de Hannah e Anne

No domingo, 14 de junho de 1942, Anne Frank convidou os colegas de classe do Liceu Judaico para comemorar seu décimo terceiro aniversário em sua casa, no número 37 da Merwedeplein. Eles beberam limonada, comeram bolo de aniversário feito pela mãe de Anne e se divertiram assistindo a um filme do Rin Tin Tin projetado na parede.

Pode ter sido a última reunião social da turma. Dali a duas semanas, Anne e a família iriam para o esconderijo. Outros fariam o mesmo, e muitos foram deportados para campos de concentração, alguns já em setembro daquele ano.

Ao final da guerra, mais da metade da classe havia sido assassinada pelos nazistas.

Betty Bloemendal, que tinha cabelo comprido, ondulado e castanho-claro, descrita por Anne no diário como alguém que ia bem na escola e era "muito quieta", foi deportada em setembro de 1942 e morta um mês depois, aos 13 anos, em Auschwitz, com a mãe e o irmão. O pai morreu dois anos depois.

Jopie (Joseph) de Beer, descrito por Anne como alguém que "adora paquerar e é completamente louco pelas garotas", foi morto em Auschwitz em novembro de 1943, aos 14 anos. Sua mãe, seu pai e seu irmão também foram assassinados.

Emiel Bonewit, que gostava de uma das colegas, foi deportado e morto em Sobibor em abril de 1943.

Zunia Erlichman, que tinha chegado aos Países Baixos durante a guerra, vindo da Ucrânia, foi morto em Auschwitz, aos 16 anos, junto com a mãe. O pai e dois irmãos mais jovens sobreviveram.

Eva (Eefje) de Jong, filha única, que Anne disse que achava "fantástica" e uma "*lady*", foi assassinada em Sobibor aos 13 anos, junto com os pais.

Werner Joseph, que tinha fugido da Polônia para Amsterdam, foi descrito como quieto, o que Anne acredita que fosse por causa de todas as mudanças que vinham acontecendo. Foi morto aos 15 anos, junto com os dois irmãos mais velhos.

Jaques Kokernoot, um garoto engraçado que se sentava atrás de Anne na sala de aula, foi morto em Auschwitz em setembro de 1943, com os pais e a irmã.

Henriette (Henny) Metz, que Anne descreveu como "uma garota legal", que "tem um jeito alegre", foi assassinada aos 13 anos em Sobibor, com o irmão e a mãe.

Abraham (Appie) Reens, que Anne disse ser "bem ortodoxo", foi assassinado aos 15 anos, junto com os pais, em Sobibor, em junho de 1943.

Samuel Salomon, que Anne marca como "admirador!", era "um daqueles caras valentões e destrambelhados". Ela escreveu também: "Você se lembra de como Sam me perseguia com sua bicicleta, querendo andar de mãos dadas comigo?".[1] Ele foi morto aos 13 anos, junto com os pais, em Auschwitz, em setembro de 1942.

Harry Max Schaap, "o garoto mais decente de nossa turma", foi assassinado aos 13 anos em Auschwitz com a irmã, os pais e a avó, em novembro de 1942.

Ilse Wagner, amiga próxima de Hannah e Anne, também foi descrita por Anne como "uma garota legal" com "um jeito alegre" e "muito inteligente, mas preguiçosa". Foi morta aos 14 anos, em novembro de 1943, em Sobibor, junto com a mãe e a avó.

Leo Slager, que também frequentou a escola Montessori com Hannah e Anne, foi morto aos 14 anos em Sobibor, em julho de 1942, junto com o pai. A mãe dele havia tirado a própria vida no ano anterior, em Amsterdam, sob a tensão da perseguição nazista.

Salomon (Sallie) Springer, que Anne achava muito engraçado, foi deportado e morto aos 14 anos, em junho de 1944. Suas duas irmãs, seu irmão e seus pais também foram assassinados.

Nanny van Praag Sigaar, que era "sensível" e "inteligente", foi morta em novembro de 1942, aos 13 anos, em Auschwitz, com os pais e o irmão mais novo.

Ru Stoppelman, que era um "garoto baixinho e bobo", tinha sido transferido para o Liceu Judaico no meio do ano e foi morto em outubro de 1942 em Auschwitz, aos 13 anos, junto com a irmã mais velha e a mãe. O pai morreu lá mais tarde.

1 *Contos do esconderijo: relatos da jovem mártir do Holocausto*. Trad. Eugênia Vitória Câmera Loureiro. E-book. Rio de Janeiro: BestBolso, 2015. p. 91.

Bibliografia selecionada

Houve muitos livros e fontes que me ajudaram a escrever este livro. Aqui estão alguns deles.

Para informações e contexto sobre como era a vida judaica na Alemanha para a família de Hannah e muitas outras, *The Pity of It All: A Portrait of the German-Jewish Epoch, 1743-1933*, de Amos Elon, foi de especial ajuda.

Um livro escrito em holandês, *Anne Frank was niet alleen [Anne Frank não estava sozinha]: het Merwedeplein, 1933-1945*, de Rian Verhoeven, me ajudou a recriar a vida no bairro de Hannah e Anne Frank em Amsterdam. Outra fonte confiável para ajudar a reconstruir os anos na Amsterdam pré-guerra foi *Anne Frank – uma biografia*, de Melissa Müller. *The Hidden Life of Otto Frank*, de Carol Ann Lee, ofereceu uma rica e bem-pesquisada história da família Frank.

O livro de Alison Leslie Gold, *Hannah Goslar Remembers: A Childhood Friend of Anne Frank*, baseado em entrevistas que Hannah deu à autora há mais de 25 anos, foi uma referência especialmente útil.

The Diary Keepers: Ordinary People, Extraordinary Times – World War II in the Netherlands, as Written by the People Who Lived Through It, de Nina Siegal, ajudou a compreender a urgência do que o povo holandês viu e experienciou durante a guerra.

The Netherlands and Nazi Germany, de Louis De Jong, e *Victims and Survivors: The Nazi Persecution of the Jews in the Netherlands 1940-1945*, de Bob Moore, ajudaram com detalhes e informações sobre como o regime nazista operava na sociedade holandesa.

O próprio *Diário de Anne Frank* foi uma fonte importante, especialmente as passagens de antes de Anne e a família irem para o esconderijo e aquelas mais adiante no diário, quando ela reflete sobre a amizade com Hannah e aceita seu próprio destino. *Contos do esconderijo: relatos da jovem mártir do Holocausto* também foi valioso, especialmente o que Anne escrevia sobre Hannah e o tempo que elas passaram no Liceu Judaico.

Duas das amigas de Hannah e Anne também escreveram livros de memórias sobre a guerra: *My Name is Anne, She Said, Anne Frank*, de Jacqueline van Maarsen, e *Eu sobrevivi ao Holocausto: o comovente relato de uma das últimas amigas vivas de Anne Frank*, de Nanette Blitz Konig.

Letters from the Ledermanns, uma coleção publicada pela Afori Publishing, me permitiu ver as coisas através das lentes da família Ledermann, tanto quando a deportação se aproximava quanto de dentro de Westerbork. A entrevista de Barbara Ledermann à USC Shoah Foundation também foi de grande ajuda.

O artigo de Ben Ravid, primo de Hannah, "Alfred Klee and Hans Goslar: From Amsterdam to Westerbork to Bergen-Belsen", publicado em *The Dutch Intersection: The Jews and the Netherlands in Modern History*, organizado por Yosef Kaplan, reconta a agitada tentativa da família de Hannah de emigrar.

The Footsteps of Anne Frank, de Ernst Schnabel, e *Os sete últimos meses de Anne Frank*, de Willy Lindwer, foram ambos boas fontes de entrevistas mais antigas dadas por Hannah.

Night of the Girondists, de Jacques Presser, que foi professor na escola de Hannah, é um romance que se passa em Westerbork e traz detalhes interessantes sobre a vida no campo de deportação. Um livro em hebraico escrito pelos irmãos Birnbaum, chamado *Eitz Chaim Hee* ("A árvore da vida"), me ajudou a aprender mais sobre aquela família, especialmente em Westerbork.

Para os capítulos que se passam em Bergen-Belsen, foram ricas fontes de informação: *Dagboek uit Bergen-Belsen* ("Diário de Bergen-Belsen"), de Renata Laqueur, escrito quando a autora tinha 24 anos e vivia na mesma seção do campo que Hannah, e *That's How It Was*, o relato de Erich Marx de como era a vida em Bergen-Belsen.

Há diversos excelentes livros de memórias e depoimentos escritos por outros sobreviventes holandeses que estiveram em Bergen-Belsen e conheceram Hannah, como: *Their Image Will be Forever before My Eyes*, de Jehudith Ilan-Onderovaizer; *Once the Acacias Bloomed: Memories of a Childhood Lost*, de Fred Spiegel; *To My Dear Children*, de Max Finkel, e *We Knew Not Joseph*, de Robert Bar-Chaim.

Para escrever o capítulo "O trem perdido", li uma transcrição de uma extensa entrevista dada por Hannah ao pesquisador israelita Shoshi Ben-Hamo em 2022, para um projeto chamado "Whoever Saves a Life...: Life Stories of Children of 'The Lost Transport'".

Para o capítulo final, "A Terra Prometida", o livro *1949: The First Israelis*, de Tom Segev, foi uma rica fonte de informação.

1

Hannah com a família.
Da esquerda para a direita:
a avó de Hannah, Therese Klee;
Hannah; o tio Hans Klee;
a tia Eugenie; a irmãzinha Gabi,
no colo do avô, Hans Klee; a mãe,
Ruth; e o pai, Hans Goslar (de pé).

2

3

Hannah, aos 3 anos, com o pai, Hans Goslar, em Berlim.

Hannah com o avô, Alfred Klee, advogado e próximo de Theodor Herzl (o fundador do sionismo moderno).

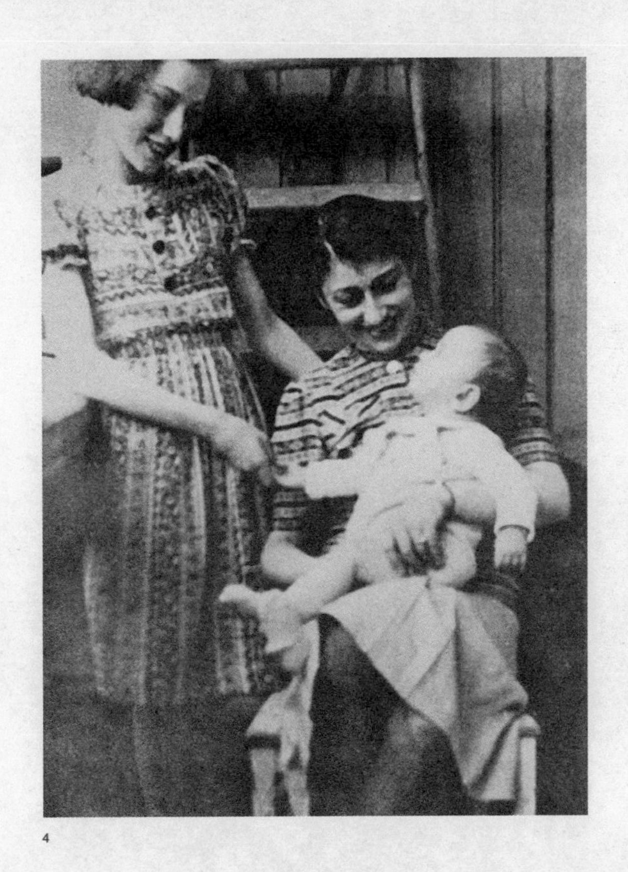

4

Hannah ao lado da mãe,
Ruth, e da irmãzinha, Gabi,
em Amsterdam.

5

Lieve Bep

leeft soms iemand tegen jou
enig kwaad bedreven,
lijf niet boos maar wel bereid
n het te vergeven.

Je vriendinnetje
Elisabeth Goslar

dam, den 16-2-'39.

[pp. 250-53] Trechos em holandês de Hannah para amigos em um caderno de lembranças.

6

Lieve Juultje

Wees thuis en ook bij anderen,
Een kleine zonnenschijn,
Dan zal je eigen leven,
Niet zonder stralen zijn.

je vriendin:

Elisabeth Goslar

Juli 1939.

Hannah e a irmã, Gabi,
à direita, com vizinhos.
O garotinho é George Goudsmit.
A mãe dele, Maya Goudsmit,
disse aos nazistas que ficaria
com Gabi se eles viessem a
deportar a família Goslar.

Hannah e Anne brincando
com amigas em uma caixa de
areia em Amsterdam, em 1937.
Da esquerda para a direita:
Hannah, Anne Frank, Dolly
Citroen, Hanna Toby, Barbara
Ledermann e Sanne Ledermann
(de pé). Os Ledermann eram
amigos próximos da família
Frank. Barbara sobreviveu ao
Holocausto usando documentos
falsos e se escondendo, mas a
irmã Sanne e os pais, Franz e Ilse,
morreram em Auschwitz.

7

8

9

Hannah e Anne com amigos em Amsterdam, por volta de 1935. Sanne Ledermann está à esquerda, ao lado de Hannah. Anne e Margot Frank são a quinta e a sexta da esquerda para a direita.

Hannah e Margot Frank na praia em Zandvoort, nos Países Baixos, por volta de 1935.

10

11

Hannah apontando para um mapa dos Países Baixos na 6ª Escola Montessori em Amsterdam, por volta de 1936. O mapa não tinha legendas, então os estudantes precisavam memorizar os nomes das cidades e identificá-las.

12

Hannah e Anne Frank
na sala de aula na
6ª Escola Montessori
em Amsterdam, em 1938.
Hannah está à esquerda,
próxima do professor.

13

Anne Frank e Hannah
brincando na Merwedeplein
em Amsterdam, em maio
de 1940.

14

15

Hannah e Anne com amigas em Amsterdam, na festa do décimo aniversário de Anne, em 6 de junho de 1939. Da esquerda para a direita: Lucie van Dijk, Anne Frank, Sanne Ledermann, Hannah, Juultje Ketellapper, Käthe Egyedi, Mary Bos, Ietje Swillens e Martha van den Berg.

Otto e Anne Frank (no centro) com outros convidados no casamento de Miep e Jan Gies, 16 de julho de 1941.

16

Famílias judias
reunidas e obrigadas
a sair de Amsterdam.

17

18

Judeus holandeses
embarcam em um trem
que os levará a Auschwitz.

Celebração do Chanuká em
Westerbork, nos Países Baixos.

19

20

Campo de transferência de
Westerbork, nos Países Baixos,
c. 1940.

A vida em Bergen-Belsen,
Alemanha.

21

Prisioneiros judeus de Bergen-Belsen no momento logo após a libertação pelas tropas americanas em Farsleben, Alemanha, em 13 de abril de 1945. Eles estavam em um dos três trens que partiram de Bergen-Belsen com destino ao campo de concentração de Theresienstadt, bem no fim da guerra. Hannah e a irmã, Gabi, estavam em outro dos três trens, chamado de "o trem perdido", que vagou por quase duas semanas antes de ser libertado por soldados do Exército Vermelho.

22

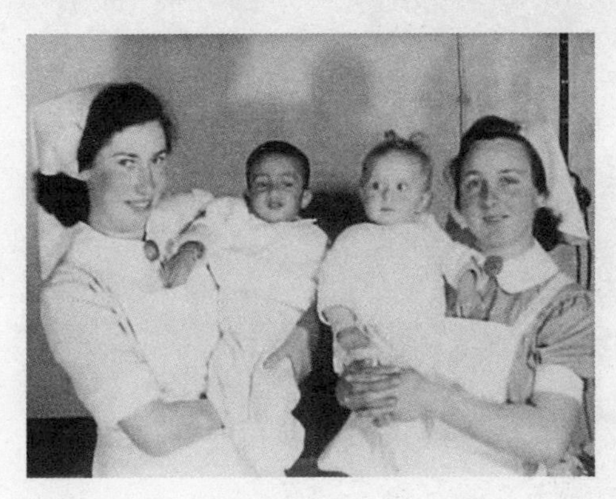

23

Hannah e Gabi com a tia Edith após a guerra, *c.* 1947.

Hannah e uma jovem colega enfermeira segurando dois dos bebês sob seus cuidados no hospital, Jerusalém, *c.* 1948.

24

25

Hannah se encontra com a atriz que interpretou Anne Frank na primeira produção hebraica da peça *O diário de Anne Frank*, 1957.

Hannah com o marido, o dr. Walter Pinchas, em Jerusalém, após a guerra.

26

Hannah com o marido e os filhos, Yochi, Chagi e Ruthie, em Jerusalém.

27

28

Hannah na Anne Frank House, em Amsterdam, apontando para si mesma em uma foto na parede, outubro de 2012.

Hannah segurando uma foto de sua amiga de infância Anne Frank, 2022.

CRÉDITOS DAS IMAGENS

1, 2, 3, 4, 7, 11, 22, 23 e 24: acervo pessoal da família de Hannah.
5, 6, 12 e 15: Anne Frank House, Amsterdam (WAL).
8, 9, 10, 13, 14: WAL (coleção Anne Frank Fonds Basel/Getty Images).
16, 18 e 19: NIOD, Institute for War, Holocaust and Genocide, Amsterdam (WAL).
17: Rudolf Breslauer.
20: WAL, licenciado pelo Imperial War Museum, Londres.
21: Coleção Maidun (Alamy Stock Photo).
25 e 26: Paul Schutzer (coleção The LIFE Picture/Shutterstock).
27: Marcel Antonisse (coleção EPA/Shutterstock).
28 e foto da autora: Eric Sultan / The Lonka Project, 2022.
Imagem da capa: Anne Frank Fonds Basel.

Fontes EDITORIAL NEW, LYGIA
Papel PÓLEN BOLD 70 M/G²
Impressão SANTA MARTA